R.
C.

NOUVEAUX MÉLANGES
PHILOSOPHIQUES

IMPRIMERIE DE GUIRAUDET ET JOUAUST,
Rue Saint-Honoré, 315.

NOUVEAUX MÉLANGES
PHILOSOPHIQUES

PAR

THÉODORE JOUFFROY

Membre de l'Institut
Professeur de philosophie à la Faculté des Lettres

PRÉCÉDÉS D'UNE NOTICE

ET PUBLIÉS

PAR PH. DAMIRON

PARIS
JOUBERT, LIBRAIRE-ÉDITEUR
RUE DES GRÈS, N° 14, PRÈS DE LA SORBONNE

1842

PRÉFACE DE L'ÉDITEUR.

En livrant au public sous le titre de *Nouveaux mélanges* les premières des œuvres posthumes qu'a laissées M. Jouffroy, il eût peut-être été convenable que l'éditeur les fît précéder d'une notice biographique ; mais, outre qu'il lui eût fallu plus de temps et d'espace qu'il n'en a dans cette circonstance, il eût eu besoin aussi de plus de matériaux et de documents que ceux dont il dispose, pour la faire complète et sûre, et lui donner ce caractère de pieuse et fidèle exactitude qui en serait le premier mérite ; il lui eût surtout été nécessaire de pouvoir à loisir rassembler et coordonner les souvenirs de la famille, des amis et des compatriotes de l'auteur, afin d'en tirer l'histoire de cette vie si simple quant aux évènements, mais si pleine de sentiments, de travaux et d'idées.

Il ne peut, il ne veut donc pas donner une telle notice ; mais il tâchera cependant, au moyen des diverses pièces qu'il a entre les mains et dont il doit le dépôt à la confiance affectueuse de la veuve et des frères de son ami, de tracer au moins une esquisse de la partie de cette vie, la plus considérable au reste, et la plus belle, qui revient à la philosophie; il y joindra quelques mots qu'il a cru devoir prononcer dans une leçon de son cours au sujet de cette destinée si laborieuse et sitôt terminée.

M. Jouffroy a laissé en mourant de très nombreux papiers; dans une note de sa main, qui en est en partie le catalogue, je compte 69 numéros, et dans cette liste ne sont pas compris nombre de morceaux, de fragments, de rédactions d'élèves ou de sténographes, qu'il avait cependant recueillis et mis en ordre avec soin. C'est à l'aide de celles de ces pièces qui sont le plus particulièrement du genre philosophique que j'écrirai ce qui va suivre.

Par les raisons que je viens de donner, je ne remonterai ni à l'enfance ni à l'adolescence de M. Jouffroy; je ne parlerai pas de la première instruction qu'il reçut dans son village, des études d'humanités qu'il fit à Lons-le-Saulnier sous la direction d'un de ses parents, M. l'abbé Jouffroy, régent dans le collége de cette ville; je ne dirai même rien du cours de rhétorique qu'il suivit ensuite à Dijon. On a conservé, je crois, dans sa famille des lettres et des récits, peut-être même quelques essais qui datent de cette époque, et qui seraient à cet égard des sources précieuses de souvenir. Mais de tout ce que j'ai entre les mains rien ne remonte au delà de son admission à l'École normale.

Ce sera donc là mon point de départ. Seulement, pour ce qui précède, je rappellerai ce que reconnurent d'abord ses maîtres et ses condisciples lorsqu'il entra dans cette École : c'est qu'il y vint avec un esprit déjà très cultivé, riche de lectures et d'idées, plein d'ardeur et de force, très capable de philosophie, et tout prêt à la vocation, qui n'attendait pour se éclarer qu'un signe, qu'une impression.

Cette impression, il ne tarda pas à la recevoir. M. Cousin, qui d'élève était devenu successivement répétiteur et maître de conférences, après avoir été quelque temps chargé de l'enseignement des lettres, le fut ensuite heureusement pour nous de celui de la philosophie. Il vivait avec nous dans une familiarité trop studieuse pour ne pas discerner ceux qui pouvaient le plus particulièrement le suivre dans cette nouvelle voie. Un des premiers qu'il y appela, avec la parfaite confiance de ne pas y égarer son talent, ce fut M. Jouffroy. M. Jouffroy, jusque là, ne s'était guère exercé à la pensée philosophique que dans ce que nous appelions, sans mauvaise intention toutefois, et même avec une certaine considération de la chose et du mot, des *lieux communs*, espèces de compositions dont nous choisissions le sujet, et que nous traitions comme nous l'entendions.

Sous une direction plus précise il laissa les lieux communs pour des recherches et des travaux d'un caractère plus déterminé; et dès ce moment, bien guidé, il commença à philosopher régulièrement et par ordre. Ce qu'il déploya aussitôt de sagacité, de justesse et de sûreté d'intelligence dans sa manière de comprendre, de rendre et de développer les leçons auxquelles nous assistions, est attesté par de nombreux morceaux, que M. Cousin, pour la plupart, a pu faire entrer presque sans les modifier dans les publications qui reproduisent son enseignement de cette époque. C'était en tout un excellent disciple ; aussi devint-il vite un excellent maître. De sorte qu'au lieu d'être envoyé, comme nous l'étions à peu près tous, dans quelque collége de province, il fut gardé à Paris, et chargé dans l'Ecole elle-même des fonctions de répétiteur. Ces fonctions en principe consistaient simplement à reprendre et à expliquer dans des séances particulières les cours que les élèves suivaient à la Faculté des lettres. Pendant quelque temps, il les remplit peut-être sans trop s'écarter de la lettre un peu étroite du règlement; un paquet assez volumineux qui a pour titre : *Notes pour les répétitions du cours de M. Thurot*, le constate suffisamment. Mais j'ai peine à penser qu'alors même, tout en exposant les doctrines d'autrui, il ne proposât pas les siennes, et qu'il n'enseignât pas en son nom en même temps qu'en celui du professeur qu'il représentait. Au reste, il ne tarda pas à pouvoir faire directement ce qu'il ne pouvait d'abord se permettre qu'accessoirement et comme en passant : car bientôt, au lieu d'une *répétition*, on lui confia une *conférence*, et par conséquent avec le devoir il eut le droit de parler et d'enseigner de son chef. Aussi dès la fin de 1817 il traitait la question des méthodes, et des *recherches* étendues, ainsi que des esquisses assez nombreuses de leçons sur ce sujet, suivies elles-mêmes d'un

programme qui les résume, attestent à cet égard
le soin qu'il prit de ses débuts. C'était une introduction à un cours qu'il fit en 1818. Quarante-sept
leçons *sur la psychologie intellectuelle*, neuf *sur la
psychologie morale*, et six *sur la destinée humaine*,
toutes développées de vive voix d'après un plan
écrit qui en marque l'ordre et les matières, prouvent également comment il continua ce qu'il avait
commencé, et comment dès ce moment il jeta
les fondements de toute la théorie psychologique
que plus tard et en différentes occasions, notamment dans son enseignement privé, il reproduisit, en l'étendant sans doute, en la fortifiant, en
l'approfondissant, mais sans la modifier dans ce
qu'elle avait d'essentiel. De 1818 à 1819, il reprit
les mêmes leçons ; mais, soit qu'il ne les fît pas complétement, soit qu'il n'insistât avec quelque nouveauté que sur quelques unes d'entre elles, il ne
reste de cette date que huit petits cahiers de notes
qui ont particulièrement pour objet la détermination et la décomposition de l'objet de la psychologie,
la définition de la méthode propre à la science de
cet objet, et l'explication de la nature des actes
spirituels ; il y a là, comme on voit, tous les germes
de la préface de la traduction des *Esquisses* de D.
Stewart, de son mémoire sur la *Distinction de la
psychologie et de la physiologie*, et même de celui
qui est placé en tête de ce volume. De 1820 à 1821,
outre plusieurs autres points de psychologie dont il
s'occupa spécialement, tels que, par exemple,
l'histoire du développement du moi, la *sensibilité* et

la *passivité*, sur lesquels toutefois il n'y a dans ses papiers que des indications imparfaites du maître et quelques rédactions des élèves, il aborda la métaphysique, et résuma dans de courts *essais* l'exposition qu'il en fit. Il ne faudrait pas par conséquent y rechercher un véritable traité, mais plutôt une suite de vues nettes, rapides et hardies, sur les principaux problèmes de cette partie de la philosophie. Ce fut, comme l'indique un mot de sa main, au collége Bourbon, dans lequel il avait été à cette époque appelé comme suppléant, qu'il s'exerça d'abord sur ces matières; il dut sans doute les introduire ensuite dans son enseignement de l'Ecole normale.

Cependant la mort de son père et une assez grave altération de sa santé l'avaient obligé à demander un congé d'un an comme maître de conférences à l'Ecole normale, et à renoncer à ses fonctions de suppléant au collége Bourbon. Ce fut même à cette occasion que sur son avis et par ses soins je sollicitai et obtins cette suppléance qu'il laissait, et qui avait à mes yeux, alors surtout, l'avantage inappréciable de me tirer de la province et de m'amener à Paris.

Il attendait dans ses montagnes le terme du temps de repos qui lui avait été accordé, lorsque vers la fin de l'année scholaire de 1822 il apprit, avec la suppression de l'Ecole normale, la position précaire que lui faisait cette mesure; mais il s'y résigna sans trouble, eut bientôt pris son parti, et dès le mois de novembre 1822, de retour à Paris, il avait ouvert et constitué ces cours particuliers qu'il destinait à quelques esprits d'élite, accourus à ses leçons avec autant d'ardeur que de constance. C'est ainsi, comme je l'ai dit de lui ailleurs (1), que le professeur persévérant honora noblement le professeur injustement et vainement persécuté.

Je rapporterai à cette époque de sa vie philosophique deux cahiers, dont l'un, assez court, l'autre, plus étendu, ont pour titre commun : *Notes philosophiques*, novembre et décembre 1822. Le premier ne renferme guère que des *vues* ou des pensées détachées sur divers points de philosophie ; mais le second, outre quelques réflexions du même genre, en contient d'autres qui ont plus de suite, *sur une idée de la logique*, *sur un plan de psychologie*, dans lequel, après la détermination du but de cette science, est tracée rapidement l'esquisse des trois premiers chapitres dont elle devrait se composer.

Le projet resta sans exécution, il n'en sortit du moins pas un livre ; mais ce qui en sortit évidemment, ce fut, repris avec de nouveaux développements, un nouveau degré de maturité, de force et de précision, l'enseignement qu'il avait déjà donné au collège Bourbon et à l'Ecole normale, avec cette différence que cette fois il fut recueilli dans des rédactions qui le rendaient et le faisaient revivre, non pas sans doute avec tous les mérites de style et de pensée de celui dont il émanait, mais du moins avec assez de fidélité, de suite et de diligence, pour

(1) Voir *les quelques mots sur M. Jouffroy*.

qu'on pût bien les deviner. Plusieurs de ses élèves, M. Duchâtel en particulier, excellaient tellement dans ce studieux travail, que M. Jouffroy tint à conserver et garda comme dans ses archives les cours de psychologie, de morale et d'esthétique, rédigés tout entiers de leurs mains. Si à ces trois grands corps de leçons on joint un cours de la philosophie de l'histoire, dont il ne reste de cette époque que des notes assez rares, mais qui plus tard fut repris et sténographié au collége de France, on aura une idée à peu près complète, non pas sans doute de tous les travaux (car il y en a d'autres et de très divers dont je dirai plus tard un mot), mais de tous les travaux d'enseignement qui remplirent cette période de la vie de M. Jouffroy, et qui durèrent par conséquent de 1822 jusqu'à 1828.

A cette époque, grâce à l'influence du ministère réparateur de MM. de Martignac et Portalis, et par l'intervention bienveillante de M. de Vatisménil, il put reprendre publiquement la parole dans une chaire de l'état. Je dirai tout à l'heure ce qu'il y fit; mais avant, et pour l'ordre des temps, j'ai besoin de rappeler d'autres souvenirs. Ainsi il publiait en 1826 sa traduction des *Esquisses* de Dugald-Stewart, et la *préface* qui est en tête; il entreprenait en 1828 la traduction des œuvres de Reid, et composait vers le même temps et donnait dans *le Globe* ou dans d'autres recueils nombre d'articles ou de morceaux plus ou moins étendus, dont il a en grande partie composé ses premiers *Mélanges*. Aussi nul moment de sa vie ne fut plus laborieusement occupé et ne le fut plus largement par la pure philosophie. Plus tard il eut d'autres soins, et la politique, sinon comme objet de préférence, du moins de devoir ou de nécessité, lui devint une distraction qui l'enleva trop souvent aux doux et sérieux loisirs de la pensée spéculative. Ce n'est pas, encore une fois, qu'il aimât mieux ailleurs, qu'il aimât même beaucoup ailleurs ; mais enfin, sans être au fond ni moins fervent ni moins fidèle à la philosophie, il lui rendit, faute de temps et aussi de santé, un culte moins assidu ; tandis que, dans ces belles années dont les circonstances lui faisaient comme une retraite pour la science, tous ses jours lui appartenaient pour l'étude et la méditation. Heureux jours, quoique sous d'autres rapports ils fussent difficiles et durs, qui furent comme son printemps, sa saison de fraîcheur, durant laquelle son intelligence, riche de jeunesse et d'espérance, produisait par jets nombreux toutes les fécondes idées dont elle portait les germes en elle! Ces jours ne revinrent plus pour lui, ou, s'ils revinrent, ce fut moins sereins et trop souvent troublés par les mauvaises et tristes heures de la politique et des affaires.

En 1828, ainsi que je viens de le dire, M. Jouffroy avait été appelé comme suppléant à une des chaires de philosophie de la Faculté des lettres. Il y traita d'abord de la circonscription et de la division de la psychologie ; puis, de 1829 à 1830, des fonctions de la sensibilité et de la raison. Il avait consacré à ces divers sujets un assez grand nombre de leçons ; mais, à l'exception de son discours d'ouverture, et de la leçon qui le suivit, recueillie par le sténographe, il ne reste de tout cet enseignement que des notes très abrégées; ce qui serait plus à regretter si, par la nature même des matières qu'il entreprit de traiter, il ne paraissait que tout peut s'en retrouver, soit dans les cours rédigés dont j'ai parlé plus haut, soit dans les *mémoires* de l'auteur qui ont été ou seront publiés.

En 1830, M. Jouffroy, nommé professeur adjoint à la chaire d'histoire de la philosophie moderne, changea de titre sans changer de sujet; et continuant son cours de psychologie, il passa de la psychologie *intellectuelle* à la psychologie *morale*. J'en trouve la preuve non dans une collection suivie de rédactions, mais dans quelques leçons éparses recueillies par le sténographe, la troisième entre autres, à la date du 29 décembre 1830, que je remarque, parce qu'elle est, à l'aide de légères modifications, son mémoire sur la *Légitimité de la distinction de la psychologie et de la physiologie*. La suite et la fin de ce cours, avec les développements qu'il entraîna, durent remplir les années 1831 et 1832; je le suppose, car il n'y a pas dans les papiers que j'ai entre les mains trace d'un autre enseignement jusqu'en 1833, époque à laquelle il entreprit son *Cours de droit naturel*, auquel il consacra cette année et les deux années qui suivirent.

Cependant il avait été rappelé à l'Ecole normale, comme maître de conférences de la seconde et de la troisième années de philosophie. Des notes et des matériaux rassemblés par lui ou sous sa direction sur l'époque anté-socratique et sur l'époque socratique, des notes diverses, des extraits et des analyses de Bacon et de Descartes sont les seules pièces qui, jointes à quelques rédactions d'élèves, constatent et rappellent ce retour, qui dura trop peu de temps. Nommé en effet, en 1832, professeur au Collége de France, il donna sa démission de maître de conférences, afin de pouvoir mieux concilier ses nouvelles fonctions avec celles qu'il avait à remplir à la Faculté des lettres; et il les concilia en effet, car, pendant que d'un côté il professait le *droit naturel*, de l'autre, il donnait, comme introduction à l'histoire de la philosophie ancienne, une suite de leçons, qu'on pourrait comprendre sous le titre de philosophie de l'histoire, et qui me paraissent devoir être la reproduction de son premier cours sur cette matière; il y en a un bon nombre de recueillies par la sténographie.

Tant de travaux, et je ne parle encore que de ceux du professeur, avaient, vers 1836, porté une atteinte fort grave à sa santé; une maladie dont il avait déjà éprouvé plus d'une fois les tristes symptômes, et qui était celle à laquelle plus tard il devait succomber, le força à chercher un peu de repos et de vie en Italie, à Pise, où il passa sept à huit mois. A peine y eut-il recouvré un peu de forces, qu'il composa sa *Préface* de la traduction de Reid (1);

---

(1) Quelque temps auparavant il avait composé pour cette préface un morceau qu'il jugea devoir trop s'étendre pour convenir à cette destination; il le garda et en fit son mémoire *sur l'organisation des sciences philosophiques*.

il y écrivit aussi de bien longues et de bien douces lettres sur les hommes et sur les choses qu'il avait sous les yeux, et on peut juger de ce que cette intelligence, si riche d'idées et d'imagination, dut y répandre de charme sérieux, en s'y développant avec toute la liberté et l'effusion de l'amitié, en même temps qu'avec cette originalité, cette justesse et cette portée de vues qui la caractérisaient. Ceux de ses amis auxquels il les adressa, et surtout auxquels il les envoya, car il ne les envoyait pas toujours, pourraient en dire tout le prix.

Ce voyage, ce séjour, lui firent assez de bien pour qu'en 1838 il pût reprendre son cours à la Faculté (il avait renoncé à celui du Collége de France, et en avait donné sa démission). Il y traita, de courtes notes l'indiquent, des prolégomènes de la psychologie. Il y insista particulièrement sur les questions de méthode. En 1839, il voulut reprendre la suite de ces considérations. Je me souviens qu'il était fort content de lui après sa première leçon ; je veux dire qu'il se félicitait de l'avoir faite sans trop de fatigue ; mais bientôt après il s'inquiéta, il craignit, il en avait de trop justes raisons, et, à son grand regret, il se condamna au silence. Depuis, quoiqu'il le voulût, il ne reprit pas, il ne put reprendre la parole.

Tels furent, je ne dis pas la vie, mais les actes extérieurs de la vie philosophique de M. Jouffroy. Quant à cette vie elle-même, quant à tout ce qu'elle eut d'intime et de caché, quant aux doutes qui la travaillèrent, quant aux difficultés qui l'assiégèrent, quant aux recherches qui la remplirent et qui n'eurent souvent que Dieu et sa conscience pour témoins, je n'en parlerai pas; j'en laisserai parler, dans ce qu'il lui a convenu d'en révéler, celui-là seul qui pouvait raconter et décrire tous ces secrets de son âme : la deuxième partie du mémoire sur l'*organisation des sciences philosophiques* est, sous ce rapport, comme une confession dont on lira, j'espère, avec autant d'intérêt que de respect, le récit, ou, si l'on aime mieux, le tableau et le drame. On y verra ce que de son vivant il ne confiait et ne disait guère, même dans son commerce le plus familier : car il était de ces âmes profondes et recueillies qui ne trahissent pas ce qu'elles font et ce qu'elles souffrent pour grandir et s'élever. Je renvoie donc pour cette biographie, d'un ordre à part et toute personnelle, dont l'auteur seul était capable, à cette deuxième partie, qui en renferme tout ce que demandait et permettait à la fois la nature du morceau. Tout au plus me permettrai-je quelques réflexions, que je présenterai plus tard en finissant.

Cependant M. Jouffroy ne philosophait pas seulement, il se livrait aussi à d'autres études, ou plutôt de la philosophie il rayonnait vers d'autres études, car dans toutes il portait les qualités de son esprit. Ainsi il aimait et cultivait la critique et l'histoire; il s'essayait aux œuvres d'imagination et même à la poésie; et il y a de lui, il est vrai rares et souvent à l'état d'ébauches, des articles sur plusieurs auteurs, Walter Scott, Cooper, et M. Thierry par exemple; des recherches et quelques morceaux sur la Grèce, sur le Pérou, le Chili, la Russie et l'Algérie; quelques délassements, je me permets de donner ce nom à certains opuscules inachevés, sous forme de romans, de nouvelles, de drames, de comédies et de pièces de vers; le tout, on le pense bien, laissé presque aussitôt que commencé et comme des distractions auxquelles il ne se prêtait qu'un moment.

Enfin M. Jouffroy fit aussi sa part à la politique, qui lui dut surtout sur les affaires extérieures des *discours* et des *rapports* remarquables par les recherches et les vues qu'ils attestaient.

Encore une fois, je le répète, qu'on juge si cette vie fut pleine; et cependant, on me rendra cette justice, on pourrait même m'en faire le reproche, que je ne l'ai pas célébrée, que je l'ai à peine racontée, que j'en ai présenté les faits comme en une sorte d'inventaire; inventaire mortuaire, il est vrai, et auquel a dû, par là même, se mêler quelque chose de tristement attachant; mais enfin je n'ai été ni panégyriste ni historien, je n'ai été et voulu être qu'un fidèle chroniqueur.

On n'aura donc ici qu'à prononcer sur des faits; qu'on prononce, et qu'on dise ce que valut cette vie, à l'estimer, non pas même au prix de la gloire qui l'illustra, mais à celui de la peine et du travail qu'elle coûta à l'homme dont elle fut l'honneur.

On a bien saisi, j'espère, le caractère de cette préface: c'est tout au plus un récit, c'est souvent presque un catalogue. On n'y cherchera donc pas une analyse ni une appréciation des doctrines de M. Jouffroy.

Cependant ne dois-je pas dire un mot des discussions, ou plutôt des attaques peu mesurées dont, dans ces derniers temps et avec une bien fâcheuse coïncidence, elles ont été l'objet. Sa tombe était à peine fermée que, non pas sans doute, je le suppose, pour insulter à sa mémoire, mais pour le besoin d'une cause qui à mon avis a été bien mal plaidée, on est venu mêler son nom sans discernement et sans charité à des débats qui n'avaient rien au fond de scientifique et de philosophique. Certaines personnes voulaient la liberté d'enseignement, telle que vraisemblablement elles ne l'ont pas toujours voulue, telle qu'elles ne la voulurent sans doute pas sous le régime de la restauration, car alors certainement elles eussent eu crédit pour l'obtenir ; elles la voulaient comme si, de leur propre main, elles l'eussent stipulée dans la charte, le lendemain de la victoire, et pour prix d'une révolution qu'elles auraient faite, et non subie. Toutefois, ce vœu en lui-même n'avait rien que de légitime, et il pouvait être appuyé de bonnes et droites raisons.

Mais il n'en fut point ainsi, à en juger par les attaques qu'on dirigea contre l'Université, contre les professeurs de philosophie de l'Université, et, parmi ces professeurs, contre un des plus éminents, M. Jouffroy. Pour ne parler ici que de lui, on le comprit, on le jugea si mal, qu'au grand étonnement de tous ceux qui l'avaient lu ou entendu, mais lu ou entendu pour recueillir et bien prendre l'esprit même de ses doctrines, et non pour en saisir çà et là quelques expressions imparfaites ; au grand étonnement même, cela dut être, de quelques prélats éclairés, il fut accusé de quoi ? de matérialisme. Lui matérialiste ! quand de notre temps les matérialistes eurent peu d'adversaires plus nets et plus rigoureux ! quand M. Broussais lui-même, épuisé par le mal, tenait si fort à honneur de laisser une réponse au mémoire sur la distinction de la psychologie et de la physiologie, que sur son lit de douleur il l'achevait tout mourant ! Lui matérialiste ! quand le plus clair de sa gloire est d'avoir démontré, décrit et expliqué l'âme avec tant d'amour et de science, et une foi si communicative, qu'il a certainement gagné plus d'intelligences à la cause du spiritualisme, qu'aucun de ceux qui se sont avisés de son prétendu matérialisme.

Quel matérialisme que celui qu'on trouve dans des paroles telles que celles-ci : « L'unité et la simplicité du principe des phénomènes psychologiques, et par conséquent l'impossibilité que ces phénomènes dérivent du corps, ni d'aucun des organes du corps, sont des points constants et qu'on ne saurait disputer... » (1) ! Et encore dans celles-ci : « L'esprit est-il la collection de parties corporelles, inertes, étendues, figurées, solides, lui qui se sent simple, lui qui se sent un, lui qui se sent actif ; lui qui ne se sent ni figuré, ni étendu, ni solide ; lui qui ne sou-

---

(1) *Mémoire sur la distinction de la psychologie et de la physiologie.*

pçonnerait pas qu'il y eût des molécules matérielles ;
qu'il y eût de l'étendue, de la solidité, s'il ne sortait
de la contemplation de lui-même pour regarder
hors de lui ? De quel droit les matérialistes veulent-
ils le faire à l'image des corps, quand il proteste
contre cette imagination et se sent autre chose (1) ? »
Quel matérialisme que celui du discours sur la destinée humaine, et de cet autre discours moins connu,
mais plus beau peut-être encore, quoique plus
court, dont je citerai plus loin quelques passages,
et qu'on pourrait presque regarder comme son testament spirituel, tant le ton en est à la fois religieux, triste et funèbre ! Quel contre-sens que cette
accusation ! Quel autre contre-sens que celle-ci, que
j'adoucis cependant dans la forme : qu'il n'aurait
pas reconnu ou qu'il aurait mis en doute les principes
de la morale ! Ce que prouveraient peut-être, qu'on
me permette de le demander, ces propositions et
d'autres semblables : « Lorsqu'un paysan regarde
avec un œil de convoitise les fruits superbes qui
pendent aux arbres de son opulent voisin, il a beau
se rassurer par l'absence de tout témoin, calculer
le peu de tort que causerait son action, et, comparant la douce vie du riche aux fatigues du pauvre,
et la détresse de l'un à l'aisance de l'autre, pressen-
tir tout ce qu'a dit Rousseau sur l'inégalité des conditions et l'excellence de la loi agraire ; toute cette

(1) Article *Sur le matérialisme et le spiritualisme* dans les premiers *Mélanges*.

conspiration de passions et de sophismes échoue en lui contre quelque chose d'incorruptible qui persiste à appeler l'action par son nom, et à juger qu'il est mal de la faire. Qu'il résiste ou qu'il cède à la tentation, peu importe : s'il cède, il sait qu'il fait mal ; s'il résiste, qu'il fait bien. Dans le premier sens, sa conscience prendra parti pour le tribunal correctionnel ; dans le second, elle attendra du Ciel la récompense que les hommes laissent à Dieu le soin de payer à la vertu (1) ». C'est ce que prouverait peut-être aussi ce passage remarquable : « L'accomplissement du devoir, tel est le véritable but de la vie, et le véritable bien. Vous le reconnaissez à ce signe qu'il dépend uniquement de votre volonté de l'atteindre, et à cet autre qu'il est également à la portée de tous, du pauvre comme du riche, de l'ignorant comme du savant, et qu'il permet à Dieu de nous jeter tous tant que nous sommes dans la même balance, et de nous peser avec les mêmes poids. C'est à sa suite que se produit dans l'âme le seul vrai bonheur de ce monde, le contentement de soi-même. Ainsi tout est juste, tout est conséquent, tout est bien ordonné dans la vie, quand on la comprend comme Dieu l'a faite, quand on lui restitue sa vraie destination (2) ». Ce que prouverait encore de la même façon tout son *Cours de droit naturel !* Quels contresens, je le répète, que de pareilles interprétations,

---

(1) *Premiers mélanges.*
(2) *Discours de distribution des prix* (*Moniteur*, août 1841).

et à quoi peuvent-elles mener? à faire croire que la philosophie enseignée par l'Université est trompeuse et dangereuse? Mais à qui le persuadera-t-on quand on en donnera de telles raisons? Et dans quel intérêt si pressant s'est-on ainsi précipité? Dans celui d'un droit, je le reconnais; d'un droit certain, je l'accorde, mais aussi, il faut le dire, d'un droit dont, par avance, nul ne jouit au fond dans l'état plus largement que le clergé. Car n'a-t-il pas toute liberté d'enseigner ce qu'avant tout il a mission d'enseigner, la religion, et avec la religion tout ce qui s'y rapporte et y concourt? N'a-t-il pas ses *facultés* ses grands et petits séminaires, ses écoles primaires, dans lesquels, sans contrôle, et non point par tolérance, mais par la loi qui le lui permet, il peut distribuer à tous les degrés cette instruction dont il a le dépôt, et qu'il peut étendre à tout, parce qu'elle porte sur les vérités les plus générales et les plus profondes? N'a-t-il pas ses églises, où peuvent se produire sous toutes les formes, sous celle du catéchisme comme sous celle du sermon, sous celle de la conférence familière comme sous celle de la dissertation, sous celles du panégyrique, de l'oraison funèbre, etc., en mille occasions et sur mille textes, toutes les doctrines qu'il professe? N'a-t-il pas, pour les répandre, tous les orateurs et tous les docteurs qu'il lui plaît de désigner? N'a-t-il pas ses auditoires aussi nombreux, aussi divers, aussi assidus qu'il les veut? N'a-t-il pas en outre, comme engagement et attrait à ses leçons, la majesté de ses temples, les pompes de son culte, le caractère de ses ministres, sa discipline, son expérience et sa conduite des âmes, tout ce qui le fait, pour ainsi dire, pénétrer et passer dans les mœurs de la société? Quelle condition et quel moyen de libre enseignement lui manque-t-il donc en effet? Y a-t-il un ordre de citoyens qui en ait de meilleurs et de plus larges? Et y avait-il vraiment pour lui urgence et nécessité de demander avec tant d'éclat le peu qui lui reste à obtenir, et qui se réduit, à le bien prendre, au droit de tenir pension, droit bien minime à côté de celui dont il jouit si pleinement, d'avoir ses églises et ses chaires accessibles à quiconque y veut venir? Il semble que quand on a le plus on peut bien attendre le moins, et l'attendre surtout avec plus de tempérament et de modération.

Dans tous les cas, il fallait à la fois mieux comprendre et mieux estimer ceux qu'on venait attaquer, et c'est ce qu'on n'a point fait pour M. Jouffroy en particulier. Aussi, à peine fut-il connu de quelle manière il était traité, qu'un profond sentiment de sympathie pour sa mémoire et ses services se déclara aussitôt parmi les esprits éclairés et libres, et réclama pour sa tombe justice, honneur et paix. Mais je ne veux pas insister sur des débats si tristement et si imprudemment engagés; je craindrais d'avoir à montrer les préjugés ou les justes griefs qu'ils pourraient réveiller, les fâcheuses conséquences qu'ils pourraient entraîner, tout le mal qu'ils feraient à tout le monde en même temps. Je dirai seulement qu'il y a dans cette occurrence trois parties sérieusement et inévitablement intéressées : le clergé d'abord, qui doit savoir à quelles conditions difficiles, délicates et complexes, il peut garder sur les consciences l'empire qu'il est appelé à y exercer ; le pays ensuite, qui, non pas au sens d'une politique ou plutôt d'une police toute temporelle, mais dans celui d'une vue profondément spirituelle de civilisation et de salut, a besoin de religion, et qui, au grand détriment de sa destinée morale, n'en recevrait qu'avec de mauvais sentiments d'un clergé dont il se serait détaché et éloigné ; enfin, l'état lui-même, qui, surtout en cas de lutte, forcé de se ranger de l'un ou de l'autre côté, quelque position qu'il prît, courrait risque de se commettre, et d'avoir contre lui, ce qui est toujours dangereux, ou les passions religieuses avec le clergé qui l'attaquerait, ou les passions politiques avec le pays qui s'irriterait. Voilà le mal ; comme il regarde tout le monde, c'est à tout le monde à y penser. Mais, encore une fois, je n'y veux pas insister, et je reviens à M. Jouffroy, pour reproduire quelques mots dont il fut le sujet, et que je prononçai, tels que je les donne ici, à la suite d'une de mes leçons :

« Je ne sais, Messieurs, si ce que je vais faire n'est pas bien téméraire de ma part, mais je voudrais vous parler sans trop d'émotion ni de confusion de l'ami que je viens de perdre, et cependant je n'ai guère eu le temps de me recueillir et de me calmer. Il eût peut-être été plus sage d'attendre, et de réserver à sa mémoire un hommage, sinon plus sincère, du moins plus complet et mieux assuré. Mais d'un autre côté, Messieurs, comment remonter dans cette chaire sans avoir quelques mots à donner à celui que j'y ai remplacé, et dont le nom, partout où il a paru, mais ici particulièrement, a mérité et doit recevoir un prompt et digne honneur?

» Ce que j'ai, au reste, à vous dire, ne sera rien que de bien simple. Je crois fermement à deux choses sur le présent et l'avenir de l'homme : je crois à l'épreuve dans cette vie, et à la justice dans l'autre. C'est de cette double vérité que je veux faire l'application à la destinée de mon ami : c'est vous avertir que vous ne trouverez dans ce peu de tristes paroles qu'une leçon qui n'est point nouvelle pour vous, et que je n'ai pas, Dieu merci, attendu jusqu'à ce jour pour vous proposer et vous faire entendre.

» Ainsi vous n'aurez de moi, Messieurs, au moins pour le moment, ni une notice ni un éloge, vous n'aurez qu'un enseignement.

» Vous n'oublierez donc pas ce que je veux faire ; ce n'est ni un récit ni un panégyrique, c'est une méditation, dont le texte et la matière seront quelques circonstances seulement de la vie de M. Jouffroy, prises à dessein entre toutes les autres pour servir de confirmation à une doctrine qui m'est chère, et à laquelle j'aime à revenir, parce qu'elle est de celles qui consolent, fortifient et soutiennent l'âme ; de sorte que, si vous entrez sérieusement dans mes pensées, et que vous partagiez mes convictions, vous me saurez peut-être gré de vous avoir associés à ce retour à des idées qui, je le crois, ne peuvent jamais être mauvaises à personne.

» Je n'avais pas d'ailleurs d'autre moyen d'accomplir le triste devoir auquel je me suis résigné : car, si, il y a quelques jours, à la suite de ces graves funérailles, que rendait si imposantes le recueillement intelligent, affectueux et religieux, des nombreux amis qui s'y pressaient, devant cette tombe où le même recueillement suivit et laissa celui que nous pleurions, il m'avait fallu prendre la parole, je n'en doute pas, Messieurs, les mots m'auraient manqué. Aussi ai-je dû attendre que, remontant dans cette chaire, j'y eusse revu, pour me raffermir, le ciel encore bien austère, mais cependant un peu plus serein, de la raison et de la philosophie.

» Je veux suivre, comme je vous l'ai dit, dans son application à quelques circonstances de la destinée de M. Jouffroy, la doctrine qui enseigne l'épreuve dans cette vie et la justice dans l'autre.

» Dans ce dessein, je pourrais peut-être chercher et trouver dans son enfance des signes déjà sensibles qui annonceraient que cette âme d'élite, de si bonne heure curieuse, rêveuse et recueillie, était dès lors inquiétée de ces tourments de la pensée dont plus tard, à sa gloire sans doute, mais aussi trop souvent au prix de son repos, elle fut si profondément agitée et travaillée; et je les reconnaîtrais à cette passion pour la lecture qui, tout jeune, le possédait au point de lui faire oublier les jeux et les plaisirs de son âge; à cette vive imagination qui, les livres fermés, lui remettait sous les yeux les tableaux qu'il y avait vus, les faisait revivre, les animait, et, comme il le racontait, les répandait pleins de mouvement autour de lui sur ses montagnes; à ce besoin d'analyse qui, comme il le disait aussi, le portait à rechercher, et, ajoutait-il en souriant quand on y mettait quelque complaisance, à retrouver jusqu'aux impressions de cette vie confuse, mystérieuse, passée au sein de la mère; je les reconnaîtrais également à ce sérieux souci du bien qui, dans la liberté d'éducation qu'il ne cessa jamais d'avoir, le régla toujours de manière à imprimer à sa conduite un caractère de mesure, de réserve chaste et digne, dont jamais il ne se relâcha; enfin je les reconnaîtrais à tous ces sentiments élevés, fermes et doux à la fois, dont plus tard et à l'âge d'homme les principaux traits se marquèrent par une certaine fierté d'humeur, heureusement mêlée à une grâce pleine de charme; par une disposition toujours prête à prendre part au bonheur d'autrui, soit pour le goûter, soit pour le procurer, et par un commerce d'amitié d'un agrément infini et d'une sûreté à toute épreuve.

Mais je ne veux pas m'arrêter sur des temps et des exemples toujours un peu indécis, et dans lesquels l'expérience, passez-moi l'expression, que je veux soumettre à votre jugement, pourrait ne pas vous paraître assez significative et assez claire.

Je passe donc de suite au moment où, il y a aujourd'hui 27 ans environ, je rencontrai et connus à notre chère École normale le jeune homme avec lequel je me liai dès lors pour la vie. A partir de ce moment je puis dire plus sciemment la part qu'eut l'épreuve dans cette âme ; je ne dirai cependant pas tout ; quand je le voudrais, je ne le pourrais pas : je me bornerai à ce qu'il me sera le plus facile d'exprimer et de rendre.

» Il est une situation d'esprit que connaissent bien ceux qui se sont livrés à de fortes études philosophiques, que j'ai essayé ailleurs de décrire, et que je vous demande la permission de vous rappeler ici, parce qu'elle me semble parfaitement convenir à **M. Jouffroy**. Il y a pour le penseur, dans la voie qu'il parcourt, les obscures questions qui, à mesure qu'il avance et touche de plus près dans ses recherches aux limites et au fond des choses, l'arrêtent et le troublent à chaque pas davantage. Qu'en présence de ces problèmes il hésite et recule ou s'élance et se précipite, qu'il s'abstienne ou qu'il ose, il ne peut garder l'esprit serein, et il est à peu près inévitable qu'il ne tombe pas dans de grands découragements ou de terribles appréhensions : car devant ces ténèbres, timide ou téméraire, il se sent également faible ; le doute lui est un grand mal, mais le dogmatisme hasardeux ne lui est pas une moindre peine. Épreuve quand il n'affirme pas faute de voir assez

clair, épreuve quand il affirme sans savoir et s'assurer, telle est sa condition. Est-elle facile et douce ? est-elle exempte de ces fatales, disons mieux, de ces divines et salutaires nécessités par lesquelles la Providence provoque et excite dans l'homme l'exercice de la raison ? Eh bien ! Messieurs, c'est dans une telle situation qu'en intelligence de premier ordre, et en disciple d'un maître qui ne laissait guère de repos à ceux qu'il voyait capables de ses fortes et vives impulsions, M. Jouffroy se trouva de bonne heure placé, et que, laborieusement exercé aux grandes difficultés de la science, il sut, de luttes en luttes et de travaux en travaux, déployer et affermir ces qualités éminentes, cette sobriété de jugement, ennemi de toute hypothèse, cette parfaite indépendance, ce besoin impérieux de s'entendre avec soi-même et de voir clair en toutes choses, qu'a si bien loués M. Cousin. « Qualités éminentes, a-t-
» il dit, qu'il n'emprunta à personne, et qui, déve-
» loppées par une culture régulière et assidue, et
» transportées successivement sur de dignes théâ-
» tres, lui ont composé une renommée solide et lui
» donnent un rang à part et très élevé dans l'ensei-
» gnement public et parmi les écrivains philosophi-
» ques de notre temps. Il était chez nous le véritable
» héritier de La Romiguière. Parmi les étrangers
» il le faut mettre entre Reid et D. Stewart, sem-
» blable à l'un par le sens et la gravité, à l'autre par
» la finesse et par la grâce. Nul ne posséda ni sur-
» tout ne pratiqua mieux la vraie méthode philoso-

» phique, la méthode d'observation appliquée à
» l'âme humaine. Il interrogeait la conscience avec
» tant de bonne foi et tant de sagacité, il en expri-
» mait la voix avec tant de fidélité, qu'en l'écoutant
» ou en le lisant on croyait entendre la conscience
» elle-même racontant les merveilles du monde in-
» térieur de l'âme dans un langage exquis, pur, lu-
» cide, harmonieux. Son style, comme ses paroles,
» éclaircissait, ordonnait, gravait toutes ses pen-
» sées. Il était, sans contredit, le plus habile inter-
» prète que la science pût avoir non seulement dans
» l'école, mais auprès du monde, solide et profond
» parmi les doctes, et en même temps accessible. »
Ainsi s'est exprimé M. Cousin en rendant les derniers devoirs au disciple et à l'ami qu'il venait de
perdre si prématurément.

» Mais M. Jouffroy n'eut pas seulement à penser
pour son propre compte, il eut aussi à penser pour
les autres, c'est-à-dire à professer. Or c'était là aussi
pour lui être éprouvé. Permettez-moi encore ici de
vous redire à peu près ce que je vous disais dans
une autre occasion. Nos fonctions ne sont pas un
repos; et je ne parle pas de ce qui paraît, de ce dont
vous êtes aisément juges, de ce zèle extérieur que
commande le vôtre, de ce soin de la parole que vous
avez droit d'exiger, de cette assiduité exemplaire
qui n'est pas moins dans nos devoirs, toutes choses
qui ne sont pas sans d'amers dégoûts, et quelquefois
d'invincibles, et j'oserai même dire de légitimes
répugnances; mais je parle de ce qui est secret, de

ce que vous devez ignorer, à moins que vous n'ayez passé vous-mêmes par cette épreuve. Eh bien ! il y a là des peines, des soucis et des tourments, qui, pour être cachés et comme ensevelis dans la conscience, n'en sont pas moins sensibles, et le sont même d'autant plus qu'ils peuvent moins se confier et s'adoucir par le partage. La raison y trouve donc un sévère exercice, qui en dernière fin lui est utile, mais qui provisoirement lui est un dur et un austère apprentissage. En effet, Messieurs, qu'est-ce qu'enseigner, dans la haute acception qu'emporte avec lui ce mot ? qu'est-ce qu'enseigner ? C'est, avec la sainte obligation d'être plus près de la vérité que ceux auxquels on s'adresse et qu'il faut y conduire, avoir mieux que la volonté, avoir le talent de les y mener ; c'est avoir la vertu, permettez-moi l'expression, de la faire connaître et aimer ; c'est la posséder pour la donner, c'est savoir comment la donner ; c'est chercher, c'est trouver, c'est s'assimiler des âmes dignes de la recevoir et de la comprendre ; et si Dieu n'est en effet que la vérité elle-même, la vérité des vérités, c'est aller tour à tour de Dieu à l'homme et de l'homme à Dieu, pour rendre l'un intelligible à l'autre, et celui-ci intelligent de celui-là ; le dirai-je ? c'est exercer une espèce de sacerdoce, dont paraît investi celui qui prend ainsi sur lui d'intervenir doctement entre le Créateur et la créature pour les mieux rapprocher dans une communion toute spirituelle. Or, s'il en est ainsi, si je n'estime pas trop haut la charge qui nous est imposée, jugez, Messieurs, en supposant que nous n'en soyons pas tout à fait indignes, quels scrupules et quelle sollicitude doivent se mêler à nos études, quelles inquiétudes à nos recherches, quelle gravité à nos méditations ; jugez de ce qu'il en est quand, après tout ce travail, il nous arrive de douter, soit des choses, soit de nous-mêmes, soit aussi de ceux qui viennent nous écouter ; et lors même que nous parvenons à avoir intérieurement quelque confiance en nos idées, le moment venu de paraître, et de parler au public, quelles dernières et plus tristes craintes ne nous assiégent pas l'esprit, quelle fièvre impatiente ne l'excite et ne l'agite pas, heureux encore quand elle ne va pas jusqu'au trouble et à la confusion ! Voilà, Messieurs, notre métier : dites s'il n'est pas une épreuve ; dites si surtout il n'en fut pas une pour l'esprit généreux que nous avons perdu, et qui l'accepta et le pratiqua autant que lui permirent ses forces, avec un dévoûment et une application qu'il ne déploya pas moins dans l'obscurité d'une classe de collége que dans les conférences de l'Ecole normale, et dans le secret de l'intimité que dans l'éclat de cette chaire. Je respecte trop, Messieurs, sa mémoire et sa noble vie, je respecte trop aussi votre équité et vos lumières, je ne dis pas pour justifier, mais même pour expliquer ces interruptions de ces cours auxquelles il était condamné : la raison en est aujourd'hui malheureusement trop manifeste. Mais cependant il faut bien dire combien ces longs silences commandés par la prudence l'affligeaient et le décourageaient ; et combien aussi, quand il lui arrivait, se faisant il est vrai illusion, de croire à de meilleurs jours et à un retour heureux à sa chaire, il se ranimait à cette pensée. Je me souviens que, l'an dernier, quelques jours avant le fatal voyage dont il devait revenir plus languissant, nous rêvions ensemble, en conversant, la reprise de ses leçons, moi l'exhortant et me félicitant, lui se confiant et espérant. Avec quel zèle simple et sérieux je le voyais se proposer cette nouvelle occasion de répandre des idées utiles et de servir efficacement la cause de la philosophie ! Mais Dieu avait disposé que l'épreuve sous cette forme avait assez tiré de lui ; il ne devait plus enseigner.

» Pourquoi ne vous rappellerais-je pas aussi comment, en 1822, quand, frappé par la mesure qui, en détruisant l'École normale, lui fermait, au moins momentanément, la carrière de l'instruction publique, il se vengea, en homme de science, de la disgrâce qui l'atteignait ? Que fit-il en effet, Messieurs ? Il rétablit en son nom et à huis clos, pour une réunion d'esprits d'élite, ces leçons pleines d'intérêt qu'on avait fait la faute de lui interdire dans les écoles de l'état. Le professeur persévérant honorait ainsi noblement le professeur injustement et vainement persécuté. C'est que, comme l'a bien dit notre commun maître, « l'âme des travaux de M. Jouffroy » était un vif sentiment de l'excellence et de la di-

» gnité de la philosophie ; trop sage pour rechercher
» le bruit qu'on fait parmi la foule, il aimait profondément
» la science à laquelle il avait voué sa
» vie ; il l'aimait de cet amour fidèle qui résiste au
» malheur et peut braver la prospérité. »

» Sa santé, jusqu'à l'âge de vingt-quatre ou vingt-cinq ans, avait été assez ferme ; une première maladie, en grande partie causée par le travail et l'étude, et aussi par ces tristesses de l'enfant de la montagne exilé loin des siens, dont il n'était pas toujours le maître, commença à l'ébranler ; la profonde atteinte dont il fut frappé à la mort de son père la troubla gravement, et, depuis, jamais elle ne fut bien rétablie que par intervalles et en apparence ; elle ne lui fut plus de bon service. Or, Messieurs, soyez-en sûrs, ce fut là aussi pour lui une bien longue et bien dure épreuve ; et je ne parle pas même du mal physique, qu'il avait cependant à souffrir avec toutes ses autres peines, mais je parle du mal moral, de ce mal qui lui venait du corps, mais qui le blessait dans son esprit, dans ce qu'il avait en lui de plus intime et de plus vif, dans ses plus légitimes désirs et ses plus justes espérances. Il voulait et ne pouvait pas, il ne pouvait pas quand il voulait ; il sentait la force lui manquer et ses organes l'assujettir aux caprices et aux variations de leur état chancelant ; il voyait le temps lui échapper moins rempli de ses œuvres, et cependant il avait de quoi le bien remplir, il avait versé dans ses leçons des trésors d'idées qu'il n'avait qu'à recueillir ; il en gardait en lui

qu'il n'avait qu'à répandre, il n'avait qu'à écrire;
et, je puis vous le confier, quand le moment en
était venu, quand il était prêt, et sans trouble du
côté de la nature, il écrivait avec une facilité et une
rapidité merveilleuses, et en même temps avec une
sûreté, une précision et un achèvement qui pourraient sembler de la patience, et qui tenaient, au
contraire, de l'improvisation. Quand une fois la
source a jailli, me disait-il un jour, ou quand la di-
gue est rompue, je ne m'arrête pas et je déborde à
flots dans mon sujet. Tant en lui l'abondance était
féconde et forte, tant la pensée lui venait comme
toute faite et toute développée; et c'était ce talent
qu'enchaînaient ou ne laissaient libre et puissant que
par moments rares et irréguliers, soit le sentiment
du mal, soit quelquefois même seulement la mélancolique rêverie qui lui restait de ce sentiment. Or,
n'était-ce point là pour lui un supplice bien doulou-
reux!—Un supplice? Non, Messieurs, si nous vou-
lons parler rigoureusement : car qu'avait-il fait à
Dieu pour avoir été ainsi affligé par lui, soit peut-
être dès sa naissance, soit au moins dans des circonstances qui n'appelaient point un châtiment? Ce
n'était donc pas un supplice, mais c'était une rude
épreuve. Il s'y résignait toutefois, et il la supportait
au moyen d'un de ces motifs dont mieux qu'un
autre il pouvait se soutenir; je veux dire au
moyen de la foi en la Providence et en cette é-
ternité vivifiante qu'elle devait lui ménager pour
réparer les retards et lever les empêchements ap-

portés présentement à sa vive pensée. De sorte qu'après tout, Messieurs, si nous en jugeons d'après cette croyance, la perte n'a pas été pour lui, qui a maintenant les siècles sans fin et de divines facilités pour se développer et se perfectionner ; elle a été pour nous, qu'il a laissés privés de son grand esprit et des beaux témoignages qu'il en pouvait encore donner.

» Mais, Messieurs, M. Jouffroy, comme au reste avec lui bien d'autres dans tous les rangs et dans tous les partis, fut encore éprouvé d'une plus cruelle façon. Eut-il l'ambition politique? Je pourrais l'avouer, car elle eût été chez lui légitime et bien placée. Mais s'il l'eut, ce fut malheureusement sans certaines des conditions qu'elle impose et entraîne; ce fut sans cette capacité ou ce soin des ménagements, sans cette conduite et ces pratiques, sans tous ces moyens divers de défense ou d'attaque qui en font à la fois le succès et la sûreté. Il l'eut comme une idée, et non comme une action; il l'eut inoffensive, solitaire et désarmée, et, qu'on me permette le mot, dans l'innocente sécurité de la pure spéculation. Et voilà pourquoi, le jour où, imprudemment peut-être, mais du moins loyalement, il se laissa aller à une démarche qui le jeta dans l'arène, quoiqu'il ne fît, au fond, que ce que bien d'autres auraient fait, à la manière dont il le fit, il trouva, à son grand étonnement, peu d'auxiliaires pour le soutenir et beaucoup d'adversaires pour l'attaquer. Pourquoi ? parce qu'il n'avait pas ce qu'il fallait pour raplier ou raffermir les uns, contenir ou braver les autres; parce qu'il n'avait pas cette habileté, il faut le dire, un peu mondaine, qui ne vient pas toujours de la meilleure et de la plus noble estime des hommes, mais qui est souvent nécessaire pour les conduire et les gouverner; parce qu'il avait des vues, et point de menées, et qu'en croyant sincèrement s'adresser à des intelligences, il oubliait un peu trop qu'il s'adressait aussi à des passions. Voilà donc quelle fut sa situation : elle fut triste et difficile; et, s'il ne l'avait pas bien prévue, il ne tarda pas à la sentir; il la sentit douloureusement, il en souffrit profondément: c'est ce qui a pu faire dire à M. le ministre de l'instruction publique dans le discours plein de sens, de délicatesse et de regrets, qu il a prononcé sur sa tombe, ces mots simples et justes : « Dans cette épreuve de la vie publique, il obtint plus de considération que de bonheur. » Je ne veux pas trop m'avancer dans ces tristes réflexions, je ne veux pas trop pénétrer là où je ne pourrais trouver que mystère et obscurité ; mais je ne puis toutefois m'empêcher de me demander si les émotions dont fut alors agitée cette âme fière, peu manifestées et sévèrement contenues au dehors, ne firent pas au dedans invasion et ravage, et ne portèrent pas dès ce moment aux siéges essentiels de la vie ces troubles et ces atteintes qui restèrent sans remède. Dieu seul le sait. Mais, quoi qu'il en soit, une longue et dernière épreuve attendait M. Jouffroy.

» Il y a six mois à peu près, au retour du court

voyage qu'il fit dans ses chères montagnes, il parut languissant, affaibli, fréquemment pris de fièvre et de malaise; trois mois après, il gardait le lit, et encore trois mois, il n'était plus. Et cependant il voyait son mal, il le jugeait, je dirais même qu'il le discutait; comme en une question de philosophie, il embarrassait de sa nette et vive logique ceux qui ne pensaient pas ou feignaient de ne pas penser comme lui; il ne se rendait pas aux plus douces et aux plus pressantes consolations, parce que ce n'étaient pas des raisons; il y souriait tristement, mais il n'y croyait pas, et, soit dans son langage muet, d'un coup d'œil, d'un geste, soit quelquefois même en paroles explicites et directes, il concluait toujours rigoureusement à quelque chose de funèbre. Je me souviens qu'un de ses derniers jours, comme je pensais lui avoir enfin produit quelque illusion, il me dit: « Mon ami, soyez sûr que je suis mal, très mal; cela tient à différentes causes. » Il se sentait donc mourir, et mourir à son âge, en pleine vigueur d'esprit, dans toute la force et toute la maturité de la vie philosophique; il se sentait retiré d'un monde où il avait encore quelque chose à faire, où il avait à prendre soin de plus d'une destinée, et de celles dont la famille l'avait fait la Providence, et de celles dont la science l'avait institué un des guides. Il pouvait donc bien dans ces pensées garder encore, comme toujours, l'esprit lucide et calme, mais qu'il devait avoir le cœur affligé et troublé ! Et cette épreuve s'est prolongée durant de longs jours et de sinistres nuits ; elle a duré jusqu'à sa dernière heure, croissante, pressante, lui laissant toute conscience et lui enlevant toute espérance, toute espérance terrestre du moins : car de l'autre côté il espérait, comme il aimait, comme il croyait. Cette épreuve a donc été plus décisive qu'aucune autre, elle a eu tout le caractère d'une de ces voies de la Providence que Dieu suit pour susciter dans ses meilleures créatures des vertus d'un ordre à part, les vertus de la bonne mort. Il faut bien l'entendre en ce sens ; car autrement qu'eût-ce été de mourir ainsi plein de jours pour le bien et avec tant de raisons de garder et d'appliquer sa vie à tous les plus nobles buts que puisse se proposer l'humanité ? La mort pour la mort n'est point une explication ; mais la mort pour la vie, c'est-à-dire l'épreuve sous sa dernière et funèbre forme, en est une, au contraire, qui satisfait à la fois le cœur et la raison dans ce qu'ils ont de meilleur.

» M. Jouffroy a donc subi la loi commune de l'humanité, c'est-à-dire qu'il est mort comme il a vécu, dans l'épreuve. Mais également selon cette loi, qui, si elle assujettit l'homme à la douleur, ne l'y assujettit pas exclusivement, et lui fait aussi pour le soutenir, et en raison de ses mérites, comme une sorte d'avance sur le bonheur infini que l'éternité lui réserve, il eut bien ses douces joies. Il eut celles de la pensée alors que, dans l'enthousiasme et l'élan de la jeunesse ou dans la puissance de l'âge mûr, il s'élevait d'inspiration, ou par l'analyse et le raisonnement, à l'intelligence ou à la découverte de quelque grande vérité; il eut celles de la parole, quand, dans quelques unes des belles leçons dont il ravissait son auditoire, il entraînait les esprits par la lumière et le mouvement, l'éclat et l'élévation de son noble discours; il eut les saintes joies de la famille, de l'amitié et de la religion, et, parmi toutes ces félicités, il fut toujours exempt de ces tristesses fâcheuses qui naissent des mauvaises passions, de la haine, de l'envie; de ce côté il fut heureux, heureux comme il est donné de l'être aux généreuses et grandes natures.

» Mais après tout, cependant, sa vie fut une épreuve.

» Que fera donc Dieu de cette destinée qui lui vient ainsi toute préparée pour la justice et la récompense? La terminera-t-il à la tombe? La brisera-t-il là où il semble si juste qu'elle doive se continuer et se renouveler? Mettra-t-il au néant ce qui a tout droit de durer? Quand de quelque chose de bien il peut faire quelque chose de mieux, procédant à contre-sens de son caractère de créateur, du bien fera-t-il le moins bien, ou plutôt du bien ne fera-t-il rien? Ne recueillera-t-il pas pieusement ces grandes facultés dont il s'est plu à douer une de ses créatures d'élite, qu'il a suscitées en elle par la grâce et dévelopées par l'épreuve? Ne les recueillera-t-il pas pour l'éternité? Ne les prendra-t-il pas pour les conserver dans cette vive unité qui les a produites et portées, avec ce qui en fait véritablement l'essence et la ver-

tu, je veux dire la conscience, la liberté et la personnalité? De toutes les forces de ma raison et du profond sentiment que j'ai du bien, du vrai, de l'ordre et de la Providence, je repousse un tel doute. Pâle fleur qu'il vient d'abattre, il ne t'a pas brisée sans retour, et, de la même main avec laquelle il t'a un moment flétrie, il te relèvera plus brillante et ornée de plus de dons qu'il ne t'en avait conféré; il ne t'a pas perdue, il ne t'a que transplantée; tu nous resteras dans l'éternité. C'est là ma ferme espérance. C'était aussi celle qui respirait dans des paroles que je regrette de ne pouvoir vous citer que par lambeaux, car elles valent surtout par l'ensemble du discours dont je les tire. « Cette vie,
» disait l'orateur en s'adressant en un jour de fête
» aux jeunes gens qu'il couronnait, cette vie, je
» l'ai en grande partie parcourue; j'en connais les
» promesses, les réalités, les déceptions; vous pou-
» vez me rappeler comment on l'imagine, je veux
» vous dire comment on la trouve..... On la croit
» longue, elle est très courte : car la jeunesse n'en
» est que la lente préparation, et la vieillesse n'en
» est que la plus lente destruction. Dans sept à huit
» ans vous aurez entrevu toutes les idées fécondes
» dont vous êtes capables, et il ne vous restera
» qu'une vingtaine d'années de force pour les réa-
» liser. Vingt ans! c'est-à-dire une éternité pour
» vous, et en réalité un moment.... Votre âge se
» trompe encore d'une autre façon sur la vie : il y
» rêve le bonheur, et celui qu'il y rêve n'y est pas...

» Ces nobles instincts qui parlent en vous et qui vont
» à des buts si hauts, ces puissants désirs qui vous
» agitent, comment ne pas croire que Dieu les a
» mis en vous pour les contenter, et que cette pro-
» messe, la vie la tiendra ? Oui, c'est une promes-
» se ; c'est la promesse d'une grande et heureuse
» destinée, et toute l'attente qu'elle éveille en votre
» âme sera remplie ; mais si vous comptez qu'elle le
» sera en ce monde, vous vous méprenez.....

» Pardonnez-moi, dans un jour si plein de joie
» pour vous, d'avoir arrêté votre pensée sur des
» idées aussi austères. C'est notre rôle à nous, à qui
» l'expérience a révélé la vérité sur les choses de
» ce monde, de vous la dire. Le sommet de la vie
» en dérobe le déclin ; de ses deux pentes, vous
» n'en connaisssez qu'une, celle que vous montez ;
» elle est riante, elle est belle, elle est parfumée
» comme le printemps. Il ne vous est pas donné
» comme à nous de contempler l'autre, avec ses
» aspects mélancoliques, le pâle soleil qui l'éclaire,
» et le rivage glacé qui la termine. Si nous avons le
» front triste, c'est que nous la voyons. Vivez, jeu-
» nes gens, dans la pensée que vous la descendrez
» comme nous. Faites en sorte qu'alors vous soyez
» contents de vous-mêmes ; faites en sorte surtout
» de ne point laisser s'éteindre dans votre âme cette
» espérance que nous y avons nourrie, cette espé-
» rance que la foi et la philosophie allument, et
» que rend visible par delà les ombres du dernier
» rivage l'aurore d'une vie immortelle. »

» Ces paroles, Messieurs, sont de lui; vous les eussiez reconnues quand je ne vous l'eusse pas indiqué. Rapprochées de l'événement dont elles expriment comme le confus et funèbre pressentiment, elles lui appartiennent trop intimement pour que vous ne les lui eussiez pas rapportées; il les aimait, je me le rappelle, et il me disait que depuis longtemps il n'en avait pas trouvé qui convinssent mieux à son âme. Raison de plus, Messieurs, pour y croire fermement; c'est, à dix-huit mois de date, comme le testament spirituel d'un homme qui savait à la fois ne point se faire illusion, et cependant espérer. Acceptons-le comme l'expression d'une haute et droite intelligence, qui, dans la question la plus grave que puisse se poser l'humanité, ne jugeait plus de la vérité comme d'une chose de pure spéculation, mais comme du principe, de la règle et du soutien de sa vie, qui jugeait par conséquent en toute sincérité et en toute conscience, et par conséquent aussi avec toute sagesse. Acceptons-le, et, autant que possible, tournons-le à consolation. La perte est grande pour nous; mais songeons que devant Dieu elle est réparable, qu'elle est réparée. Adieu donc, ô mon ami! adieu dans toute la simplicité et toute la profondeur du mot; je n'ai rien de mieux à dire en te quittant. »

Je voulais finir ici; il me semblait en effet en avoir assez dit, et surtout après ces dernières paroles, je n'avais guère le courage d'en chercher et d'en ajouter d'autres. Cependant, en y bien pensant, il m'a paru impossible de ne pas donner au moins quelques avertissements sur la nature et le caractère des morceaux compris dans ce volume.

Et d'abord il sont tous rédigés et écrits de la main de M. Jouffroy (1). Je le dis pour les distinguer de ceux du même genre qui pourront être publiés par la suite, et qui ne sont pour la plupart que des leçons recueillies par des sténographes ou des élèves. Ici tout émane du maître lui-même ; non que tout soit en l'état où il l'aurait pu mettre s'il l'avait revu, corrigé et arrangé pour l'impression ; mais tout est du moins tel que d'un premier jet il l'a produit et exprimé ; et malgré ce qui peut y manquer, il n'y a pas à s'y tromper : c'est sa pensée, c'est sa forme, c'est bien quelque chose de lui.

Ensuite, de ces morceaux le capital par son importance, aussi bien que par son étendue, est sans contredit le mémoire sur *l'Organisation des sciences philosophiques*. Je ne veux ici l'analyser, le discuter ni le juger ; mais il est peut-être nécessaire que j'en marque bien l'esprit. Au fond c'est une composition du genre du discours *Sur la méthode* ; l'auteur y agite les mêmes questions, et, comme Descartes, il mêle aux discussions dont elles sont le sujet ces explications empruntées à la biographie de l'esprit, si l'on peut

(1) Il n'y a du moins qu'une exception que j'ai indiquée en son lieu et dont j'ai donné la raison. (*Voir* le commencement de la leçon sur la sympathie.)

se servir de ce terme, qui en redoublent l'intérêt. Il y fait ainsi assez au long sa confession philosophique ; seulement c'est avec une effusion, une personnalité, une indépendance et une hardiesse de pensée qui sont sans doute beaucoup plus de notre siècle que du dix-septième ; et je ne puis pas disconvenir qu'il y a loin sous ce rapport de Descartes, même lorsqu'il se montre le plus libre en ses aveux, au fils bien autrement libre d'une époque qui a vu deux grandes révolutions, l'une religieuse, l'autre philosophique, se terminer elles-mêmes à une grande révolution politique. On devra donc s'attendre chez l'auteur à une manière de déclarer et de décrire l'état de son âme qui deux siècles auparavant auraient certainement eu quelque chose de plus contenu et de plus sobre. Ici l'examen de conscience a quelquefois l'abandon d'un mouvement presque lyrique, et l'analyse psychologique y touche souvent à la poésie. C'est pourquoi il faut y avoir égard et ne pas prendre en toute rigueur ce qui n'est dit que d'entraînement ; il en est un peu des sentiments exprimés dans ce morceau comme du doute de Descartes : pour le besoin du raisonnement, et sans être pour cela moins sincères, ils pourraient bien en certains endroits être poussés jusqu'à la fiction.

Dans tous les cas pour les bien comprendre il faut les voir dans toute leur suite ; et ici, pour m'expliquer sans détour ni fausse réserve, je vais droit à la question qu'on ne manquera pas de se poser : Que croyait M. Jouffroy? que croyait-il en commençant, que croyait-il en finissant? Il le dit en termes admirables : il croyait d'abord en chrétien tout ce qui s'enseigne à un chrétien, il avait la foi telle qu'il l'avait reçue de la parole du vieux prêtre, son instituteur au village, des traditions de sa famille et de l'éducation du collége; mais ensuite le doute lui vint, et il lui vint *comme la poussière répandue et semée dans l'atmosphère qu'il respirait* (1); et ce ne fut pas la philosophie, à laquelle, on le remarquera, il était encore étranger, qui le lui apporta et l'en troubla; ce fut une cause plus générale, plus commune et plus puissante : ce fut l'esprit même du temps, ce génie de deux siècles de scepticisme, selon son expression, qui lui aussi, comme une religion, gagnant tout dans la société, atteignait particulièrement les âmes vives et inquiètes.

 M. Jouffroy, ainsi que tant d'autres, un moment succomba et céda à cet esprit. Après quelles luttes et avec quelles angoisses, avec quel orgueil triste et sombre, et quelle amère satisfaction, on le lira dans son mémoire; mais on y lira aussi comment il sortit de cet état, et comment ce fut la philosophie, qui ne l'y avait pas précipité, qui l'en tira, grâce aux lumières dont elle l'éclaira successivement. Il commença dès lors en effet, dans la voie de la science où l'avait d'abord placé et quelque temps guidé le jeune

---

(1) Ce sont ses expressions.

maître auquel nous devons tant, ce long retour à des croyances qui, sans être précisément celles de sa foi primitive, sans en avoir du moins le caractère et les motifs, en contenaient comme conclusion toutes les grandes affirmations. Il s'ensuit donc qu'il crut, au terme et comme dans le repos de ses laborieuses méditations, à toutes les mêmes vérités principales, mais maintenant expliquées et démontrées par la raison, qu'il avait tenues en principe du sentiment et de l'autorité. Il avait ainsi retrouvé pour la force de son âge viril des idées qui sous forme de dogmes avaient nourri son enfance, et naturellement aussi il était revenu, pour la religion qui les lui avait données, pour cette vieille mère de son âme, si l'on me permet l'expression, à une sympathie et à un respect qui, sans être précisément sa soumission première, en étaient du moins certainement le tendre et pieux souvenir. Et ce que j'avance ici, je ne le suppose pas, je le raconte et je le prouve; je le prouve en particulier par deux de ses derniers écrits, son rapport sur les Écoles normales primaires et un discours que j'y joins; je le prouve par sa grande leçon sur la destinée humaine publiée dans ses premiers mélanges (1); je le prouverais par tout son enseignement, et je ne ferais ainsi qu'établir ou rétablir la vérité.

---

(1) Ce mouvement de retour est déjà marqué dans le mémoire *Sur l'organisation des sciences philosophiques;* la troisième partie en est le prélude très significatif.

J'ai placé à la suite du mémoire sur l'*Organisation des sciences philosophiques* (1) le mémoire sur la *Légitimité de la distinction de la psychologie et de la physiologie;* c'est qu'en effet ils tiennent étroitement l'un à l'autre. Cela est même si vrai, qu'on trouvera dans la troisième partie du premier quelques pages qui seront, en certains endroits, à peu près reproduites dans le courant du second. Mais elles y seront avec des développements, des accessoires et un cadre, qui justifieront ce double emploi.

Par les raisons que je viens de donner, j'ai cru devoir rapprocher des deux précédents morceaux le *Rapport sur les Ecoles normales primaires*, et un *Discours* qui en est un convenable accompagnement.

Le reste des fragments qui composent ce volume est loin aussi d'être sans prix. L'un en effet est sa leçon de début à la Faculté des lettres, qui, quoiqu'il ne la lut pas lorsqu'il la fit, était tout entière écrite de sa main dans ses papiers; l'autre, qui a pour titre : *Faits et pensées sur le langage*, n'est pas complet, mais il est le dernier écrit sorti de sa plume ; on voit, par des dates de lettres sur le revers desquelles il est comme jeté pièce à pièce, qu'il a été composé vers les mois de septembre et d'octobre 1841, c'est-à-dire au moment même où il était menacé et peut-

---

(1) C'est par une erreur typographique que le titre du mémoire sur l'*Organisation des sciences philosophiques* a été étendu au mémoire sur la *Légitimité de la distinction,* etc. ; quoiqu'ils tiennent étroitement l'un à l'autre, ils en sont cependant celui-ci la partie et celui-là le tout.

être atteint du coup fatal qui l'a tué. Il y avait piété à recueillir ces pages écrites si près de la tombe.

Enfin le troisième est une leçon détachée sur la *sympathie*, qui, bien que sténographiée, peut être rapprochée des morceaux écrits par l'auteur lui-même : je ne l'ai d'ailleurs donnée que par exception et pour compléter le volume.

En tout, ces *Nouveaux mélanges* auront surtout le grand intérêt de montrer M. Jouffroy aux deux termes de sa carrière et de marquer le chemin qui l'a conduit de l'un à l'autre. C'est ainsi qu'il faut les prendre; c'est dans cette vue qu'il faut les lire. Ils n'ont tout leur sens que dans leur ensemble; en rechercher certaines parties et négliger les autres, s'attacher à certains morceaux à l'exclusion du reste, serait porter ses préjugés, ses goûts, et ses passions dans une appréciation qui, pour être juste, doit être large et complète. Le genre de lecteurs auxquels s'adressent les écrits de M. Jouffroy sauront se mettre en garde contre ces faiblesses; j'y ai du moins compté quand j'ai livré à leur justice cette suite de pensées qui pour être bien jugées ne doivent point l'être séparément. S'il n'en eût pas été ainsi, j'aurais éprouvé quelque embarras à l'idée des fâcheuses et fausses interprétations auxquelles aurait prêté cette publication; et dans ce cas aussi j'avouerais mes regrets de n'avoir pas eu avec M. Jouffroy, quelque triste qu'il eût pu être, un suprême et funèbre entretien, dans lequel il m'eût confié ses dernières volontés sur ses papiers ; ma conscience eût alors été plus à l'aise et ma responsabilité plus simple, mieux circonscrite et plus franche. Mais je n'ai point de telles inquiétudes, et je suis persuadé qu'il n'est pas un ami sage et éclairé de la vérité qui ne comprenne M. Jouffroy comme il doit être compris. J'ai foi pour lui en une impartialité dont il n'a jamais manqué envers les autres.

Ph. DAMIRON.

Juin 1842.

INTRODUCTION.

Ayant consacré deux années entières à traduire et à donner au public les ouvrages du chef de l'école écossaise, il me semble qu'il est de mon devoir, à présent que cette longue recherche est terminée, d'exposer aux amis de la philosophie les motifs qui m'ont engagé à m'occuper d'un pareil travail, et de les préparer, par quelques recherches préliminaires sur les limites et les divisions naturelles de la psychologie, à tirer de cette publication toute l'instruction qu'elle me paraît contenir. Tels sont les deux buts que je me propose dans cette introduction, et qui la diviseront en deux parties, quoique d'ailleurs ils ne soient point étrangers l'un à l'autre, comme on ne tardera pas à s'en convaincre si l'on veut bien lire avec attention les pages suivantes.

DE L'ORGANISATION
DES
SCIENCES PHILOSOPHIQUES.

Première partie.

Ce qu'il faut savoir avant de mettre la main comme simple ouvrier à l'édifice d'une science est très considérable ; et il n'y a guère de vrai savant qui n'ait dépensé la moitié de sa vie à conquérir le droit d'ajouter une vérité nouvelle aux découvertes de ses prédécesseurs. La raison en est simple : on ne peut continuer avec intelligence une entreprise commencée, à moins d'en connaître le plan et de savoir jusqu'où elle a été conduite ; et, comme en matière de science l'autorité est sans poids, un esprit raisonnable ne consent point à embrasser une pareille tâche avant de s'être assuré que ce plan est bon et que les bases déjà posées sont solides. Ainsi l'intelligence et la critique de la méthode, la connaissance parfaite et l'examen approfondi des travaux déjà consommés, tel est l'inévitable noviciat auquel doivent se soumettre ceux qui aspirent à l'honneur de faire avancer d'un pas une science quelconque. Beaucoup meurent à la peine avant d'avoir franchi ces pénibles épreuves; beaucoup se découragent en chemin et se jettent de lassitude dans des routes moins difficiles; le petit nombre de ceux qui arrivent ne pénètre que tard et déjà fatigué dans le pays des découvertes.

Mais si cet apprentissage est pénible dans toute espèce de science, s'il exige beaucoup de temps dans celles qui sont très avancées, on peut dire qu'il offre en philosophie des difficultés incomparables. Ce n'est pas qu'il se compose en philosophie de recherches plus nombreuses ou d'une nature différente. Les questions qu'il faut résoudre pour se mettre au niveau d'une science sont les mêmes; leur nombre ne varie pas plus que leur nature, et ce qu'elles sont en grammaire ou en physique, elles le sont en philosophie. Ce n'est pas non plus que la philosophie soit une science plus avancée, et qu'on rencontre en l'étudiant une plus grande somme de connaissances acquises à s'approprier : quoique aucune autre n'embrasse un plus vaste champ, ce champ n'est pas si peuplé de découvertes que la patience ne puisse venir à bout de le moissonner; ce n'est pas enfin que ces connaissances soient d'une nature si haute ou si subtile qu'il faille une intelligence d'une pénétration peu commune pour les comprendre ; beaucoup de personnes reculent effrayées devant les simples questions de géométrie ou d'astronomie, et il n'en est point qui n'aborde avec confiance celles de morale ou de méthaphysique. Ce ne sont point là les causes qui rendent si laborieux le noviciat du philosophe, et si inaccessible pour un esprit sévère l'abord de la science; cette raison est ailleurs : elle réside tout entière dans la difficulté même qu'on rencontre en philosophie de résoudre les questions préliminaires que tout homme de bon sens se pose en abordant l'étude d'une science, et dans la nécessité de les avoir résolues avant de songer à en reculer les limites.

En effet, ces questions, toujours les mêmes, quelle que soit la science dont il s'agisse, ne se résolvent pas dans toutes avec la même facilité. Indépendamment de la quantité des connaissances acquises qui exige plus ou moins de temps, selon qu'elle est plus ou moins considérable ; indépendamment de la nature plus ou moins subtile de ces connaissances, qui veut un degré d'intelligence ou d'attention plus ou moins rare, différences dont nous ne tenons point compte, et qu'il n'est pas dans notre sujet de considérer, l'esprit peut rencontrer dans la constitution même des différentes sciences des obstacles plus ou moins grands à la solution de ces questions préliminaires.

Une science dont l'objet, la matière et les grandes divisions, seront parfaitement déterminés, en offrira infiniment moins qu'une autre dans laquelle un ou plusieurs de ces points fondamentaux resteront encore dans l'ombre ; et la difficulté deviendra plus grande encore et sera presque insurmontable dans celle où aucun de ces points ne sera fixé. En un mot, elle sera, en raison inverse du degré d'organisation de la science, la plus faible possible quand cette organisation sera parfaite, la plus grande possible quand cette organisation ne sera pas même commencée, et de plus en plus considérable selon qu'un moindre nombre des éléments de cette organisation existera. C'est assez dire que les sciences ne sont point toutes également bien organisées, c'est assez dire même qu'il y en a qui ne le sont point du tout. Comme la philosophie, dans notre pensée, est au nombre de ces dernières, et comme nous voyons dans cette circonstance la source des difficultés en quelque sorte innombrables qu'elle présente à quiconque veut l'étudier, nous devons nous arrêter sur cette assertion, afin de la justifier en l'expliquant. Examinons donc à quelles conditions une science est organisée, et de quelle manière le degré de perfection de cette organisation la rend ainsi plus ou moins facile. Ces conditions assignées et cette dépendance constatée, nous pourrons mieux, en ramenant nos regards sur la philosophie, déterminer jusqu'à quel point elle est organisée, et reconnaître si, comme nous le pensons, la difficulté de se mettre en possession de cette science a son principe dans l'imperfection de cette organisation.

Toute connaissance suppose deux termes, une intelligence qui connaisse et un objet connu. La connaissance est quelque chose d'intermédiaire entre ces deux termes. Résultat de la vue ou de la conception de l'objet par l'intelligence, elle le représente, elle en a l'image en elle. Quand cette image est conforme à l'objet, elle est vraie; quand elle ne lui est pas conforme, elle est fausse. Cela est vrai de toute connaissance, quel que soit son objet, ou de quelque manière qu'elle ait été acquise.

En mettant d'un côté notre intelligence et de l'autre toutes les réalités substantielles ou phénoménales qui existent, avec toutes les propriétés des unes et toutes les lois des autres, et tous les rapports qui lient entre elles et ces existences, et ces propriétés, et ces lois, nous concevons entre ces deux termes une connaissance possible qui serait en nous l'image fidèle et complète de tout ce qui existe, et par conséquent de tout ce qui peut être connu. Cette connaissance est pour nous l'idéal de la science. C'est sur le chemin qui conduit de l'ignorance absolue à cette science absolue que voyage l'intelligence humaine.

En cherchant en quoi consiste la science humaine dans un moment quelconque de son histoire, on trouve qu'elle se compose de quelques fragments de cette image totale du monde qui serait la science absolue. Ces fragments correspondent chacun à quelque partie de l'objet total de la science, et ont avec cette partie le même rapport que la science elle-même avec le tout; ils représentent à l'intelligence cette partie de la réalité; ils en sont l'image en elle. Nous croyons à la fidélité de leur image, et c'est à ce titre que nous appelons ces fragments du nom de science et que nous en faisons cas.

Ainsi la science humaine, identique par sa nature à la science absolue, est loin de l'égaler en étendue; nos connaissances ne sont que des lambeaux de la connaissance universelle. L'ensemble de ce qui est nous échappe; notre intelligence n'en connaît que des pensées détachées.

En cherchant comment s'élèvent dans l'intelligence humaine ces connaissances partielles, nous trouvons d'abord qu'elles n'y ont pas été déposées au commencement, mais qu'elles sont le fruit des efforts qu'elle a faits et qu'elle continue de faire pour connaître le monde. En effet, elles n'ont pas été de tout temps sa propriété ; les époques les plus reculées sont aussi celles où l'humanité nous paraît le plus voisine de l'ignorance absolue. Nous voyons cette ignorance se dissiper un peu à mesure qu'elle s'éloigne de son berceau. Plus tard, nous pouvons apprécier les notions nouvelles dont chaque siècle a enrichi ses connaissances, et nous avons conscience dans le nôtre des acquisitions que chaque jour y ajoute. La science humaine est donc le résultat des travaux de l'intelligence humaine, s'appliquant à l'objet total de la science et en déchiffrant successivement quelques parties. Elle s'est accrue et continuera de s'accroître par la succession de ses efforts.

Il semble suivre de là que l'ignorance absolue a été le point de départ de l'intelligence humaine, et que la science absolue est le terme vers lequel elle aspire, et auquel il est de sa destinée d'aboutir. Ces deux inductions sont vraies, sauf quelques restrictions. On trouve dans l'intelligence humaine des notions que l'expérience n'a pu lui donner ; et quand on examine la nature de ces notions, on s'aperçoit que sans elles nous ne pourrions rien comprendre aux choses que l'expérience nous révèle. Il résulte invinciblement de cette double observation que ces notions n'ont point été acquises par l'intelligence humaine, mais lui ont été données en même temps que les facultés par lesquelles elle conçevait. Car, si on le nie, on ne peut expliquer leur acquisition par ces facultés, et, de plus, on ne saurait plus concevoir la possibilité d'aucune autre connaissance. L'intelligence humaine n'est donc pas partie de l'ignorance absolue; elle n'a pas été poussée en face du monde avec la faculté de le connaître pour toute arme; elle portait aussi en elle les notions premières indispensables pour le comprendre, notions qui lui ont successivement apparu à mesure que l'occasion s'est présentée. Ces notions innées composent ce qu'on appelle la raison et constituent l'être raisonnable. Il existe des créatures intelligentes qui en sont privées, et celles-là n'apprennent rien. L'homme n'est capable d'apprendre et de savoir que par elles.

D'une autre part, il n'est pas non plus absolument vrai que la science complète soit le terme réservé au progrès de la connaissance humaine. Ce qui est vrai, c'est que l'intelligence humaine y aspire; c'est que, par conséquent, il y a lieu d'espérer que cette satisfaction complète ne sera pas éternellement déniée à ses désirs; mais ce qui ne l'est pas, c'est qu'elle puisse ici bas et à l'aide des sciences y arriver. Retenue dans un point de l'univers, elle n'en peut voir que la faible partie qui est à sa portée; et encore dans cette partie même que son observation peut atteindre, à l'exception d'elle-même, elle ne saisit les choses que par la surface. Quant au fond, il lui échappe, et elle est condamnée à le deviner. Elle le peut, il est vrai, grâce aux notions de sa raison, qui lui révèlent les dépendances qui existent nécessairement entre ce qu'elle voit et ce qu'elle ne voit pas; mais cette divination de ce qu'elle ne voit pas, pour être complète, suppose une connaissance complète de ce qu'elle voit, et les détails qu'elle voit sont infinis, et, à un certain degré de l'analyse, finissent par échapper à l'observation. Ainsi notre connaissance de la partie du monde qui est à notre portée ne saurait jamais être complète. Mais, le fût-elle, cette connaissance ne serait qu'un fragment de celle du tout ; et, bien qu'on puisse supposer que la partie de l'univers que nous saisissons renferme des échantillons de tout ce qui existe, jamais toutefois cette hypothèse ne pourra s'asseoir assez pour autoriser l'induction qui conclurait de cette faible partie au tout, et soumettrait l'univers de Dieu aux lois du nôtre. Ainsi la science humaine a des bornes fatales qui l'empêcheront toujours d'acquérir la science absolue. Si la connaissance complète est un bien réservé à notre intelligence, ce n'est point en ce monde qu'il lui a été donné de l'atteindre.

Mais bien que l'intelligence humaine ne soit point partie de l'ignorance absolue, et ne doive point aboutir à la science absolue, la science humaine n'en est pas moins un intermédiaire mobile entre ces deux termes; elle s'avance de l'un à l'autre par un mouvement continuel dont la rapidité va croissant, fragment de plus en plus considérable de la science totale, image de moins en moins incomplète de cette immense réalité au sein de laquelle nous vivons, et en présence de laquelle nous avons été poussés d'abord sans autres armes que la faculté de l'observer et les données indispensables pour la comprendre.

Or dans ce progrès même l'intelligence humaine a suivi et continue de suivre une loi qui laisse clairement apercevoir l'histoire de la science, et qu'on voit suivre à notre esprit, quelque vaste ou quelque borné que puisse être l'objet qu'il veut connaître.

Quand un objet nouveau et inconnu est soumis au regard de notre intelligence, son premier mouvement est de l'embrasser tout entier, et d'essayer de le connaître d'un seul coup d'œil. On dirait qu'il est dans la vraie nature de notre esprit de connaître ainsi les choses, et que ce n'est que par une nécessité étrangère et accidentelle qu'il est condamné à passer par l'étude successive des parties pour arriver à la connaissance claire de l'ensemble. Il semble du moins oublier d'abord cette nécessité, tant il cède constamment à l'instinct de s'y soustraire, et va droit d'abord, dans tous les cas, à la totalité de l'objet ; mais elle lui est bientôt rappelée par l'impuissance de cette tentative. Cette vue systématique ne lui donne qu'une image indécise et confuse ; et, de ce tout qui lui échappe, son attention descend bientôt aux parties qu'elle y distingue vaguement, et, ne pouvant même embrasser deux de ces parties, finit par se concentrer successivement sur chacune. Ainsi, l'étude de l'objet vient naturellement se résoudre dans l'étude successive de chacune de ses parties ; et des notions partielles ainsi successivement acquises l'esprit compose la connaissance totale qui lui avait d'abord échappé, et qu'il ne lui est donné d'obtenir que par ce pénible et secret procédé.

Ainsi va l'intelligence humaine dans l'étude des moindres choses. Tel est son procédé, telle est sa loi. Cette loi, elle l'a subie en présence du monde, de ce monde immense et mystérieux, objet total de la connaissance, en face duquel elle s'est trouvée primitivement placée.

Le premier mouvement de l'intelligence humaine, en présence de l'univers inconnu, a été de résoudre d'un seul coup l'énigme totale. Elle n'a vu qu'une chose, le tout ; elle ne s'est posé qu'une question, qu'est-ce que le tout ? elle n'a conçu qu'une science, celle qui avait pour objet de résoudre cette question, la science totale. Et, en effet, la distinction de plusieurs sciences suppose celle de plusieurs problèmes, et celle de plusieurs problèmes, celle de plusieurs choses distinctes à éclaircir. Et la distinction dans le tout de plusieurs choses à connaître est déjà une connaissance, suppose déjà une analyse, et ne pouvait être le début de l'intelligence humaine, ni le premier événement de son histoire. Le premier événement de cette histoire devait être le sentiment qu'il y avait pour elle et devant elle un vaste mystère à éclaircir ; elle devait poser ce mystère un sous la forme d'un problème un, et faire de la solution de cet unique problème l'objet d'une science unique. Ce qu'elle devait faire, elle l'a fait partout. Partout l'intelligence humaine s'est directement attaquée d'abord à l'énigme tout entière ; partout elle a lutté audacieusement avec cette immense énigme, et partout de cette lutte gigantesque sont sorties des hypothèses gigantesques et audacieuses comme elle. Les vieilles religions sont là avec leurs grandes et fantastiques mythologies pour témoigner de ces luttes ; elles en sont les plus antiques monuments, elles n'en sont pas les seuls. Les premiers systèmes de philosophie portent le même caractère d'unité et d'universalité. En Grèce, où toute l'histoire de l'humanité s'est développée et formulée plus nettement qu'ailleurs, toute la première époque de la philosophie est consacrée à cette lutte primitive. Il n'y a point de sciences, il y a la science ; cette science a pour objet l'énigme du monde, la connaissance du tout. Dans cette énigme, tous les problèmes sont confondus; dans ce tout, toutes les existences viennent se fondre. L'homme lui-même, qui se prend avec tant d'audace à ce grand univers, ne s'en distingue pas. Il n'y a point de science particulière pour lui. Cet honneur ne lui vint qu'avec Socrate.

Mais dans cette lutte l'intelligence devait à la fois succomber et s'instruire ; l'énigme devait lui résister, et, en lui résistant, se décomposer peu à peu sous ses regards. En Grèce, dans l'époque antérieure à Socrate, on voit ce phénomène se produire peu à peu dans l'unité même de la science et des systèmes. Les grandes parties du tout commencent à se démêler et à se dessiner aux yeux même de ces philosophes qui ne consentent point à les abstraire de l'ensemble. Le problème unique se dissout pour ainsi dire dans les principaux problèmes qui le composent. Il subsiste encore néanmoins, mais vers la fin, et n'est déjà plus qu'une ombre, et l'on sent que cette ombre de la science unique va s'évanouir et faire place aux sciences particulières qui doivent peu à peu la remplacer dans les époques suivantes.

Ce résultat en effet est inévitable : l'étude de l'objet total, qui n'a été possible qu'à la condition qu'aucunes parties n'y seraient distinguées, laisse bientôt voir ces parties à l'intelligence. Dès lors il n'est plus donné à celle-ci ni de confondre ces parties, ni de les étudier simultanément. Elle est condamnée à les abstraire dans ses contemplations comme elles le sont dans ses conceptions. Chaque partie distincte devient donc l'objet d'une question distincte et d'une science distincte. De là la division de la science primitive qui meurt, et la distinction des sciences particulières qui lui succèdent.

Il y a quelque chose de vrai et quelque chose de faux dans cette décomposition de la science primitive en sciences particulières, et par conséquent dans la distinction et l'existence isolée de ces divisions. Assurément l'ensemble des choses qui existent ne forme pas un tout qu'on ne puisse décomposer qu'arbitrairement et fictivement. Cette grande machine renferme des rouages de nature et d'espèce différentes qui remplissent dans l'œuvre totale des fonctions profondément distinctes. Tous les êtres ne sont pas de même nature, tous les phénomènes de même ordre, toutes les lois de ces phénomènes de même importance.

Sur le fond de l'objet total de la science se dessinent et se détachent des masses naturelles que l'intelligence ne crée pas, mais qui lui appartiennent, et quand elle contemple à part chacune de ces masses, elle voit s'y dessiner naturellement encore d'autres distinctions qu'elle n'invente pas plus que les premières et qui sont tout aussi réelles ; et à mesure que son regard se concentre davantage, des subdivisions de plus en plus petites, mais toujours vraies, se font apercevoir, et elles sont telles, que si elle pouvait continuer de descendre, que si sa vue ne se troublait pas à la fin, bien loin encore par delà le terme où elle s'arrête, et peut-être à l'infini, elle verrait se prolonger cette suite de subdivisions et de distinctions qu'elle trouve et n'imagine pas. Il y a donc une immense et naturelle variété dans l'objet de la connaissance humaine, et quand la science, en se décomposant en sciences particulières, et les sciences particulières en recherches plus particulières encore, reste fidèle à cette décomposition naturelle de son objet, et ne fait pour ainsi dire que l'imiter et lui obéir, elle n'est pas dans le faux, elle est dans le vrai. Et toutefois, à ce qu'il y a de vrai et de très vrai dans une pareille décomposition de la science se mêle toujours par la force des choses quelque chose de faux. En supposant même la conformité des divisions de la science à celles de l'objet aussi parfaite que possible, il reste toujours cette différence aussi importante qu'inévitable entre la copie et l'original : c'est que dans l'objet la distinction n'est pas la séparation, tandis que dans la science l'une devient l'autre, l'une équivaut à l'autre. Ces parties réellement différentes qui existent dans l'objet n'en soutiennent pas moins bien l'une avec l'autre des rapports, n'en vivent pas moins l'une par l'autre et l'une pour l'autre, n'en exercent pas moins l'une sur l'autre une action, n'en concourent pas moins ensemble et nécessairement à un même but qui est celui du tout, n'en forment pas moins les éléments liés et inséparables d'un seul et même système qui est l'univers. En un mot, la variété dans les choses n'empêche pas l'unité, ces deux choses coexistent, ou pour mieux dire s'engendrent mutuellement. Or cette unité, la division des sciences la brise dans la connaissance. Vous n'avez pas fait violence à la nature en faisant du règne végétal et du règne animal l'objet de deux sciences distinctes, car ces deux séries d'études sont réellement différentes, et vous n'avez fait que transporter dans la connaissance une variété qui était dans les choses. Mais ces deux séries d'études vivent et concourent ensemble dans les choses par une loi supérieure, et cette dépendance vous la brisez nécessairement, cette loi supérieure, vous la négligez inévitablement dans votre subdivision scientifique. En effet, la subdivision opérée, vous avez deux sciences ayant chacune leur objet, l'une le règne végétal, l'autre le règne animal ; soit que vous vous plaisiez dans l'une ou dans l'autre, vous n'étudierez ou que les êtres du règne végétal et leurs lois, ou que les êtres du règne animal et leurs lois. Le rapport, la loi supérieure qui les unit et qui les fait concourir ensemble, vous échappe ; elle n'est comprise ni dans l'un ni dans l'autre des objets de vos deux sciences, et non seulement cette loi qui les unit, mais encore toutes les lois qui les unissent et les font concourir avec toutes les autres parties du système total. Je sais bien que ces lois, que ces rapports supérieurs, vous vous y élèverez un jour quand vous aurez connu les séries d'êtres que vous étudiez aujourd'hui séparément ; je sais bien que ces sciences aujourd'hui séparées et cultivées à part ne seront pas plus tôt faites qu'elles s'uniront et se perdront l'une dans l'autre ; je sais bien enfin que l'unité de la science, après s'être brisée en mille rameaux, renaîtra un jour de la réunion de ces rameaux. Je sais bien surtout que cette décomposition et ses inconvénients sont inévitables ; que l'intelligence humaine, impuissante à embrasser et à distinguer à la fois, est obligée ou de renoncer à tous les deux, c'est-à-dire à connaître, ou de se résigner à distinguer d'abord pour embrasser ensuite ; je n'ignore ni le résultat futur de la division des sciences, ni la nécessité de cette division, et des inconvénients qu'elle entraîne. Je me borne à constater ce qu'il peut y avoir de vrai et ce qu'il y a nécessairement de faux dans cette subdivision, jusqu'à quel point il lui est donné d'être fidèle à la nature, et par où elle la fausse inévitablement et la défigure.

Or il y a cela de faux dans le régime des sciences particulières, régime nécessaire et par lequel la connaissance humaine doit passer, qu'il isole dans la recherche et dans la connaissance ce qui est uni dans les choses. L'unité lui échappe ; il ne peut être vrai jusque là. Le seul degré de vérité qu'il lui soit donné d'atteindre, le seul auquel il doive aspirer, et qu'on ait le droit de lui demander, c'est qu'il reproduise dans ses subdivisions la variété qui est dans les choses, et non pas une autre ; c'est que les frontières qu'il assigne aux différentes sciences correspondent aux lignes de démarcation qui distinguent réellement les différentes parties de la réalité.

Mais dans cette série de vérité à laquelle il est

donné à l'intelligence humaine d'atteindre dans la formation et la délimitation des sciences particulières, il y a encore infiniment d'arbitraire... En effet, nous l'avons dit, les grandes divisions que la matière nous offre sont elles-mêmes composées; elles présentent des subdivisions parfaitement vraies, qui à leur tour en laissent apercevoir qui ne le sont pas moins, en sorte que, si la faiblesse de notre intelligence nous permettait de discerner jusqu'au bout la série des parties de plus en plus petites qui sont dans les choses, il n'y a pas un phénomène, pas un être, pas une idée, qui ne devînt un monde pour nous, et qui par conséquent ne pût non seulement devenir l'objet d'une étude spéciale, mais encore fournir la matière d'un grand nombre de recherches parfaitement distinctes. Or à quel degré de subdivisions également vraies la science doit-elle s'arrêter, quelles sont celles qu'il convient le mieux qu'on reproduise dans la décomposition à laquelle elle est condamnée? Aucun principe évidemment ne peut empêcher l'arbitraire de se glisser dans la décision. On peut, on a le droit d'exiger que chaque science représente une subdivision réelle et non point imaginaire de la réalité; mais quant à la mesure, à l'étendue de cette subdivision, sa base sera même toujours plus large que les théories ne sauraient l'assigner.

Il y a plus, cette subdivision varie et doit varier nécessairement; elle est et elle doit être inévitablement mobile. En effet, tel phénomène qui n'était qu'un point dans la circonscription d'une science est tout à coup étudié. Cette étude révèle que ce phénomène joue un rôle immense dans la nature; que mille autres phénomènes qu'on regardait comme différents ne sont que des formes diverses de celui-là; que la connaissance de sa loi mène à une foule d'applications. Aussitôt ce point devient un monde, et ce qui n'était qu'un fait confondu avec mille autres dans le cadre d'une science, devient ou tend à de devenir l'objet d'une science spéciale. Comment trouver mauvaise la création de cette science, sa séparation de toutes les autres ? De quel droit, à quel titre, par quel principe la condamner ? On ne le saurait évidemment, d'autant plus que toutes sont sciences au même titre et existent du même droit. Les sciences se sont multipliées à mesure que l'étude de la réalité a fait jaillir de nouvelles différences entre les éléments qui la composent. La première décomposition de la science primitive n'a tenu compte que des plus sages distinctions que nous présente le fait de la création; ces fortes lignes étaient les seules qu'une vue encore toute superficielle y pût découvrir. Une plus longue application ne tarda pas à découvrir des parties dans les lacunes de la subdivision primitive, et encore les sciences créées par cette subdivision se subdivisèrent elles-mêmes. Le progrès de la connaissance a donc eu et continue d'avoir pour effet leur plus grande subdivision, et par conséquent la multiplication des sciences particulières ; et certes nous ne sommes pas au bout de cette décomposition progressive. Il y aurait lieu d'être effrayé de ce mouvement de multiplication indéfini, si un autre ne venait pas en borner les effets. En effet, à mesure que les sciences s'élèvent à un certain degré de perfection, les rapports qui existent entre elles se laissent entrevoir, et, dès qu'ils sont aperçus et connus, ces sciences tendent à se confondre. Dès lors la recomposition au terme de la décomposition commence à s'opérer. On a déjà vu des exemples de cette fusion de deux sciences ; et, de nos jours, plusieurs aspirent évidemment à se réunir, et cela dans un avenir très rapproché.

Il n'y a donc pas une certaine division des sciences écrite dans la nature des choses, absolue et parfaite par conséquent, autour de laquelle flotte et gravite, que cherche et à laquelle doive un jour aboutir et s'arrêter le mouvement de décomposition qui a mis en pièces la science primitive. Toute division des sciences qui correspond à des différences vraies dans les choses est légitime ; et comme il peut y avoir une infinité de divisions possibles des sciences pourvues de ce manteau, il y a une infinité de divisions légitimes des sciences. Il suit de là que la seule vérité à laquelle notre science puisse aspirer, c'est que sa circonscription coïncide avec une division réelle de la réalité. Quant à l'étendue de cette division, on ne saurait dire en deçà ni au delà de quel terme elle est trop étroite ou trop vaste ; à cet égard la nature des choses n'impose rien : car, comme tout tient à tout dans l'univers, que vous la brisiez en grandes ou en petites parties, vous faites une égale violence à la réalité; vous jetez toujours un voile provisoire sur l'unité qui est en elle, et à laquelle vous ne pouvez arriver un jour qu'en l'oubliant long-temps. Toute la différence d'une plus grande à une moindre subdivision des sciences, c'est que vous appelez sciences dans un cas ce que vous auriez appelé chapitres d'une science dans l'autre. Vous n'échappez pas plus à l'extrême décomposition dans la seconde supposition que dans la première, les dénominations seules sont différentes.

Voilà ce qu'on peut dire de plus général sur la division des sciences. On voit quel a été son point de départ, sa cause et sa loi. On voit où elle tend, ce qu'elle contient nécessairement de faux, ce qu'elle a d'arbitraire, et l'espèce de vérité dont elle est susceptible. Il faudrait s'élever à ces vues générales pour comprendre les lois qui président au développement des sciences particulières. Ces lois ne sont pas moins nécessaires que celles que nous venons de constater. Elles résultent, comme elles, de la nature des choses et de celle de l'intelligence.

Une science existe donc légitimement à une seule condition : c'est que son objet coïncide avec une des divisions mêmes des choses. L'unité de cette division fait l'unité de la science. La réalité de l'une fait la vérité de l'autre. Aussi toute science aspire à se circonscrire dans une de ces divisions vraies, et pour cela aspire à en saisir les limites réelles. Elle sent que son unité et sa variété dépendent de cette exacte coïncidence ; elle sent qu'elle ne sera constituée définitivement que quand elle l'aura rencontrée. Mais elle ne la rencontrera pas du premier coup ; et c'est ce qui fait qu'elle ne réussira pas immédiatement à se constituer et à s'organiser; et que toutes, dans ce travail, ne sont pas arrivées au même degré. Traçons les lois de ce développement. Dans le second ainsi que dans ce premier cas, les dénominations seules sont différentes.

A tous ses degrés de décomposition, une division vraie des sciences est une chose difficile, et à laquelle l'intelligence humaine n'arrive que lentement et après de longues incertitudes. En effet, la plus générale comme la plus détaillée suppose la découverte des différences réelles qui existent dans la réalité. Ces différences sont elles-mêmes des faits qui ne se dévoilent que peu à peu, et à mesure que la connaissance humaine fait des progrès ; c'est pourquoi à chaque âge de la connaissance humaine correspond une certaine division de la science, division de moins en moins générale, à mesure que cette connaissance arrive, en avançant, à une analyse plus détaillée des choses. Quelque visibles que paraissent aujourd'hui au sens commun les grandes lignes qui partagent la réalité, il a fallu plusieurs siècles à l'intelligence pour les découvrir et créer cette primitive décomposition de la science qui les exprime. L'humanité en a eu le sentiment long-temps avant d'en avoir l'idée ; long-temps sa pensée a flotté autour de ces lignes, qu'on entrevoyait avant de les découvrir nettement, et tant qu'a duré ce tâtonnement, des divisions vagues, hasardées, souvent imaginaires et fausses, ont été proposées ; ébauches indécises, dans lesquelles venait se peindre l'incertitude de la connaissance.

Il en a été de même toutes les fois qu'une décomposition nouvelle est venue briser les unités d'une division plus ancienne et plus générale. Et aujourd'hui encore, quand une science se décompose, ce n'est point tout d'un coup que le partage se fait et que les sciences particulières dans lesquelles elle se résout trouvent leurs vraies limites et se circonscrivent dans leur objet spécial. Longtemps leurs contours demeurent indécis et flottants ; long-temps ils empiètent l'un sur l'autre ; long-temps en un mot l'intelligence cherche, sans la rencontrer, la division vraie des choses que chacun doit exprimer et dont l'unité vraie constituera la leur. C'est que, encore un coup, cette division vraie est un fait à découvrir, et d'une découverte d'autant plus difficile qu'il est très général et qu'il présuppose en grande partie faite la science même qu'il doit déterminer. Aussi n'est-ce souvent que quand les connaissances qui doivent remplir le cadre d'une science sont déjà en partie conquises que le cadre vrai, l'objet vrai, l'unité vraie de cette science, se trouve. Ce qui est vrai de la division des sciences en général est vrai de la circonscription de chaque science en particulier. Et de là vient qu'il y a toujours deux moments, deux périodes distinctes dans le développement d'une science, celle durant laquelle elle cherche encore la division vraie des choses qui doit être son objet et dont elle n'a encore qu'une idée vague, et celle où, l'ayant trouvé et en ayant une idée précise, elle se constitue et s'organise pour cette idée et prend une forme assurée et définitive ; en d'autres termes, la période d'enfantement et la période d'existence proprement dite.

A vrai dire, une science n'existe que quand son objet a été nettement conçu et abstrait par l'esprit de l'objet total de la connaissance : car, comme les sciences ne se distinguent que par leur objet, tant que l'objet d'une science n'est pas nettement déterminé, ce qui constitue cette science, ce qui la fait elle, et non pas une autre, ce qui lui donne une existence individuelle et propre, manque, et par conséquent elle se cherche encore, elle n'est pas; et cependant il est tout simple que l'intelligence humaine n'attende pas que l'objet d'une science lui ait ainsi apparu d'une manière très nette et très déterminée pour lui donner un nom et la cultiver. Si elle attendait pour étudier une partie de la réalité que le vrai caractère et les véritables limites lui en fussent parfaitement connus, elle tomberait dans un cercle vicieux et n'arriverait jamais à connaître ce vrai caractère et ces véritables limites, car c'est par l'étude même qu'elle en fait que ce caractère et ces limites lui apparaissent. Il est donc tout naturel que l'étude d'une science précède sa définition vraie, et que dès que l'intelligence a le sentiment, ou, si l'on aime mieux, l'apperception obscure d'un certain sujet spécial de recherches, elle consacre ces recherches et leur donne un nom sans attendre que son apperception devienne précise. Non seulement cela est naturel, mais cela est inévitable ; et il n'y a pas de science qui ne passe par cet état et n'y demeure un temps plus ou moins long. Une période de l'existence d'une science est celle de l'enfantement de cette science ; tant qu'elle dure, l'intelligence cherche l'idée de cette science, elle ne la possède pas ; elle flotte autour de la division réelle des choses qui en sont l'objet, elle ne l'a pas encore saisie. Cette période est représentée dans l'histoire de presque toutes les sciences par ces définitions et ces noms plus ou moins vagues par lesquels passe toute science avant d'arriver à une détermination exacte et définitive, et à un nom bien fait, et qui la désigne véritablement.

Le but auquel aspire l'esprit dans le travail d'enfantement d'une science, c'est la composition précise d'une certaine division grande ou petite, mais réelle, de l'objet total de la connaissance. Son point de départ, c'est le sentiment obscur de cette même division qui lui fait concevoir en elle l'objet d'une science spéciale et distincte. Le travail d'enfantement lui-même a pour tendance la transformation de ce sentiment obscur, qui, en laissant dans le vague l'objet de la science, y laisse la science elle-même, et l'idée précise qui, en déterminant les limites de l'un, fixera celles de l'autre. Ce travail est tantôt très long, tantôt très court. Telle science arrive presque immédiatement à l'idée précise de son objet; telle autre qui date de la première décomposition de cette science primitive cherche encore de nos jours cette idée précise de son objet. Mais, longue ou courte, cette période est remplie par une série de définitions de la science, qui ont toutes le caractère de n'être point définitives et de s'évanouir devant le progrès de la connaissance, et cela parce qu'elles ne sont toutes que des acheminements à la définition véritable de l'objet, et qu'aucune ne la représente ou d'une manière assez précise, ou d'une manière assez vraie pour être définitive et durable.

En effet, tant que l'intelligence, dans cette espèce de gravitation vers l'idée précise de l'objet d'une science, n'est point arrivée à la vue nette et vraie de cet objet, elle ne peut en avoir que deux espèce d'idées, ou une idée vague sans être fausse, ou une idée précise sans être exacte. Toutes les définitions qui précèdent en elle la véritable définition de l'objet portent donc inévitablement l'un ou l'autre de ces caractères ou d'être vagues, c'est-à-dire de laisser l'objet indécis et flottant, ou d'être fausses, c'est-à-dire de le défigurer. La science s'empreint de ces caractères. Sa circonscription, ses limites, son unité, restent flottantes et indéterminées dans le premier cas, sont fausses dans le second. De là les deux seules formes que puisse revêtir la science dans la période de l'enfantement, et qui témoignent également qu'elle est encore dans cette période, la forme vague et la forme fausse.

De ces deux formes, la première défigure infiniment moins la réalité que la seconde; en effet, tant que l'intelligence, dans cet acheminement à la véritable délimitation de l'objet d'une science, n'impose pas à la réalité une précision qu'elle n'y aperçoit pas encore, et laisse flotter la définition de la science comme flotte en elle l'idée qu'elle a de son objet, l'intelligence est dans le vrai et elle y laisse la connaissance. L'unité de la science n'est pas encore posée, il est vrai; sa circonscription n'est pas encore connue. On ne sait pas encore jusqu'où elle va et où elle s'arrête, on ne peut pas encore reconnaître ni ce qui en fait certainement partie, ni ce qui certainement lui échappe. La science en un mot cherche encore son idée, elle n'est pas encore, dans la véritable acception de ce mot. Mais dans cet état flottant, du moins, si elle ne représente pas encore la réalité, du moins elle ne la défigure pas; si elle n'est pas encore vraie, du moins n'est-elle pas fausse. Elle est ce qu'elle peut être, une ébauche indécise qui aspire à prendre une forme, et qui attend que la réalité la lui donne. Cet état d'une science n'aurait aucun inconvénient, s'il ne décourageait pas les esprits vigoureux qui ont besoin, pour cultiver une science, de savoir. Tels sont les caractères de la forme vague.

Mais il est extrêmement rare que l'intelligence humaine use de cette retenue dans l'époque d'enfantement ; son impatience est trop grande pour s'y soumettre : presque toujours, au lieu d'attendre que la vraie définition de l'objet lui soit révélée et sorte du progrès de la connaissance, elle formule cette définition sur les données incomplètes qu'elle a, et, dans la fausse confiance que ces données lui inspirent, substitue au cadre vrai de la science un cadre de fantaisie, dont les lignes ne coïncident pas avec les contours réels de l'objet, et par conséquent, on mutile cette division de la réalité, on lui associe des choses qu'elle ne comprend pas. Mais, toute fausse qu'elle est, cette précision n'en repose pas moins l'esprit humain, et n'en excite pas moins son ardeur. Toute définition pareille d'une science produit ce double effet, et c'est en cela qu'une fausse constitution vaut encore mieux que l'absence de toute constitution, et que la forme fausse a quelques avantages sur la forme vague.

L'une et l'autre, du reste, ne sauraient être que provisoires et engendrer que des constitutions provisoires de la science, car il est également impossible que l'intelligence humaine s'y arrête. Elles la poussent également en avant, en hâtant la détermination de l'objet de la science, c'est-à-dire l'enfantement de sa constitution véritable. Seulement elles le font chacune à leur manière.

La forme vague opère en effet plus immédiatement que l'autre : car celle-ci fait illusion à l'intelligence, qui, la croyant bonne, s'imagine pour un temps que la science est constituée ; au lieu que la forme vague, étant l'absence même de constitution, ne peut laisser prise à cette illusion. La forme vague se déclare elle-même insuffisante, provisoire; elle appelle la recherche de la véritable définition de la science; elle en accuse la nécessité; elle pousse donc naturellement à cette recherche. Son inconvénient n'est pas de déguiser le mal; son inconvénient, comme nous l'avons dit, serait plutôt, à force de le montrer, de décourager beaucoup d'esprits, et de les éloigner d'une science encore indécise et qui n'est point organisée. C'est un effet que produisent assez ordinairement les sciences qui en sont là.

La forme fausse n'est pas moins essentiellement provisoire que la forme vague, et par conséquent n'en conduit pas moins, quoique d'une manière moins directe, à la détermination vraie de l'objet de la science. Le propre d'une science fausse étant de considérer comme semblables des choses qui sont différentes dans la réalité, elle est tenue de créer des similitudes qui n'existent pas et sans lesquelles elle ne pourrait exister elle-même. Elle étend donc à toutes les choses qu'elle enferme dans son cadre les caractères de quelques unes, ou prête à toutes des caractères qu'elle invente et qui n'appartiennent à aucune. C'est ainsi qu'elle crée son unité, et c'est parce que cette unité est fausse, qu'elle est fausse elle-même. Or il est impossible que cette erreur ne soit pas tôt ou tard découverte par le progrès de la connaissance; il est impossible qu'en continuant d'étudier les choses enfermées dans ce cadre faux, l'intelligence n'arrive pas à reconnaître que les similitudes qu'elle leur avait imposées et au nom desquelles ce cadre avait été tracé, et l'unité de la science établie, n'existent pas. Et du jour que cette découverte est faite, ce cadre faux est brisé, cette unité factice se dissout en lambeaux qui retournent aux unités vraies auxquelles ils appartiennent réellement; et, dès lors aussi, l'intelligence, délogée de la forme fausse dans laquelle elle s'était reposée, se remet en quête de la véritable définition de la science, mais s'y remet avec toutes les connaissances nouvelles qu'elle doit à son erreur même, et qui, en la forçant à en sortir, l'aura nécessairement rapprochée de la vérité.

Voilà par quel chemin une science arrive à la détermination à la fois vraie et précise de son objet; elle y arrive à travers une série de définitions ou vagues ou inexactes, dont les unes peuvent être considérées comme autant d'ébauches indécises de la vraie définition, et les autres comme autant de définitions hypothétiques que l'intelligence admet provisoirement et qu'elle rejette à mesure qu'elle en a connu l'inexactitude. Tant qu'une science n'a qu'une idée vague de son objet, elle ne saurait se constituer: car ce qui constitue une science, c'est l'idée de son objet. Elle se cherche donc encore, elle n'est pas. Tant qu'une science n'a qu'une idée fausse de son objet, elle ne saurait se constituer que d'une manière fausse, et par conséquent éphémère; elle existe, mais d'une existence illégitime, et par conséquent périssable. Mais le jour où la division vraie de l'objet total de la connaissance qu'une science particulière aspire à représenter a été conçue d'une manière exacte et précise par l'intelligence, ce jour-là la science existe et se constitue définitivement, car ce jour-là toutes les conditions de cette existence et de cette constitution définitive et durable se trouvent remplies.

Qu'est-ce en effet qu'une science constituée;

et comment une science se constitue-t-elle par l'idée de son objet ? Le voici.

En effet, une science est constituée quand on sait ce qui caractérise les recherches qui la composent et ce qui les distingue de toute autre recherche possible : car on sait alors ce qui fait de toutes ces recherches une seule science, et non pas plusieurs, ce qui distingue cette science de toute autre ; enfin ce qu'elle comprend et ce qu'elle ne comprend pas ; on connaît en un mot l'unité, le caractère distinctif et les limites de cette science, et ce sont là tous les éléments qui fixent l'idée d'une science qui se constitue. Or toutes ces notions, on les a du moment qu'on a une idée précise de l'objet d'une science. Car avoir l'idée nette d'un certain objet, qu'est-ce autre chose que de savoir ce qui le fait lui et le distingue de tout autre ? Et savoir ce qui le fait lui et le distingue de tout autre, qu'est-ce autre chose encore que de savoir quel est le caractère commun et spécial qui rallie l'une à l'autre toutes les choses qu'il comprend, et compose de toutes ces choses une unité naturelle distincte de toute autre ? Avoir l'idée précise de l'objet de la zoologie, par exemple, qu'est-ce autre chose sinon de savoir quel est le caractère commun qui distingue tous les êtres qu'embrasse cette science, et qui fait de tous ces êtres un groupe naturel, une unité naturelle, distincte du groupe des êtres végétaux, du groupe des êtres minéraux, et de tout autre groupe possible d'êtres créés? Or savoir cela de l'objet d'une science, c'est savoir ce qui distingue les choses comprises dans un objet de toute autre chose possible, c'est connaître non seulement l'unité, mais encore le caractère distinctif et les limites de cet objet. Et cette unité, ce caractère distinctif et ces limites, sont précisément ceux de la science, qui ne peut avoir d'unité, de caractère distinctif, de limites, que ceux de l'objet qu'elle étudie.

Donc, du moment que l'idée précise de l'objet d'une science est donnée, cette idée constitue la science, laquelle ne reçoit l'être que par cette idée, et par conséquent ne l'a pas tant que cette idée ou n'est pas trouvée ou reste vague. Donc si cette idée est non seulement précise, mais encore vraie, si elle est celle en un mot d'une véritable division des choses, d'une véritable unité naturelle, la constitution de la science engendrée par elle est vraie comme elle, et par conséquent immuable et définitive.

Nous avons dit comment et à quelles conditions une science se constitue. Il nous faut dire maintenant comment et à quelle condition elle s'organise. Qu'une science soit constituée, c'est là le premier élément de son organisation ; mais ce n'est pas le seul ; il en est d'autres dont le progrès de la connaissance la dote successivement et sans lesquels elle n'est point complétement organisée. De même qu'il y a des sciences constituées et d'autres qui ne le sont pas, ou ne le sont que d'une manière fausse, de même, parmi les sciences constituées, il y en a qui sont plus ou moins organisées, et qui le sont d'une manière plus ou moins vraie. Nous devons suivre l'intelligence humaine dans le travail de l'organisation comme nous l'avons suivie dans celui de l'enfantement. C'est une seconde période dans la vie des sciences qui n'est pas moins intéressante à décrire que la première.

De même que l'unité inconnue mais incontestable de l'objet total de la connaissance renferme pourtant des parties distinctes qui forment en elle comme autant d'unités secondaires, liées, mais différentes; de même chacune de ces unités secondaires contient à son tour toutes les parties qui sont par rapport à elle ce que ces unités secondaires sont par rapport au tout, c'est-à-dire des unités d'un ordre inférieur, unies par un caractère commun, mais séparées l'une de l'autre par des caractères spéciaux. Or la même loi qui force l'intelligence à décomposer la science du tout, et à la résoudre dans les sciences particulières de chacune des grandes parties de ce tout, la force également, l'objet d'une science particulière étant donné, à résoudre cette science en autant de recherches spéciales qu'elle a distingué de subdivisions réelles dans son objet. Et c'est ainsi que toute science tend à se décomposer en recherches partielles, comme la science elle-même s'est décomposée et a dû se décomposer en sciences particulières.

Ce nouveau mouvement de l'intelligence humaine dans la formation d'une science est un mouvement d'organisation. Il est parfaitement distinct, par son but et par son résultat, de celui qui a pour objet la constitution même de la science.

Une science est constituée quand elle a conscience de son unité et de ses limites ; c'est-à-dire quand elle sait ce qu'il y a de commun entre toutes les recherches qui lui appartiennent, et qu'elle peut par conséquent, une recherche étant donnée, reconnaître si elle lui appartient ou ne lui appartient pas? Quand elle en est arrivée là, elle sait ce qui la fait elle, et non pas une autre ; elle est. Mais elle peut en être là et ignorer parfaitement quelles sont les recherches qui sont de son domaine et qu'elle reconnaîtrait pour lui appartenir si on les lui présentait. Evidemment la détermination du nombre, de la nature et des limites respectives de ces recherches, est une autre question tout à fait distincte de la première. La solution de la première, en déterminant la nature de la recherche générale de la science, la constitue. La solution de la seconde, en déterminant les recherches particulières enveloppées dans cette recherche générale, l'organise. Ces deux bases sont parfaitement distinctes, et le mouvement de l'intelligence vers l'une ne saurait être confondu avec le mouvement de l'intelligence vers l'autre.

L'un est aussi naturel que l'autre; tant que l'esprit n'a pas nettement démêlé l'objet de la science qu'il cultive des autres objets de connaissance, si belles et si nombreuses que puissent être les notions particulières qu'il acquiert sur cet objet, il n'est point satisfait, il n'est point tranquille; il sent qu'il ne sait où il va ni ce qu'il fait; le but reste vague, l'étendue de sa tâche inconnue; les notions même qu'il a obtenues il ne peut point les lier, il ne sait pas si elles peuvent être liées; il est donc poussé par un mouvement invincible à déterminer l'objet de la science. Cela fait, il connaît le but total qu'il poursuit et les limites de sa tâche, il a la circonscription du pays qu'il doit découvrir. Mais ce n'est pas assez pour son repos : ce pays lui est inconnu. Par où commencer le voyage? par où poursuivre? par où finir? Il ne le sait pas, et il est condamné à ne pas le savoir tant qu'il n'aura pas saisi d'une vue générale les grandes régions dans lesquelles il se divise. Les notions même qu'il possède déjà, il ne peut les classer, car il ne peut les rapporter aux parties distinctes du tout auxquelles elles se rapportent, et qu'il ignore. Il est donc condamné à les laisser éparses et à continuer à marcher à l'aveugle. Dans ces recherches, l'esprit, en un mot, sait dans quel pays il est; mais dans ce pays il n'est pas orienté, et il ne le sera pas tant que les grandes divisions de la science n'auront pas été par lui entrevues; il est donc enchaîné à les déterminer par une inquiétude non moins vive et non moins naturelle que celle qui l'a poussé à déterminer l'ensemble.

Mais ce n'est pas seulement à cause de cette inquiétude que l'intelligence humaine tend à résoudre une science dans les recherches principales qui y sont enveloppées; c'est par nécessité. On peut dire que dans l'étude d'une science son chemin passe par là, passe par ces généralités, et que ce n'est qu'à travers qu'il arrive aux détails. En effet, le point de départ d'une recherche générale, d'une science, est toujours la vue obscure de l'objet total de cette science. Cet objet total l'intelligence ne peut le connaître qu'en le considérant, et ne peut le considérer sans y distinguer des divisions, des parties; elle sait qu'elle ne peut connaître le tout que par la connaissance de ces parties; elle se concentre donc sur une de ces parties qui se décompose également sous son regard. Il continue de descendre, et c'est ainsi qu'il arrive aux détails à travers une vue obscure et du tout et des principales divisions. Mais le détail, malgré sa clarté, ne peut ni le satisfaire ni le retenir; l'idée de l'ensemble, l'idée des grandes divisions, l'y poursuit, l'y inquiète, l'y tourmente. Il remonte donc sans cesse, il revient à chaque instant à ces deux choses, essayant, à chaque voyage, de les déterminer, pour avoir la mesure de sa tâche et s'y orienter, et à chaque voyage et l'ensemble et les grandes divisions se dessinent plus distinctement. Ainsi, dans le travail de création d'une science, à l'étude des détails dans lesquels l'esprit tombe inévitablement, et qu'il n'abandonne pas, se mêle toujours un double mouvement de recherches plus générales, recherches de l'objet de la science ou de sa circonscription, recherches des divisions de la science ou de son ordre, double mouvement qui a pour but la constitution et l'organisation de la science, et qui ne cesse que quand ce but est atteint. On ne peut pas dire que l'un de ces mouvements précède l'autre : ils sont simultanés ; seulement le mouvement de constitution est plus fort que l'autre, parce que ce qui importe avant tout, c'est que la science soit constituée, l'organisation ne pouvant être définitivement trouvée qu'après;

il atteint donc presque toujours son but le premier ; et, quand il est terminé, le mouvement d'organisation continue avec un redoublement de vigueur, jusqu'à ce que le sien soit atteint aussi.

Du reste le dernier mouvement suit absolument les mêmes lois que le premier ; il est marqué par les mêmes circonstances. Les grandes divisions de l'objet d'une science sont réelles comme la circonscription même de l'objet, et ce sont ces grandes divisions réelles que l'intelligence aspire à saisir pour décomposer la science elle-même, sachant bien que la science ne sera divisée, et par conséquent organisée d'une manière vraie et durable, qu'autant que la division de ses recherches sera une image de la division même de l'objet. Mais les divisions réelles de l'objet ne lui appartiennent pas nettement du premier abord. Elle ne parvient à les discerner que lentement et par degrés. Elle n'y arrive donc qu'à travers des divisions ou vagues comme la vue qu'elle en a, ou fausses quand son impatience n'attend pas que cette vue devienne nette. Ces divisions, vagues ou fausses, sont nécessairement éphémères, comme nous avons vu que l'étaient les définitions vagues ou fausses de l'objet de la science. Elles se succèdent et se détruisent sous le progrès de la connaissance entière, jusqu'à ce qu'enfin une division précise soit trouvée qui coïncide avec la division même de l'objet, et remplisse ainsi toutes les conditions d'une division légitime. Celle-là reste, et la science alors est définitivement organisée.

Et toutefois nous devons faire ici une observation qui s'applique également à la définition et à la division d'une science. Il est incontestable que tout progrès de la connaissance ajoute quelque chose à la perfection de la définition et de la division la plus exacte d'une science, et qu'ainsi sous ce rapport une science n'est jamais ni immuablement définie ni immuablement divisée. Mais cette remarque n'ébranle en rien la vérité de ce que nous avons dit. Incontestablement il y a une époque dans le développement de toute science où sa définition, c'est-à-dire les vraies limites de son objet; où sa division, c'est-à-dire les véritables parties principales de cet objet, ne sont point déterminées. On le reconnaît à ce signe, ou que la définition et la division admises laissent dans le vague et la nature de l'objet et ses parties, ou qu'il en a plusieurs qui se partagent les esprits et qui se disputent le mérite d'être vraies. Il n'est pas moins certain qu'il arrive une autre époque où ce vague disparaît, où cette division d'opinions cesse, et où tout le monde est d'accord sur la véritable définition et la véritable division de la science. A quoi attribue-t-on cet accord? à ce que cette définition et cette division sont naturelles, sont vraies, sont l'image fidèle de la réalité. Et toutefois, dans cette époque même, de légères rectifications sont faites de loin en loin à l'une et à l'autre, une plus grande précision est donnée à quelque point de l'un ou de l'autre. Que suit-il de là ? non pas que la division et la définition réelles fussent fausses, elles n'en sont point ébranlées, mais seulement que dans quelques dessins leurs lignes ou n'avaient pas toute la précision possible, ou ne coïncidaient pas avec toute l'exactitude imaginable avec les contours de la réalité. Ces imperfections sont dans la nature des choses, et par conséquent de telles rectifications surviendront toujours. Ce fait n'ébranle point ce que nous avons avancé.

D'autres changements encore peuvent être amenés par le progrès de la connaissance qui ne l'ébranlent pas davantage. En premier lieu une science peut être divisée en plusieurs autres, ou réunie à une autre ; mais il ne s'ensuit pas du tout que son unité fût fausse, il s'ensuit seulement ou qu'entre son unité et celle d'une autre science des rapports ont été aperçus qui ont montré que ces deux unités n'étaient que les parties d'une unité supérieure, ou que dans le sein de son unité on a trouvé des parties, c'est-à-dire des unités d'un ordre inférieur, assez importantes pour devenir l'objet de sciences particulières. Dans les deux cas l'unité de la science, et par conséquent la vérité de la définition de cette science, reste intacte. Il peut arriver en second lieu que les divisions vraies d'une science soient réduites ou multipliées par le progrès de la connaissance : réduites parce qu'on aura préféré une division plus générale, multipliées parce qu'on aura mieux aimé une division plus détaillée. Mais la division primitive, et la division réduite, et la division plus détaillée, sont simultanément vraies ; l'exactitude de l'une n'est point contradictoire à celle des autres.

La décomposition d'une science dans les recherches qu'elle comprend est le premier élément de l'organisation de cette science ; mais il n'est pas le seul ; il en est un second qui n'est pas moins indispensable pour que cette organisation soit complète, et à la conquête duquel l'esprit humain n'aspire pas avec une impatience moins inquiète. Ce second élément est la méthode. Une science dont la décomposition vraie est opérée et dont la méthode vraie est trouvée est complétement organisée ; mais elle ne l'est pas à moins. Décrivons la nature de ce second élément, et montrons par quels chemins l'intelligence y arrive.

Ce n'est pas tout, pour élever la science d'une certaine division des choses, que les limites de cette division soient tracées et que les principales parties en soient déterminées. Cette fois l'intelligence sait en quoi consiste sa tâche et comment elle se subdivise ; elle en a la circonscription et le cadre. Il reste à remplir cette tâche, et pour cela il faut qu'elle connaisse les moyens certains d'y parvenir. Et cette connaissance certaine des moyens, l'intelligence peut l'avoir ou ne l'avoir pas. Dans l'histoire d'une science quelconque, il y a toujours une époque où elle ne l'a pas encore, et une autre où elle l'a ; c'est donc une chose qu'elle acquiert, qu'elle découvre. Cette découverte est celle de la méthode de cette science. Et tant qu'une science n'a pas sa méthode fixée, il manque un élément à son organisation.

Les choses que l'intelligence peut connaître ne sont point placées par rapport à elle dans une seule et même situation. Placée elle-même dans un coin du monde, une partie de ce monde lui apparaît, le reste lui est invisible ; dans la partie qui lui apparaît, certaines choses sont en elle et beaucoup d'autres extérieures à elle. Il était impossible qu'elle connût de la même manière ces choses placées par rapport à elle dans des situations si différentes. Il fallait donc que l'intelligence fût pourvue de facultés différentes relatives à ces différentes situations des choses, et propres chacune à saisir ces choses placées dans chacune de ces situations. De là la variété des facultés de l'intelligence humaine. Elle a des facultés pour saisir la partie visible des choses qui lui sont extérieures ; elle en a pour saisir la partie visible qui est en elle. Quant à la partie des choses qui ne lui apparaît pas, elle y parvient de deux façons, et par les idées universelles qu'elle apporte en naissant, et par la connaissance de la partie visible. Elle a la faculté de concevoir ces idées universelles et d'en déduire tout ce qu'elles impliquent ; elle a la faculté de les appliquer à ce qu'elle voit, et par ce moyen d'induire légitimement de ce qu'elle voit ce qu'elle ne voit pas ; ainsi elle a des moyens de connaître variés comme les points de vue sous lesquels sont placées les choses ; et ces facultés, étant différentes, arrivent à connaître par des procédés différents. De même que chacune a sa nature propre et sa compétence spéciale, chacune aussi a sa méthode spéciale correspondant à sa nature et à son objet.

Naturellement l'intelligence, dans son rapport avec les choses, applique à chaque partie de ces choses la faculté compétente pour la connaître ; naturellement aussi, dans cette application, la faculté appliquée suit les procédés que sa nature lui inspire et qui sont propres à la conduire à la connaissance ; ce choix de la faculté compétente entre toutes les facultés, cette préférence par chaque faculté des procédés qui peuvent la conduire au but; tout cela est instinctif, contraire à toute réflexion, indépendant de tout calcul; tout cela résulte et de la nature de l'intelligence et de celle de la faculté appliquée. Ce n'est même pas de là que nous avons appris et la compétence de chaque faculté, et la convenance des procédés suivis par chacune. La réflexion se rend compte, il est vrai, et de cette compétence et de cette convenance; mais elle n'aurait jamais deviné ni l'une ni l'autre si l'instinct, en mettant en jeu l'intelligence, ne lui eût donné le spectacle et du pouvoir et de la marche naturelle des différentes facultés qui la composent.

Mais l'homme n'est point destiné à se développer sous la loi de l'instinct comme les animaux : Dieu a voulu qu'il dût à lui-même ses conquêtes de toute espèce, et par conséquent que la direction calculée remplaçât promptement en lui la direction instinctive; de là sa faillibilité et sa perfectibilité. Abandonné à l'instinct seul, l'homme eût été infaillible comme les animaux, mais borné comme eux dans un cercle immuable. La réflexion, intervenant donc tout à coup dans l'homme, y amène avec elle tout ce qui fait son malheur et sa gloire, et dans la sphère de l'intelligence ses erreurs et sa puissance. La conception anticipée du but engendre l'impatience de l'atteindre, et l'impatience de l'atteindre la combinaison et la confusion des moyens, l'emploi précipité en matière des procédés. Le calcul dérange d'abord la nature, qu'il doit plus tard perfectionner. Sous l'influence de la volonté, la compétence des facultés est confondue, les procédés mêlés ou mutilés. L'induction achève ce qui ne devait être fait que par l'observation ; le raisonnement intervient où l'induction seule devait opérer. L'un et l'autre dépassent leurs données. La raison ajoute des conceptions imaginaires à ses conceptions naturelles et leur donne la même autorité axiomatique. Toutes ces facultés se hâtent, et en se hâtant faussent leurs procédés, les abrégent, les défigurent. Tel est l'effet de la première irruption de la volonté et du calcul dans l'intelligence. La première base de la science en général, et de chaque science en particulier, témoigne de cette primitive et inévitable confusion des facultés et de cette primitive et inévitable incertitude des méthodes ; et de là tout ce qui caractérise les premières époques, l'erreur, les systèmes, l'absence de tout criterium de certitude, et tout ce qui s'ensuit.

La conscience du mal est aussi le remède. Par dessus toutes les sciences et par dessus la science elle-même, on sent le besoin d'en chercher une autre, celle qui a pour objet de déterminer à quelle condition il y a science et comment on doit s'y prendre pour faire la science. Cette recherche supérieure à toutes les recherches est celle de la vérité et des méthodes, car elle a un double objet, et ne peut en avoir davantage, celui de déterminer à quelle condition une connaissance est vraie, et comment l'intelligence dans ses recherches peut remplir ces conditions, ou, ce qui revient au même, arriver au vrai. Or, pour parvenir à ce double but, l'intelligence n'a qu'un moyen, c'est de se replier sur elle-même et d'y retrouver par l'observation et la compétence naturelle de ses facultés, et les procédés naturels de chacun. Car, ou Dieu n'a pas voulu que nous connaissions les choses, ou le moyen de les connaître c'est d'appliquer à chacune la faculté qui a mission de la connaître, et de lui faire suivre dans cette application les procédés par lesquels elle connaît naturellement : car ou nous n'avons aucun signe pour distinguer une connaissance vraie d'une connaissance fausse, ou la connaissance vraie est celle qui a été acquise par la faculté compétente agissant selon ses procédés naturels. Déterminer la compétence naturelle des facultés et les procédés naturels de chacune, voilà donc ce qu'il y a à faire pour arriver à ces deux résultats, qui n'en font qu'un : la méthode pour arriver à la vérité, et le criterium pour la reconnaître. L'humanité le sent, et de là ce grand mouvement de l'intelligence plus jeune que la science, puisqu'il naît de la confusion primitive où elle est tombée en sortant du berceau, mais qui durera autant qu'elle, par lequel elle aspire à déterminer d'une manière de plus en plus précise ses propres lois, c'est-à-dire les conditions et les ressorts de sa puissance. Ce mouvement est progressif comme tous ceux que nous avons signalés, et, comme tous ceux que nous avons signalés, il aspire à déterminer une chose réelle, une chose que l'intelligence a d'abord entrevue, mais dont l'étude seule peut lui donner une idée précise, les limites réelles et les procédés naturels de nos facultés. A mesure que ce mouvement se rapproche du but vers lequel il tend, on voit la confusion, l'irrégularité, l'incertitude primitive de la marche de l'intelligence humaine se dissiper à chaque pas que fait la logique, car ce mouvement est la logique. La compétence et les attributions de chaque faculté étant mieux déterminées, les empiètements d'une faculté sur le domaine d'une autre, les substitutions de l'une à l'autre deviennent plus rares ou moins considérables, et, d'une autre part, les procédés de chaque faculté étant mieux décrits, ses conditions d'actions légitimes mieux signalées, l'intelligence humaine dans l'application de chacune devient plus sévère pour elle-même, se soumet avec plus de rigueur à ces conditions, suit avec plus d'exactitude ces procédés. De là infiniment moins de méprises et d'erreurs ; de là dans toutes les sciences un progrès plus rapide et plus sûr vers la connaissance. Telle est l'influence de la logique générale ou de la science générale des méthodes : c'est un flambeau qui, en jetant des clartés sur l'intelligence qui fait les sciences, en réfléchit sur le chemin de chacune.

C'est à ce grand mouvement engendré par le mouvement général de l'intelligence humaine vers la connaissance, et qui suit, domine et éclaire ce mouvement, que correspond, dans le développement spécial de chaque science, celui qui a pour objet de fixer la méthode de cette science. Il est inspiré par le même besoin, et, dans des limites différentes, aspire au même résultat.

On pourrait croire, au premier coup d'œil, que le but du premier de ces mouvements comprend celui du second, et que la logique générale, en la supposant faite, rendrait inutile la logique spéciale de chaque science ; mais on se tromperait. La logique générale éclaire toutes les logiques spéciales, sert à les faire, mais n'en tient pas lieu. La logique générale faite, il n'en resterait pas moins à faire la logique de chaque science particulière.

En effet, quels peuvent être les résultats de la

logique générale? La distinction des différentes facultés de l'intelligence, la détermination des méthodes spéciales à chacune de ces facultés, et le caractère distinctif des vérités connues par chacune. La logique générale faite, on saurait donc parfaitement comment par exemple il faut procéder pour bien observer, comme pour bien induire, comme pour bien déduire; on saurait de plus à quelle condition une connaissance obtenue par l'observation est légitime, à quelle autre une connaissance induite, à quelle autre une connaissance déduite. Or supposons ces résultats obtenus, il resterait toujours, l'objet d'une science spéciale encore donné, à déterminer par laquelle de ces méthodes l'intelligence pourra arriver à la connaître. Il est vrai que, cette question d'application résolue, la logique générale fournirait de suite à la science particulière et sa méthode et son criterium de vérité tout faits; aussi proclamons-nous l'utilité de la logique générale dans l'invention de la logique spéciale de chaque science. Mais enfin cette question d'application, la logique générale ne peut la résoudre; il faut, pour qu'elle soit résolue, que l'intelligence prenne en considération l'objet de la science.

En la supposant la plus simple du monde, ce que la logique générale ne fait pas, cette question d'application n'en serait pas moins dans chaque science une question de logique spéciale, et n'en suffirait pas moins pour déterminer l'insuffisance et la nécessité d'une logique spéciale de chaque série de la logique générale.

Mais la solution de cette question est loin d'être aussi simple qu'elle en a l'air ; le plus souvent au contraire elle est très compliquée, et fait de la détermination de la logique spéciale d'une science une œuvre longue et difficile. Il est rare en effet que l'objet d'une science tombe tout entier dans la compétence d'une seule des facultés de l'entendement, et par conséquent puisse être entièrement connu par une seule méthode. Presque toujours, et je dis *presque*, parce que, sauf les mathématiques pures, je ne connais aucune science qui échappe à cette condition ; presque toujours la question générale qu'une science a pour objet de résoudre se décompose en questions particulières qui ne sont point de même nature et ne peuvent être résolues par une même méthode. Les unes sont des questions de faits que l'observation est appelée à résoudre ; les autres ne peuvent l'être que par l'induction, les autres que par le raisonnement ; et cela vient de ce que l'objet de la science embrasse des choses qui sont par rapport à l'intelligence dans des situations très diverses. Or quand il en est ainsi, et encore une fois il en est ainsi presque toujours, la question d'application grandit, et avec elle l'importance et la difficultée de la logique spéciale de la science. Dès lors, en effet, il faut démêler les différentes questions de la science, reconnaître la nature propre de chacune, par cette nature déterminer la faculté compétente pour la résoudre, et ainsi assigner à chacune la méthode qui lui convient; or tout cela ne peut se prendre que dans la connaissance de l'objet de la science, tout cela suppose donc une analyse déjà assez profonde de l'objet de cette science. Mais ce n'est pas tout; il ne peut être indifférent à la solution de ces questions que l'intelligence les aborde dans tel ou tel ordre: par cela qu'elles sont de natures diverses, elles sont dépendantes, elles sont créées. Si par exemple telle partie de l'objet ne peut être connue que par induction, la recherche qui la concerne implique celle des faits qui doivent servir de base à cette induction. Si une autre partie de l'objet ne peut se trouver que par déduction, la recherche qui la concerne présuppose les vérités de faits ou d'induction qui doivent servir de point de départ à cette déduction, elle suppose par conséquent les recherches qui donneront ces vérités. Que si donc l'esprit se jette au hasard dans les recherches de la science, et qu'il aborde d'abord celles qui ne peuvent être résolues qu'après, il s'épuisera en vains efforts, il n'aboutira à rien. L'ordre à suivre dans ces différentes recherches fait donc aussi partie de la méthode de la science, car il est un des moyens de la faire. Or, pour fixer l'ordre vrai, il faut connaître la dépendance des questions, et, pour découvrir cette dépendance, la logique générale est inutile ; il faut avoir pénétré dans la qustion même de la science et en avoir profondément étudié les éléments. Enfin entre les choses même dont la connaissance s'acquiert par la méthode il y a des diversités infinies qui exigent dans la méthode des modifications corrélatives. Il faut qu'elle se plie à la variété de ces choses, qu'elle prenne des mesures, qu'elle invente des moyens, qu'elle combine des ruses toutes spéciales pour la saisir. Et tout cela demande à être calculé et ne peut l'être que sous l'inspiration même de l'objet à connaître et des circonstances spéciales de cet objet. Ce n'est donc pas une chose si simple et qui découle d'elle-même de la logique générale, que la découverte et la détermination de la méthode d'une science, et par conséquent du criterium de vérité de cette science. C'est au contraire une recherche ordinairement fort compliquée, et dont l'objet dans tous les cas reste très distinct de celui de la logique générale. La logique générale, étudiant l'intelligence humaine, détermine la méthode de chacune des parties qui la composent, et le criterium de vérité de chacune des espèces de connaissance dont elle est capable. La logique spéciale d'une science, étudiant la nature de l'objet de cette science, applique et approprie les résultats de la logique générale à l'objet spécial de cette science. Telle est la ligne de démarcation qui sépare les attributions de ces deux logiques et qui explique comment le mouvement de l'esprit humain qui aspire à créer l'une n'exclut pas celui qui, dans le développement de chaque science particulière, aspire à créer l'autre.

La logique particulière d'une science ayant pour but d'approprier les résultats de la logique générale à l'objet spécial de cette science, on voit que sa perfection dépend de deux choses, et des progrès de la logique générale, d'où dépend la bonté des résultats appliqués, et de ceux de la science particulière elle-même, d'où dépend la connaissance plus ou moins approfondie de la nature de l'objet auquel ces résultats doivent être appliqués. C'est en vertu de cette double dépendance qu'on voit d'une part les méthodes de toutes les sciences se perfectionner à mesure que la logique générale avance, c'est-à-dire à mesure que les lois de l'intelligence humaine sont mieux connues et ses procédés mieux analysés; et de l'autre la méthode de chaque science se perfectionne et se détermine de plus en plus à mesure que cette science avance elle-même. Sous ce dernier rapport, la détermination de la méthode d'une science suit les mêmes lois que celle de son objet et que celle de son cadre ; comme elle suppose une certaine connaissance de l'objet de la science, elle ne précède pas la science, la science commence toujours sans elle. Comme, en second lieu, ses progrès dépendent d'une connaissance toujours plus approfondie de cet objet, ses progrès suivent ceux de la science elle-même et croissent avec eux. Ce n'est qu'à mesure qu'une science avance, et à condition qu'elle avance, que sa méthode et son criterium de vérité se déterminent et se fixent. Cette méthode et ce criterium ne sont point arbitraires ; le mouvement de l'intelligence qui tend à tout déterminer tend à démêler des choses réelles : car ce sont des choses réelles que le nombre, la nature et la dépendance de recherches dans lesquelles une science se décompose. Or, comme ce sont ces choses qui déterminent et l'ordre à suivre dans ces recherches, et la méthode à appliquer à chacune, et les conditions de la vérité dans toutes, il y a un ordre vrai à découvrir, des méthodes vraies à déterminer, un criterium vrai à constater ; et tant que cet ordre, ces méthodes, ce criterium, vrais, ne seront point trouvés, la science cherchera sa logique, elle ne l'aura point encore. C'est ce que sent l'intelligence dans la création d'une science, et c'est pourquoi elle aspire, par un mouvement qui ne cesse que quand il est parvenu à son but, à déterminer d'une manière de plus en plus précise les divers éléments de sa méthode. Elle ne fait d'abord que les mouvoir d'une manière extrêmement confuse; longtemps les idées qu'elle a sont vagues et indécises, ou déterminées d'une manière inexacte et fausse. La méthode d'une science, comme son objet, comme son cadre, est toujours flottante, longtemps imparfaite. Elle passe aussi par la forme vague et par la forme fausse, avant d'arriver à se constituer d'une manière à la fois vraie et précise; mais enfin elle y arrive, elle y arrive par ses erreurs même et par la connaissance de plus en plus exacte et de la véritable nature et de la véritable dépendance des recherches de la science; et ce n'est qu'alors qu'elle est véritablement et définitivement fixée. Pour la méthode comme pour le reste, il n'y a de définitif que le vrai, c'est-à-dire ce qui est conforme à la nature des choses. Tous les éléments de la constitution et de l'organisation d'une science ne doivent être que la représentation dans la science de ce qui est dans l'objet de la science.

Les méthodes sont, sans contredit, de tous ces éléments celui qui, dans l'histoire générale de la science, se fixe le plus tard. Sauf quelques rares exceptions, ce n'est guère que dans les temps modernes que la plupart des sciences sont arrivées à ce qu'on peut appeler un commencement de détermination de leur véritable méthode ; et la raison en est toute simple : c'est que la détermination de la méthode d'une science ne dérive pas seulement, comme celle de son objet et de son cadre, des progrès mêmes de cette science ; elle suppose encore la connaissance des lois de l'intelligence, c'est-à-dire les progrès d'une science à part, la logique générale, plus difficile que pas une d'elles. Or cette science a marché très lentement, et n'est pas plus achevée qu'aucune autre dans la première époque de la philosophie ; l'analyse de l'intelligence humaine ne commence qu'avec Platon et Aristote. Ce furent ces deux grands hommes qui commencèrent à démêler les différentes manières de connaître dont l'homme est capable, et à distinguer les attributions et les procédés de ces différentes manières de connaître. Tous leurs efforts et tous ceux de la philosophie ancienne n'aboutirent qu'à la description exacte d'une seule méthode, celle de déduction, création immortelle du génie d'Aristote. Le moyen âge, enfance de la philosophie moderne, voulut faire toute science avec ce seul instrument, parce qu'il était le seul dont l'ancienne philosophie ait légué une idée précise, et il fallut cette longue expérience pour faire sentir l'insuffisance de cet instrument, et son incompétence dans une foule de questions. Ce sentiment ranima l'analyse et l'étude de l'intelligence, et créa la philosophie moderne. Les autres facultés de l'intelligence, les autres moyens de connaître, furent pour ainsi dire retrouvés ; les distinctions faites par Platon et Aristote furent de nouveau aperçues, et, depuis Descartes jusqu'à Kant, la critique, appliquée aux facultés de l'intelligence, à leurs attributions, à leurs limites, à leurs procédés, a fait faire des pas immenses à la logique générale. Un nouvel instrument de l'esprit humain a ici dégagé sa méthode dernière, l'observation extérieure et l'induction, qui en étaient les découvertes. Ce grand travail, ébauché par Bacon, a été porté à sa perfection par les efforts constants des deux siècles qui l'ont suivi. De nos jours, l'observation intérieure, à son tour, a commencé à sortir de l'ombre par les efforts de cette analyse, qui est loin d'être finie. Descartes et Locke avaient préparé ce mouvement, auquel Kant et Reid ont donné une puissante impulsion. Après Platon et Aristote, Descartes, Kant et Reid, ont aussi aspiré, chacun à leur manière, à démêler et à marquer la part des conceptions *a priori* de l'œuvre de la connaissance ; c'est un autre élément de l'intelligence que l'avenir achèvera de dégager. Ainsi l'analyse de l'entendement a marché lentement et n'est point terminée. Les méthodes des sciences particulières ne pouvaient la devancer ; elles devaient participer aux incertitudes de la logique générale, rester vagues quand elles ne pouvaient leur emprunter que des résultats vagues, devenir exclusives et fausses quand elles ne pouvaient en tirer que des résultats faux et exclusifs ; enfin, n'arriver à la précision et à l'exactitude qu'avec elles et avant elles. Et comme certains procédés de l'intelligence ont été analysés comme certains autres, les sciences particulières dont l'objet tombait dans la compétence de ces procédés devaient arriver à leurs vraies méthodes les premières, et, par ces méthodes, ensuite prendre l'avance sur les autres ; c'est ce qui est arrivé. Les sciences se peuvent déduire. Les mathématiques se sont développées les premières, parce que le procédé déductif a été le premier déduit. Les sciences d'observation extérieure, laissées au berceau par le génie de l'antiquité, ont pris, depuis Bacon, qui a ébauché leur méthode, un développement immense et rapide. La psychologie, au contraire, est restée en arrière, et avec elle toutes les sciences qui en dépendent. En tout nous voyons les méthodes particulières suivre le mouvement de l'analyse de l'intelligence.

Et toutefois ce serait une erreur de croire que la logique générale prête toujours aux logiques particulières sans jamais rien en recevoir. L'intelligence humaine, placée en face de l'objet d'une science, et conduite par le bon sens et la nécessité à se rendre compte des moyens qui étaient en son pouvoir pour le connaître, a souvent rencontré quelques uns des vrais procédés à suivre, les a souvent pratiqués, avant que la logique ne les eût trouvés dans l'analyse de l'entendement; et souvent ces révélations spontanées, dont l'expérience avait confirmé la vérité, ont indiqué à la logique générale des procédés de l'entendement qu'elle ne soupçonnait pas, et l'ont conduite à chercher dans l'entendement ces procédés, qu'elle a ensuite décrits avec une plus grande précision. On a bien raisonné, on a bien observé, on a bien induit, avant qu'Aristote et Bacon eussent décrit les lois du raisonnement, de l'observation et de l'induction. Bacon même, ce faible psychologue, a moins tiré son nouvel *organum* de l'analyse de l'intelligence que des exemples donnés par quelques heureux génies, et des puissantes réflexions que ces exemples l'ont conduit à faire. Ainsi la logique générale ne prête pas seulement, elle reçoit aussi des logiques spéciales. Mais il n'en est pas moins vrai que, tant qu'elle n'a point puisé dans l'étude immédiate de l'intelligence les lois vraies d'une méthode qui ne sont que là, les applications particulières de cette méthode ne sont guère que d'heureuses inspirations, des hasards, des bonheurs du génie, qui ne sont point imités faute d'être compris. Et, si heureuses que soient ces applications, la méthode n'y présente même jamais cette rigueur, cette exactitude, cette sûreté de procédés qu'elle acquiert quand elle a été psychologiquement décrite, et qu'en l'employant, l'intelligence sait ce qu'elle fait et pourquoi elle le fait.

Quoi qu'il en soit de ces services mutuels que se rendent les logiques spéciales et la logique générale, il reste vrai qu'une science particulière n'est organisée complétement que quand elle a déterminé sa véritable méthode. Jusque là elle a beau savoir avec précision quel est son objet, dans combien de recherches principales se partage l'étude de cet objet, comme elle n'est pas sûre ni de l'ordre dans lequel ces recherches doivent être faites, ni de la méthode à suivre pour arriver certainement au but dans chacune, ni du signe auquel elle pourra distinguer dans le progrès de chacune le vrai du faux, il lui manque quelque chose pour avoir pleine et entière conscience d'elle-même, pour marcher d'un pas ferme et assuré, sans incertitude et sans nuage, à la connaissance de son objet. Ce qui lui manque ce sont les moyens de faire; mais quand à la connaissance de ce qu'elle a à faire, que lui donne l'idée précise de son objet et de son cadre, elle unit celle des moyens de le faire, alors rien ne lui manque plus ni pour être ni pour aller; elle est non seulement constituée, elle est organisée.

Nous sommes arrivés au but de cette longue recherche des conditions vraies auxquelles une science est constituée et organisée, et des voies par lesquelles elle y arrive; il est temps d'en résumer les résultats précis.

Une science est constituée quand elle a une idée vraie et précise de son objet, c'est-à-dire de ce qui la fait elle et la distingue de toute autre. Jusque là elle n'est pas ou n'est qu'en apparence : car elle n'est qu'à la condition de se distinguer des autres sciences, et d'avoir le droit de s'en distinguer.

On reconnaît qu'une science est constituée, quand elle peut répondre d'une manière précise à cette question : A quel signe distinguez-vous une recherche qui vous appartient d'une recherche qui ne vous appartient pas ? D'où l'on voit que l'idée qui constitue une science est celle de son unité, ou du caractère propre de toutes les recherches qu'elle embrasse. Une science est constituée d'une manière vraie quand cette idée représente exactement ce qui constitue l'unité réelle de son objet.

Aussi long-temps qu'une science ne peut pas

répondre d'une manière précise à cette question, elle est à l'état vague, elle n'est pas. Aussi longtemps que ceux qui la cultivent disputent sur cette réponse, et la conçoivent différemment, elle cherche encore sa constitution vraie et définitive, elle ne l'a point trouvée.

Une science constituée n'est pas par cela même organisée, bien qu'elle ne puisse être organisée d'une manière définitive que quand elle est définitivement constituée. Une science n'est complétement organisée qu'à deux conditions : à condition d'abord qu'elle ait une idée vraie et précise des grandes et véritables divisions de son objet, ou, ce qui revient au même, des questions ou des recherches principales dans lesquelles elle se résout ; à condition de plus qu'elle ait une idée vraie et précise de la méthode à suivre pour résoudre ces questions et arriver à la connaissance entière de son objet.

On reconnaît qu'une science ne remplit point encore la première de ces conditions quand toutes les parties de la sphère qu'elle embrasse ne sont point encore en lumière, ou quand à la question de savoir quelles sont ces parties ceux qui la cultivent répondent par des divisions et des classifications différentes qui se disputent le privilége d'être vraies, et ne peuvent cependant l'être en même temps. Tant qu'il en est ainsi, le cadre d'une science reste vague et incomplet, ou ne répond pas encore aux véritables divisions de l'objet, le cadre vrai et définitif n'est pas trouvé. Il est peu de sciences qui puissent se flatter d'être arrivées à leur cadre complet ; mais, sans être complet, il peut être vrai dans la partie qui est tracée, et on reconnaît qu'il l'est à ce signe qu'il n'est plus contesté, ou que les propositions qui tendent à le modifier ne nient pas sa vérité et ne vont qu'à le rendre plus général ou plus détaillé.

On reconnaît qu'une science remplit la seconde condition de son organisation quand elle n'hésite ni ne dispute plus ni sur l'ordre à suivre dans les recherches qu'elle embrasse, ni sur la méthode à appliquer à chacune, ni sur les conditions de vérité dans chacune. Ces trois choses n'en font qu'une et viennent se résoudre en un seul point, qui est d'avoir bien saisi et démêlé la vraie nature de chaque recherche. Car, cette vraie nature bien sentie, la vraie méthode à appliquer à chacune, autant que la logique générale peut la fournir, et le véritable ordre à suivre, s'en déduisent, et, cela donné, les conditions de vérité de la science le sont aussi.

Tels sont les trois éléments de la constitution et de l'organisation d'une science, et tels sont les signes auxquels on peut reconnaître qu'une science les possède. Tant que ces signes n'existent pas pour un de ces éléments, c'est une preuve que la science en est encore, relativement à ces éléments, à l'état vague, incomplet ou faux, c'est-à-dire que l'intelligence est encore en travail pour le déterminer, et que par conséquent la science n'est point encore constituée ou organisée d'une manière complète et définitive.

Hâtons-nous de le dire, cette image de la constitution et de l'organisation complète d'une science que nous venons de tracer est celle d'un état idéal auquel aucune science n'est encore arrivée, tant le monde, tant la science, tant le développement de l'humanité, sont choses jeunes et récemment sorties du berceau. Mais il n'en fallait pas moins poser cet idéal pour plusieurs raisons. Et d'abord parce que dans toute science l'intelligence humaine y aspire, et ne consent à croire la science organisée, et ne consent à suspendre ses efforts pour l'organiser, que quand elle y aura porté, élevé la science. Cet idéal, pour n'avoir pas encore été réalisé, n'en est donc pas plus chimérique; la tendance de l'intelligence à le réaliser dans toute science prouve assez qu'il peut l'être, qu'il doit l'être, qu'il représente réellement ce qu'il y a de constitutif et d'organique dans toute science, ce qui resterait de toutes si on faisait abstraction des connaissances qui les composent, la forme du cadre en un mot, qui peut être plein, qui peut être vide, qui peut être à moitié vide et à moitié rempli, qui peut l'être de connaissances de telle ou telle espèce, mais qui, plein ou vide, vide de telles connaissances ou plein de telles autres, n'en subsiste pas moins le même, commun à toutes les sciences, et offrant le dessein éternel, le type immuable et vrai que l'intelligence humaine cherche à réaliser pour toutes. C'est là la première raison pour laquelle il fallait le tracer. Il était bon de le faire pour une seconde: c'est que bien que l'intelligence humaine ait le sentiment de ce type, bien qu'il soit le véritable but et la véritable loi du mouvement fatal en vertu duquel elle crée toute science, cependant elle ne s'en rend point compte d'une manière nette, et il est bon néanmoins qu'elle ait conscience de ce qu'elle fait, car alors elle pourra le faire plus directement et mieux. Il en est de ceci comme des méthodes. L'intelligence, obéissant à son instinct, applique à chaque chose la faculté qui lui convient, et suit dans cette application la méthode propre à cette faculté. Et cependant l'intelligence est allée plus vite et mieux dans le chemin des découvertes quand l'analyse de ses propres lois est parvenue à lui donner une idée nette de ce qu'elle ne faisait d'abord qu'instinctivement. Il peut donc être utile de dégager le plan sur lequel l'intelligence humaine façonne à son insu toute science; quand elle aura une idée précise de ce plan, elle pourra façonner plus vite et mieux. La troisième raison qui nous a fait essayer de tracer cet idéal, c'est que c'est par lui seul qu'il est possible d'apprécier l'état dans lequel se trouve une science et de s'expliquer les phénomènes que cet état présente. En effet, ce qui constitue l'état d'une science, ce n'est point du tout la quantité plus ou moins grande des connaissances déjà acquises sur son objet; cette quantité plus ou moins grande de connaissances acquises pourrait être prise en considération dans la comparaison de deux sciences également organisées et constituées; elle serait alors le seul élément par lequel l'une pourrait être plus avancée que l'autre; mais tant que les sciences en sont encore à se constituer et à s'organiser, le plus ou moins grand nombre de connaissances acquises est de bien peu d'importance, et ce qui les distingue réellement, ce qui fait réellement que l'une est plus avancée que l'autre, c'est le degré auquel chacune est arrivée dans ce travail d'organisation et de constitution. Et la raison en est bien simple; c'est que les connaissances acquises sur un objet ne forment la science de cet objet que quand elles se trouvent unies par la conception de l'unité de cet objet, classées par la conception de ses divisions, légitimées par la conception de la vraie méthode à suivre pour la connaître. Jusque là elles demeurent isolées, dispersées, incertaines, elles n'ont aucune valeur ; autant vaudrait qu'elles ne fussent pas ; il n'y a pas de science. On en peut juger par l'éternelle enfance où demeurent, malgré l'antiquité de leur date, certaines sciences qui n'ont pu parvenir encore à se constituer, et par le rapide développement de quelques autres qui viennent presque de naître, mais qui ont eu le bonheur de se constituer immédiatement. La quantité des connaissances acquises n'est donc que pour une bien faible part dans l'état d'une science. Ce qui détermine et qui fixe cet état, c'est le degré d'organisation où elle est parvenue. Or comment s'en rendre compte si l'on ignore à quelles conditions une science est complétement constituée et organisée, si l'on n'a pas l'échelle complète de ces conditions? Il est clair que dans ce type idéal il est impossible de mesurer le degré d'avancement d'une science, de compter le point où l'une en est par rapport à l'autre, d'apprécier ce que chacune possède et ce qui lui manque, en un mot de comprendre et de déterminer la situation de chacune. Il ne l'est pas moins que sans cette intelligence des conditions absolues de l'existence et de l'organisation d'une science on ne saurait comprendre les différents phénomènes que l'histoire et la comparaison des sciences peuvent offrir. Car tous ces phénomènes dérivent et ne peuvent dériver que des situations diverses où le travail de leur organisation les place. Ils sont les conséquences logiques, les effets naturels de ces situations. Une science vit et se développe comme un corps animé, en vertu d'un mouvement intérieur qui a son but et ses lois. Les différentes phases de ce développement sont marquées dans ces deux cas par certains phénomènes ; et dans les deux cas on ne peut comprendre ces phénomènes qu'à la condition de connaître et le but et les lois du développement lui-même.

Au nombre de ces phénomènes que présente la comparaison des sciences et qui dépendent du degré d'organisation plus ou moins grand auquel elles sont parvenues, il n'en est point de plus facile à expliquer, lorsqu'on sait les conditions et les lois de cette organisation, que celui que nous avons signalé au commencement de ce discours. Les sciences les plus aisées à apprendre sont en effet celles qui sont le plus avancées dans leur organisation; s'il est si difficile de se mettre en possession de quelques unes, c'est qu'elles cherchent encore ce par quoi une science existe et se développe, et que ce par quoi une science existe et se développe est aussi ce par quoi l'intelligence peut la saisir et s'en rendre compte.

Les lois auxquelles l'intelligence humaine obéit

dans la création de toute science étant données, il est très facile de comprendre celles qu'elle suit dans l'étude d'une science existante quelconque. Les dernières en effet ne sont qu'une conséquence des premières ; je me trompe, elles sont les mêmes, l'application seule est différente.

Comment procède l'intelligence quand elle entreprend de se mettre en possession d'une science? L'observation de ce qu'elle fait, abandonnée à elle-même et obéissant à l'inspiration de cette raison instinctive qu'on appelle le bon sens nous révèlera les lois qui la gouvernent.

L'intelligence sait que toute science a un objet, et que le but de toute science est la connaissance complète et précise de cet objet. Or la première chose qu'il lui impose, c'est de savoir quel est cet objet, car c'est par là qu'elle apprendra la nature de la tâche que la science est chargée de remplir ; c'est aussi là la première chose qu'elle cherche en abordant l'étude d'une science, et qu'elle sent la nécessité de constater. Elle n'ignore pas, en second lieu, qu'aucune science n'est encore arrivée à la connaissance complète de son objet: autrement il y aurait des sciences achevées, et il est bien certain qu'il n'y en a pas ; elle sait donc que la situation commune de toutes est d'avoir acquis une partie de cette connaissance et d'en être encore à poursuivre l'autre. Or elle n'aura une idée nette du point où en est arrivée la science que quand elle aura la mesure de ce qui est fait et celle de ce qui ne l'est pas ; et pour l'avoir, elle a besoin de s'orienter dans l'étendue de la tâche à remplir et d'en connaître les principales parties. Le second point qu'elle est intéressée à constater est donc les grandes divisions de la science, et c'est là aussi la seconde chose qu'elle cherche à déterminer. Elle sait enfin que le but de la science n'est pas seulement la connaissance complète, mais aussi la connaissance vraie de son objet, et que la condition pour qu'une science arrive à la connaissance vraie de son objet, c'est qu'elle emploie pour le connaître des moyens convenables et bien calculés qui puissent garantir l'exactitude des résultats obtenus. La troisième chose qu'il lui importe de constater, c'est donc le plan et la méthode que suit la science dans ses recherches : car c'est par là qu'elle pourra juger si la partie déjà accomplie de la tâche l'a été légitimement, si on peut avec sécurité l'accepter et poursuivre sur les mêmes errements celle qui ne l'est pas. C'est aussi là le troisième point dont elle cherche à se rendre compte. L'objet de la science, le cadre de la science, la méthode de la science, telles sont donc les trois choses que l'intelligence est conduite naturellement à demander à toute science au moment où elle en entreprend l'étude. Ces trois points éclaircis, elle pourra tourner ses regards vers les connaissances qui la composent, et elle pourra se livrer au travail de se les approprier; mais avant tout elle veut, elle a besoin d'être fixée sur ces trois points. C'est par là qu'elle débute naturellement; c'est aussi par là qu'elle a le droit et le devoir de débuter rigoureusement.

En effet, de quoi s'agit-il? d'une science à apprendre. Cette science existe donc, puisqu'il ne s'agit que de l'apprendre; si elle existe, elle remplit donc les conditions constitutives et organiques de toute science. Or ces conditions, toute intelligence humaine en a le sentiment, et elle chercherait à les créer dans les sciences, si les sciences étaient à faire; elle a donc le droit, elle a donc le devoir de les demander à une science qui est faite, à une science qui existe. Ce mouvement est plus que naturel, il est légitime: car ou la science ment et n'existe pas; ou, si elle existe, elle remplit ces conditions et peut répondre aux questions que l'esprit lui pose. D'où l'on voit que le mouvement qui porte l'esprit à poser ces trois questions, à demander ces trois choses dans l'étude de toute science, est absolument le même qui le pousse, dans la création d'une science, à la déterminer. Et, dans les deux cas, ce mouvement a le même principe, la même racine. C'est que ces trois noms constituent dans l'intelligence humaine les conditions, la force, le courage absolu de toute science; c'est qu'une science n'existe d'une existence complète et vraie que quand ces conditions, cette force, ce courage, ont été, d'une manière complète et vraie, réalisés pour elle. Pour qu'une science soit, il faut donc les lui donner; on a donc le droit de les demander à celles qui prétendent être.

Mais, dans l'étude comme dans la création d'une science, il y a encore une autre raison de les vouloir : c'est qu'aucune connaissance particulière ne peut avoir de valeur, de place, d'existence même dans le sein de la science, qu'autant que ces trois conditions sont remplies, et dans la proportion où elles le sont. Faites en effet que la méthode d'une science soit incertaine, toutes les connaissances obtenues sur l'objet de cette science sont frappées de la même incertitude. Sont-elles vraies, sont-elles fausses, vous ne pouvez le savoir, car le criterium vous manque; et il vous manque, car le criterium de vérité d'une connaissance quel est-il, sinon la légitimité des procédés par lesquels elle a été obtenue? Si vous doutez de la légitimité des procédés, comment seriez-vous sûr de celle de la connaissance? Faites, en second lieu, que le cadre d'une science soit indécis, il vous devient impossible de classer les connaissances obtenues sur son objet. Elles seront confondues et classées dans votre esprit comme les parties de l'objet lui-même, vous ne pouvez mettre ensemble celles qui se rapportent à des parties différentes. La place de chacune est inconnue, et par conséquent aussi son importance relative. Elles sont toutes égales dans votre intelligence, comme elles y sont toutes confondues. Faites enfin que l'unité même de la science ne soit pas fixée; alors toutes les connaissances obtenues sur son objet sont comme si elles n'étaient pas, car il ne vous est pas même démontré qu'elles appartiennent à cette science plutôt qu'à une autre. Leur titre pour faire partie de la science manque. Car à quel titre une connaissance fait-elle partie d'une science ? à ce titre qu'elle exprime une chose qui fait partie de l'objet de cette science. Mais si ce qui constitue l'unité de cet objet, et qui caractérise chacune des choses qui en font partie, est inconnu, comment savoir si la chose connue en fait partie, et par conséquent si la connaissance appartient ou manque à la science. Une connaissance n'a donc de valeur dans une science que par la détermination de la méthode; elle n'y a de part que par celle de son cadre; elle n'y a d'existence que par celle de son objet. C'est donc en vain qu'une science accumule les connaissances si elle néglige de se constituer et de s'organiser, si son objet, son cadre, sa méthode, demeurent incertains. Ces connaissances sont vaines et inutiles sans ces trois choses. Elles n'acquièrent de la valeur que par elles, et cette valeur est exactement proportionnée au degré de précision et de vérité que ces trois choses acquièrent.

Voilà ce que sent toute intelligence douée de quelque vigueur ; et c'est pourquoi toute intelligence semblable poursuit avant tout ces trois choses dans la création d'une science, les exige dans son étude. Voilà pourquoi les esprits savants ne consentent point, dans ce dernier cas, à s'occuper des connaissances acquises par la science avant de s'être rendu compte de son objet, de son cadre, de sa méthode. Voilà pourquoi, si la science ne répond pas ou répond trop mal sur ces trois points, ils ne vont pas plus avant et renoncent à s'en occuper, ou bien, d'étudiants essayant de devenir créateurs, s'efforcent eux-mêmes de les déterminer. Voilà pourquoi c'est la marque d'un faible esprit, d'un esprit qui n'est point scientifique, de ne point s'occuper, avant tout et par dessus tout, dans une science, de ces trois choses : car, sans ces trois choses, que signifient, qu'importent toutes les connaissances acquises ou à acquérir ? Voilà pourquoi, enfin, l'accès d'une science est d'autant plus difficile, le travail de s'en rendre compte et de s'en mettre en possession d'autant plus laborieux, que ces trois choses y sont moins exactement et moins complétement déterminées, c'est-à-dire que la constitution et l'organisation de cette science sont plus importantes.

Rien n'est plus simple en effet, plus uni, plus rapide, que l'étude d'une science constituée et organisée. Les premières lignes du traité qui la constitue vous offrant une définition précise de son objet, votre esprit saisit et embrasse d'un coup d'œil la nature et la circonscription de sa tâche. Les secondes vous exposant les grandes divisions de l'objet, vous vous orientez dans cette tâche, vous en voyez toutes les parties, toutes les questions, toutes les recherches. Une méthode claire, lucide, évidente, venant après, vous comprenez le plan qu'on a suivi, les procédés qu'on a adoptés : vous en sentez la justesse et la légitimité. Vous voilà satisfait ; vous voilà en état de comprendre, de classer, de critiquer les connaissances acquises. A mesure qu'elles se présentent une à une à votre esprit, vous comprenez à quelle fin elles font partie de la science. Vous voyez à quelle recherche de la science elles se rattachent, dans quelle case elles vont se placer, et vous appréciez leur importance ; enfin, vous jugez si les procédés déterminés à l'avance ont été sévèrement observés, et, par conséquent, si elles méritent d'être acceptées ou rejetées. Ce travail terminé, vous savez nettement où en est la science, ce qui est fait et ce qui reste à faire, et vous savez comment la poursuivre. Tout dans ce travail est clair, est lucide, est facile. C'est là le privilége des sciences bien faites : c'est ce qui en rend l'étude si attrayante ; c'est ce qui fait qu'elles sont si estimées, si cultivées ; et cette estime même, cette culture générale, en hâtent les progrès. Elles attirent les efforts, et les efforts les poussent rapidement à leur but.

Il n'en est point ainsi dans l'étude des sciences qui ne sont pas constituées et organisées, ou qui ne le sont qu'imparfaitement. Les questions organiques que l'intelligence, en vertu de ses lois, se pose en abordant une science, n'obtenant que des réponses vagues ou contestées, l'esprit se trouve arrêté tout court au début de son entreprise, et il faut de deux choses l'une, ou qu'il s'engage dans la science sans s'être rendu compte de son objet, de ses divisions, de son plan, de ses moyens, ou qu'il s'attaque à ses questions organiques, et s'efforce lui-même de les résoudre. Il ne peut prendre ce dernier parti, car il ne sait rien de ce qu'il faut savoir pour organiser la science, et l'autre ne peut le satisfaire, car les connaissances que lui présente la science sont sans valeur, faute des conditions qui l'organisent. Il est donc condamné d'abord à suivre la science sans savoir plus qu'elle où il va ni comme il va, et à recueillir telles qu'elles sont les différentes connaissances qu'on lui présente ; et il est obligé ensuite de ne point se contenter de l'avoir fait et de se servir de ces connaissances pour déterminer les conditions de la science. Au lieu donc de la simple tâche de s'approprier les connaissances acquises, à laquelle se borne l'étude des sciences faites, il en est deux qui se supposent l'une l'autre, et entre lesquelles il flotte sans cesse, étudiant ce que prétend savoir la science pour découvrir les éléments organiques de cette science, et cherchant ces éléments organiques pour lier, classer et élever à la certitude ce qu'elle prétend savoir. Voilà ce qui rend le travail d'apprendre une science qui n'est point organisée incomparablement plus difficile que celui d'apprendre une science qui l'est : c'est que, indépendamment de la plus grande difficulté qu'il y a de s'approprier les connaissances, dont le lieu, la place et la vérité sont contestés, ce travail d'apprendre n'est pas tout ; c'est qu'il se complique inévitablement d'un autre, celui de découvrir les éléments constitués qui donneront ce lieu, qui donneront cette place, qui constateront cette vérité ; travail d'une autre nature et d'un ordre plus élevé, travail d'invention, de création, et qui est d'autant plus considérable qu'on a l'esprit plus sévère, et que la science est plus loin de son organisation complète.

En effet, ces deux causes concourant également à l'agrandir, ce dont l'intelligence humaine a besoin pour se rendre compte d'une science, et par conséquent pour l'apprendre, c'est une idée précise et vraie de son objet, de sa méthode, et autant que possible de son cadre. Plus donc la science est en mesure de satisfaire l'intelligence sur ces trois points, moins il reste à faire à l'intelligence : car, bien ou mal, elle est obligée de suppléer à ce que la science ne fait pas, et c'est ce qui fait que les sciences, qui ne possèdent aucune des recherches qui leur conviennent, sont de toutes les plus rebutantes à étudier. Sous ce rapport donc, la difficulté de l'étude croît avec l'imperfection de l'organisation ; mais l'intelligence qui étudie peut elle-même être plus ou moins facile à contenter. D'une part, elle peut s'accommoder plus ou moins aisément des réponses que toute science essaie de faire aux trois questions organiques ; de l'autre, dans les recherches qu'elle entreprend pour suppléer à ce qui lui pourrait manquer dans ces réponses, elle peut être plus ou moins exigeante, plus ou moins sévère avec elle-même. Il y a, sous ce rapport, des différences énormes entre les intelligences, et nulle part ces différences ne se révèlent mieux que dans la manière dont elles procèdent dans l'étude d'une science qui n'est point organisée. Pour les uns point de difficulté : le but de la science, son cadre, sa méthode, rien n'est déterminé ; elles ne s'en aperçoivent pas, faute de méthode. Toutes les connaissances de la science sont en question ; faute d'unité et de cadre, elles ne sont ni liées ni classées ; peu leur importe, elles ne le remarquent pas. Elles entrent dans la science, elles y marchent, elles en parcourent toutes les régions explorées, sans soupçonner qu'il n'y a là ni science, ni certitude, ni vérité. Il n'en est point ainsi pour les intelligences rigoureuses : ce qui les frappe d'abord, parce que c'est ce qu'elles cherchent d'abord, c'est le défaut d'organisation. Ce défaut, elles ne sauraient en faire abstraction, car l'organisation est tout pour elles, comme elle est tout pour la science. Il faut donc ou qu'elles renoncent à l'étude de la science, ou qu'elles se portent à ces questions organiques. Au lieu de l'entreprise d'une science à apprendre, c'est donc celle d'une science à créer qu'elles rencontrent et qu'elles acceptent. Tel est le sort de toute intelligence rigoureuse qui tente l'étude d'une science qui n'est pas constituée. Inévitablement elle reconnaîtra qu'elle ne l'est pas ; inévitablement encore elle se dévoue et se consacre à la constituer, à l'organiser ; c'est là le secret de ces longues luttes dans lesquelles l'étude de certaines sciences entraîne les esprits fermes. On les accuse de ne point avancer, de ne produire aucune découverte, de ne rien faire pour la science. On leur reproche d'en être toujours à la préface et de ne point entrer. C'est qu'on se méprend, c'est que de loin on ne voit pas quelle est la tâche; c'est qu'on ne sait pas que, tant que la préface n'est pas faite, la préface est tout ; et qu'avant de faire avancer la science, il faut d'abord qu'elle existe. Les esprits vulgaires, pour qui il n'y a point de préface, parce que tout leur est commencement, peuvent entrer sans hésitation : c'est leur privilége; certaines ou douteuses, classées ou confondues, liées ou éparses, ils prennent les notions d'une science comme ils les trouvent ; ils n'ont point de doute, point de scrupule, et pour eux une science mal faite est aussi aisée à apprendre qu'une science bien faite. Mais pour les autres, pour ceux à qui les conditions d'existence et de vérité d'une science sont visibles, la différence est grande. Là où ces conditions n'existent pas, ils se sentent forcés de les introduire ; là où elles n'existent qu'imparfaitement, de les compléter. La tâche d'apprendre se complique donc pour eux de celle de créer ou de réformer ; ou, pour mieux dire, la première disparaît et se perd dans l'importance de la seconde. Les connnaissances déjà acquises, et toutes celles qu'ils peuvent y ajouter, ne sont plus que des renseignements, des moyens pour arriver à la découverte ou à la détermination plus précise de l'unité, du cadre, de la méthode de la science, de ces conditions vitales sans lesquelles toutes les connaissances acquises ou à acquérir sont sans valeur. On croit qu'ils ne font rien pour la science, et qu'ils en sont encore à l'apprendre, parce qu'on ne les voit pas ajouter de vaines théories à de vaines théories, et multiplier les stériles richesses qui la remplissent ; ils l'apprennent en effet, mais comme on est forcé d'apprendre une chose qui n'est pas, en la créant ; et c'est parce que, en pareil cas, créer est pour eux le seul moyen d'apprendre, que pour eux aussi, en pareil cas, la tâche d'apprendre est si pénible et si longue.

(*Note de l'éditeur.* — Nous aurions pu supprimer le morceau suivant, comme répétant en partie ce qu'on vient de lire ; mais puisque l'auteur les a tous deux conservés, c'est qu'il hésitait entre l'un et l'autre : nous respectons son hésitation.)

Il n'en va point ainsi dans l'étude des sciences qui ne sont ni constituées ni organisées, ou qui ne le sont qu'imparfaitement. La tâche que se propose la science, les divisions de cette tâche, et les moyens de la remplir, n'étant pas déterminés et formant le sujet d'autant de questions sur lesquelles on dispute encore, l'esprit se trouve arrêté tout court au début de son entreprise. Cette science qu'il veut apprendre, il en cherche l'idée, il ne la trouve pas; il en cherche le plan, il ne le trouve pas; il en cherche la méthode, il ne la trouve pas. Que trouve-t-il? Un certain nombre de connaissances provisoirement déposées sous le titre vague de cette science qui se cherche encore. Ces connaissances appartiennent-elles à la science? Comment le dire? on ignore l'objet de ces sciences. Quelle place occupent-elles dans la science? Comment le savoir? on ne sait pas même si elles en font partie. Sont-elles vraies ou sont-elles fausses? Qui pourrait le décider? L'objet n'étant pas déterminé, la vraie méthode à lui appliquer ne saurait l'être. Et, toutes ces choses étant incertaines, comment reconnaître où en est la science, comment s'en rendre compte, comment l'apprendre? Evidemment tout ce que l'esprit peut faire, c'est de prendre connaissance de ces notions, de ces théories incertaines décorées du nom de science. Mais à quoi bon? C'est une science qu'il cherchait, et non des doutes épars sur des questions éparses. Il est donc tout naturel qu'un esprit qui rencontre une science dans un pareil état n'aille pas plus avant et renonce à l'étudier. Et c'est ce qui arrive le plus souvent aux esprits fermes qui savent ce que c'est qu'une science, et qui sont capables de reconnaître sous le mensonge des titres la situation réelle d'une science qui n'est ni constituée ni organisée. Et de là vient que c'est le sort des sciences qui en sont là de rebuter la curiosité et d'éloigner les efforts des esprits capables; et c'est là ce qui rend si longue l'enfance des sciences.

Mais je suppose qu'un esprit rigoureux persiste, et heureusement il y en a qui persistent, sans quoi cette enfance serait éternelle : que va-t-il arriver? Ceci, inévitablement: c'est que cet esprit va se prendre à ces questions organiques qui ne sont point résolues pour la science; c'est qu'il va s'efforcer de la résoudre. Il sait en effet que sans la solution de ces questions toutes les notions que la science possède, toutes celles qu'il pourrait y ajouter, sont vaines et sans valeur. Mais où ira-t-il chercher la solution de ces questions ? Dans les notions même qu'elle a réunies et qui sont comme autant de renseignements sur l'objet et la nature cherchés de la science. Il s'appropriera donc ces notions, mais il ne s'en contentera pas ; il s'en emparera d'abord, mais pour en extraire ensuite, s'il est possible, les éléments constitutifs de la science ; on le verra flotter sans cesse entre les deux buts, étudiant ce que prétend savoir la science pour découvrir les éléments organiques de cette science, et cherchant les éléments organiques pour bien classer et élever à la certitude ce qu'elle prétend savoir. Ainsi, au lieu de la tâche de s'approprier les connaissances acquises, qui sont tout dans l'étude des sciences faites, il en aura deux, celle-là d'abord, et puis une seconde d'un tout autre ordre, d'une toute autre difficulté, celle de continuer et d'organiser la science. Et il ne peut échapper à celle-ci ; elle s'impose d'elle-même ; elle est contenue en ce cas, rigoureusement contenue dans celle d'apprendre la science : car pour savoir ce que signifient, ce qu'importent et ce que font à la science les connaissances acquises et qui sont là, pour savoir ce qu'elles valent, ce qu'elles représentent, ce qu'elles ont de prix et d'importance, il faut savoir ce qu'est la science, quel est son but, son étendue, quels sont ses moyens, ses conditions de vérité. Et tout cela n'étant pas, il faut le trouver. Apprendre en ce cas ce n'est point seulement étudier ce qui est contenu dans la science, c'est créer la science elle-même.

Voilà en quoi consiste la tâche d'apprendre une science qui n'est ni constituée ni organisée, et il est aisé de comprendre qu'auprès d'une telle tâche, celle d'apprendre une science constituée et organisée n'est rien. Entre ces deux extrémités, elle se proportionne au degré d'organisation : car le mouvement qui impose à l'intelligence humaine les conditions d'une science est fatal, et dans toute science elle cherche, elle veut, elle s'efforce de déterminer celle de ces conditions que la science ne possède pas encore ou qu'elle ne possède pas d'une manière suffisamment vraie ou suffisamment précise. Dès que dans l'étude d'une science elle a un soupçon, un doute à cet égard, aussitôt le travail d'invention vient s'ajouter à celui d'appropriation et la retarder; aussitôt on la sent qui flotte entre deux buts, étudiant ce que prétend savoir la science pour découvrir les éléments organiques qui lui manquent, et cherchant les éléments organiques pour lier, classer et élever à la certitude ce qu'elle prétend savoir.

Nous sommes maintenant arrivés au terme de la recherche préliminaire dans laquelle nous nous étions engagés. Après avoir déterminé d'une part selon quelles lois et à quelles conditions une science s'organise, et constaté de l'autre selon quelles lois et à quelles conditions elle s'apprend, nous avons clairement vu le rapport qui existe entre ces deux choses, et comment du degré plus ou moins parfait d'organisation d'une science dépend la facilité plus ou moins grande qu'on rencontre à se l'approprier. Ces trois points éclaircis, nous sommes maintenant en mesure de retourner nos regards sur la philosophie, et non seulement de nous rendre raison des singulières difficultés que présente cette étude et que nous avons signalées en commençant, mais encore, ce qui est beaucoup plus important, de constater quelle est la véritable situation de cette science, si ancienne et si illustre dans l'histoire de l'humanité, et dont la destinée semble avoir été depuis deux mille ans d'attirer et de fatiguer par un charme et une difficulté également invincibles les plus grands esprits qui aient honoré, qui honorent l'espèce humaine.

Ce sont en effet là les deux faits qui frappent tous les esprits dans le spectacle de la philosophie et qui dominent toute son histoire : d'une part, à toutes ses grandes époques, à toutes les époques lucides des annales de l'humanité, le privilége étonnant qu'elle a d'occuper et d'absorber les plus hautes et les plus fermes intelligences; de l'autre, malgré les travaux et les efforts de ces hautes intelligences, le malheur non moins extraordinaire de demeurer immobile, éternellement retenue dans les mêmes incertitudes où les premiers jours de son histoire l'avaient placée. Assurément le cercle de ces incertitudes s'est agrandi, des questions nouvelles ont été ajoutées à celles qu'elle agitait à son berceau; on a vu le nombre de ces questions varier selon les époques ; mais les nouvelles venues n'ont pas eu une meilleure fortune que les anciennes. En entrant dans le domaine de la philosophie, elles ont semblé revêtir la propriété commune de tous les problèmes qu'il embrasse, celle de devenir invulnérables aux efforts de l'intelligence, et à jamais insolubles pour elle. Prenez une question philosophique quelconque ; notez le jour où, ayant été posée et introduite dans la science, les premiers systèmes pour la résoudre s'élevèrent ; comparez ces systèmes à ceux qui se disputent aujourd'hui l'honneur de la décider : vous trouverez sans doute plus de perfection et de développement dans ces derniers, mais vous verrez que leur probabilité relative n'a pas varié ; que, si chacun d'eux pris à part est plus fort, l'équilibre entre eux est le même ; et que leur progrès, loin d'aboutir à résoudre la question, n'a fait que consacrer d'une manière plus précise et plus scientifique son incertitude. En sorte que, si l'on demande compte à la philosophie de ce qu'elle a fait depuis qu'elle existe, elle pourra bien répondre qu'elle a mis en lumière un nombre toujours plus grand de questions, elle pourra bien ajouter qu'elle a enfanté et porté à une perfection de plus en plus grande les différents systèmes qui peuvent aspirer à l'honneur de les résoudre ; mais qu'elle ait résolu une seule de ces questions qu'elle a mise en lumière ; mais qu'elle ait tellement démontré un seul des systèmes qu'elle a enfantés pour les résoudre, et tellement réfuté les autres, que l'un ait définitivement triomphé et que les autres aient disparu ;

mais qu'elle ait tellement fortifié l'une de ces opinions et tellement affaibli les autres, que le débat entre elles soit moins incertain qu'il ne l'était d'abord, et qu'on puisse espérer de le voir prochainement terminé, voilà ce que la philosophie ne peut pas répondre, ne peut pas dire, parce que, si elle le disait, elle serait forcée de trouver des exemples, un tout au moins, c'est-à-dire de déterrer celui d'une question philosophique qui soit résolue définitivement comme le sont une foule de questions physiques ou chimiques, celui d'une question philosophique sur laquelle plusieurs systèmes n'existent pas, qui se partagent l'opinion et qui y subsistent simultanément aujourd'hui, comme ils y subsistaient simultanément à l'origine; et que cet exemple, elle ne le trouverait point, parce qu'il n'existe pas. Et cependant ces questions, Pythagore et Démocrite, Aristote et Platon, Zénon et Epicure, Bacon, Descartes, Leibnitz, Malebranche, Locke et Kant, les ont agitées. Ce n'est donc point faute de génie qu'elles n'ont point été résolues. Qu'y a-t-il donc dans ces questions, qu'y a-t-il donc dans la philosophie qui les comprend, qui ait rendu tout ce génie impuissant? D'où vient qu'une science remuée par de si puissantes mains demeure éternellement inféconde? Où en est la raison et la cause? Là est le problème dans lequel tout l'avenir de la philosophie est placé; et, tant qu'il n'est pas résolu, on est confondu que des esprits distingués osent encore cultiver cette science si cultivée, agiter ces questions si agitées, comme si, après le naufrage de tant de grands hommes, aucune intelligence, avant d'avoir découvert l'écueil où ils ont échoué, pouvait se flatter d'être plus habile ou plus heureuse, et de rencontrer le port qui leur a échappé!

Or cette question suprême n'a évidemment que deux solutions. Les problèmes étant de toute antiquité, et les plus illustres génies s'étant efforcés de les résoudre, ni le temps ni la puissance n'ont manqué pour y parvenir. Il faut donc nécessairement de deux choses l'une, ou que ces problèmes soient insolubles, ou que jusqu'à présent on s'y soit mal pris pour les résoudre. Une autre explication du phénomène est impossible.

De zélés partisans n'ont manqué ni à l'une ni à l'autre de ces deux explications. La première, celle qui rend compte du fait par la nature insoluble des questions, a rallié tous les esprits qui, ne s'occupant point de philosophie, devaient être tentés de l'adopter, par le désir de justifier leur incompétence ou leur prédilection pour d'autres études. Telle a été de tous les temps l'opinion de la foule, qui est toujours du parti qui légitime l'ignorance par le mépris de la chose ignorée.

Les philosophes qui l'ont embrassée sont peu nombreux ; et encore n'a-t-elle jamais été chez eux que la conséquence d'une opinion plus étendue qui frappe d'incertitude toute connaissance humaine, expliquant par l'impossibilité générale d'arriver à la vérité en toute science l'impossibilité particulière d'y parvenir en philosophie. Ainsi, de ceux qui ont expliqué les éternelles incertitudes de la philosophie par la nature insoluble des questions, le jugement des uns, n'étant point fondé sur la connaissance approfondie de ces questions, est sans autorité, et celui des autres, reposant sur la négation de toute vérité, n'a rien de spécial à la philosophie, et n'en a pas davantage. Cette explication reste donc jusqu'à présent sans autre appui que la vraisemblance qui l'a fait naître : à savoir que, si ces questions, après tant d'efforts et tant de siècles, ne sont point encore résolues, il est bien probable qu'elles ne peuvent l'être. Mais deux considérations affaiblissent singulièrement cette probabilité. En considérant la nature des questions philosophiques, on voit non seulement qu'elles sont, de toutes, celles qui intéressent le plus l'humanité, mais encore qu'elles sont, de toutes, celles sur lesquelles le sens commun de l'humanité hésite le moins. Quoi de plus important pour l'humanité, par exemple, que de savoir en quoi consiste la différence du vrai et du faux, du bien et du mal, du beau et du laid ? Que sont, au prix de telles questions, toutes celles qu'agitent les autres sciences? L'humanité pourrait-elle vivre un moment si elle était un moment privée de lumières sur ces questions ? Quelle apparence donc que ces questions soient insolubles pour elle ? et quelle meilleure preuve qu'elles ne le sont pas, que la confiance et le peu d'hésitation avec lesquelles tous les jours, dans toute circonstance, le plus ignorant comme le plus savant des hommes prononce des jugements qui impliquent la solution de ces questions, dans les actions de la vie ? Qui hésite, dans la plupart des cas que présente le cours de la vie, à croire telle chose vraie et telle autre fausse, telle action bonne et telle autre mauvaise, tel objet beau et tel autre laid ? Tous se jugent compétents sur de semblables questions, tous prononcent avec confiance, et, ce qui est plus démonstratif, agissent en conséquence dans les affaires qui les intéressent le plus. En fait, l'humanité ne manque donc point de lumières sur ces questions ; en droit, il semblerait absurde qu'elle en manquât. Il se peut donc que la science n'ait pas encore trouvé le secret, la formule générale de ces jugements prompts, rapides, sûrs, que pose le sens commun comme par instinct. Mais enfin il les porte ; et s'il les porte, il aperçoit obscurément les motifs de les porter, il a une intelligence sourde de ces motifs; ils existent donc, et, s'ils existent, il est possible de les apercevoir nettement, de les déterminer. Il n'est donc point vraisemblable, à bien considérer les choses, que les questions philosophiques, toutes du moins, soient réellement insolubles, et il est peu probable que ce soit là que gise la raison qui a empêché jusqu'ici la science de les résoudre.

L'autre opinion, qui explique le fait par le vice des moyens employés par la philosophie pour résoudre ces questions philosophiques, a été celle du petit nombre de grands philosophes qui ont remarqué l'impuissance de la philosophie, et se sont occupés de la question préalable que cette impuissance soulève. Tous les essais de réforme dont l'histoire de la philosophie a conservé le souvenir sont partis de cette vue, et tous ces essais sont dus aux plus grands hommes qui aient illustré cette science. Les noms de Socrate, de Platon, d'Aristote, de Descartes, de Bacon et de Kant, sont attachés à cette grande conviction. L'autorité de cette explication a donc déjà pour elle la profonde compétence de ceux qui l'ont professée. Ces grands hommes, en effet, avaient vécu avec ces questions prétendues insolubles, avec cette science prétendue impossible. Si ces problèmes portaient réellement ce caractère de dépasser la portée de l'esprit humain, il est à présumer que ce caractère n'aurait pas échappé à leur génie et à leurs longues méditations. Mais non, tous sont sortis de cette opiniâtre étude avec la profonde conviction que les problèmes étaient solubles, avec la non moins profonde conviction que les méthodes seules étaient mauvaises ; tous ont essayé de réformer celles-ci. Il est vrai qu'aucun n'y est parvenu ; il est vrai du moins que de tant de méthodes proclamées pour remédier au mal aucune ne l'a guéri. Mais est-ce donc là un motif de désespérer ? Non sans doute, et l'histoire des sciences physiques est là pour prolonger nos espérances. En effet, pendant combien de siècles les problèmes qu'inspire le spectacle du monde extérieur n'ont-ils pas été, comme les problèmes philosophiques, l'objet de systèmes qui, comme ceux qu'engendre la philosophie, se disputaient les convictions, sans s'en emparer, et revenaient à chaque époque toujours aussi forts et toujours aussi impuissants. Cette longue incertitude, qui semblait immortelle, n'a fini qu'aux jours de Galilée et de Bacon. Et comment a-t-elle fini ? Par la découverte de la vraie méthode, long-temps cherchée, long-temps entrevue, pratiquée même dans l'antiquité par quelques rares génies ; et cependant méconnue, et cependant impuissante jusque là à s'établir. Si les sciences naturelles, qui devaient précéder dans leurs progrès les sciences philosophiques, parce que l'homme vit dans ses yeux avant de vivre dans sa conscience ; si ces sciences, dis-je, ne marchent et n'ont trouvé leur méthode que depuis trois cents ans, pourquoi devrions-nous désespérer de la philosophie et de ses problèmes ? Pourquoi rejetterions-nous comme impossible l'hypothèse qui admet que sa vraie méthode n'est pas encore trouvée, et que c'est là la source de son impuissance à arriver à des vérités fixes. Et quelle est la meilleure manière d'honorer avec l'humanité la mémoire des grands hommes qui ont illustré la philosophie, ou de supposer avec eux que, s'ils ont failli, ce n'est pas faute de génie, mais de méthode, ou d'admettre avec la foule et ceux qui ne se sont jamais occupés de philosophie qu'ils ont été le jouet de chimères, et qu'ils ont fatigué, épuisé leurs grandes intelligences à lutter contre des nuages ?

Quant à moi, ce qui me semble avoir fait faillir les essais de réforme qui ont été tentés jusqu'ici dans la science philosophique, c'est que ces essais ne se sont point fondés sur une vue assez profonde ou assez étendue des lois du développement de toute science et de ses conditions d'existence et de certitude. Nous avons essayé de le montrer : tant que l'objet d'une science n'est point nettement déterminé, tant que ses grandes divisions ne sont point posées, tant que sa méthode n'est point fixée, cette science n'est point organisée, cette science ne saurait arriver à la vérité, ni avancer rapidement. Et non seulement ces conditions sont nécessaires, mais elles dépendent l'une de l'autre. Ainsi, ni les vraies divisions d'une science ne sont déterminables tant que l'objet de cette science reste indécis, ni sa vraie méthode n'est trouvable tant que son objet, et les divisions de cet objet, et la dépendance qui existe entre ces divisions, ne sont pas, jusqu'à un certain point, déterminés. Or, si cela est vrai, il est vrai aussi que toute tentative de réforme qui se bornerait à l'un de ces trois points serait ou insuffisante, ou impuissante : impuissante, par exemple, si elle essayait de trouver les divisions ou la méthode avant que l'objet ne fût clairement déterminé ; insuffisante, si elle se contentait de déterminer l'objet sans aller plus loin et sans tenter de dégager les grandes recherches que la connaissance de cet objet implique, la dépendance de ces recherches, et enfin les moyens à prendre pour les faire. Or, de tous les essais de réforme qui ont été tentés jusqu'à présent en philosophie, je n'en connais point qui aient eu cette étendue ; presque tous se sont bornés ou à la classification des questions, ou à la recherche de la méthode : deux résultats impossibles tant que l'objet précis de la science n'était pas déterminé. Car comment diviser naturellement un sujet inconnu, et comment découvrir les moyens à prendre pour connaître un objet dont la vraie nature reste ignorée? Voilà, selon moi, ce qui a fait faillir et les tentatives d'Aristote, et celles de Bacon, et celles de Descartes, pour réformer la philosophie proprement-dite. Et à Dieu ne plaise que je cherche ici à rabaisser ces grands hommes ! Il faut du temps aussi bien que du génie pour arriver à la vérité, et rien ne vient dans l'humanité avant l'heure. Le temps est le soleil qui mûrit le fruit de la science, le génie ne fait que le cueillir.

Pour nous, après avoir cherché préalablement les lois du développement de toute science, les conditions de son organisation et de sa vie, nous essaierons de nous servir de ce type que nous avons tracé, pour constater et reconnaître l'état dans lequel se trouve aujourd'hui cette science impuissante qu'on appelle la philosophie. C'est le seul véritable moyen de déterminer par où elle pèche, et ce qui, dans sa conscience, l'empêche de marcher et de se développer. Cela fait, nous aurons beaucoup fait ; et nous verrons après si, le mal connu, il nous sera possible d'y porter remède.

Cherchons donc successivement jusqu'à quel point l'objet de la philosophie est déterminé, jusqu'à quel point son cadre est tracé, jusqu'à quel point enfin sa méthode est arrêtée, fixée: car ce sont là les trois conditions organiques d'une science, et par conséquent les trois circonstances sur lesquelles elle doit être examinée quand on veut déterminer sa véritable situation. Quiconque sait où en est une science sur ces trois points sait où en est la science elle-même dans le travail de son organisation; il peut dire ce qui est fait et ce qui reste à faire pour que cette organisation soit parfaite; il peut dire ce qui retarde ou ce qui hâte ses progrès, ce qui obscurcit ou ce qui éclaire sa marche, ce qui répand le doute ou la certitude sur ses résultats; il peut rendre compte, en un mot, de tous les progrès qui caractérisent son développement, ou se distinguent, ou se rapprochent du développement de toute autre science. Ainsi, l'état vrai dans lequel se trouveront les fonctions vitales d'un individu étant donné, s'il pouvait l'être, tous les phénomènes que présente sa santé seraient expliqués, le bien comme le mal, les accidents fâcheux comme les circonstances favorables. Ce qui retient la médecine dans la classe des sciences conjecturales, c'est que cette détermination lui est impossible, et que, le fût-elle, il lui manquerait encore de connaître l'état normal, sans lequel cette détermination est inutile.

Commençons donc par l'objet de la philosophie, et demandons à la philosophie ce qu'elle en sait. Si l'on posait cette question pour la physique, non seulement les physiciens de profession, mais tous les hommes qui ont reçu dans leur jeunesse une éducation libérale, répondraient sans hésiter et d'une manière précise; et à leur défaut le premier traité de physique le ferait. En second lieu cette réponse serait unanime : tel livre ne donnerait pas une définition, tel autre une autre définition; tel physicien n'étendrait pas jusque là, tel autre ne restreindrait pas jusqu'ici le cercle des recherches physiques sans autre règle que son caprice; à ces signes on reconnaîtrait sur-le-champ que l'objet de la physique est déterminé, que le champ de ses recherches est définitivement circonscrit, en un mot que la véritable nature, le vrai caractère des questions qu'elle agite, est dégagé et fixé. En est-il de même pour la philosophie? les mêmes symptômes y réveillent-ils la même situation? Il suffit d'ouvrir les yeux pour répondre. Voici un mot établi dans la langue, employé et répété tous les jours dans la conversation et dans les livres : ce mot est celui de philosophie; il est le nom avoué et consacré d'une science dont tout le monde parle, que quelques uns cultivent, et à laquelle un grand nombre ont la prétention de n'être point étrangers. Le nom d'une science se définit par l'idée de cette science; une science à son tour se définit par son objet. A moins donc que ce mot qu'on prononce n'ait aucun sens, à moins que cette science dont on parle, qu'on aime, qu'on cultive, ne soit la science de rien, on sait, on doit savoir quel est l'objet de la philosophie, et, si on le sait, on peut, on doit pouvoir le dire. Interrogez toutefois cette foule qui emploie si hardiment le mot, et cette autre foule qui a si naïvement la prétention de se mêler de la chose; allez plus loin, posez la question aux philosophes eux-mêmes; adressez-vous à ceux qui professent cette science, à ceux qui en écrivent; poussez jusqu'aux livres qui traitent de ses principes et de son histoire, interrogez-les aussi, et vous verrez avec étonnement qu'à cette question, dont la solution est en apparence si impliquée dans les usages du mot et dans l'étude de la chose : Quel est l'objet de la philosophie, qu'à cette question, dis-je, il n'y a dans la plupart des esprits aucune réponse, et que dans les autres il y en a tant, et de si différentes, et de si contradictoires, qu'il est évident qu'en parlant de cette science et en la cultivant, ceux même qui s'entendent le mieux ne parlent pas de la même chose, ne cultivent pas la même chose, en sorte que pour l'intelligence des uns la philosophie a un objet si obscur, qu'ils ne s'en font aucune idée exprimable, et que pour celle des autres cet objet est pour ainsi dire arbitraire, chacun le posant à sa façon et le définissant comme il s'avise.

Tels sont les signes que présente la philosophie, et dont personne ne peut contester la réalité. Or, que le commun des hommes n'attache aucune idée ou n'attache qu'une idée vague au mot qui la désigne, cela se conçoit et n'est point particulier à la philosophie; mais que ceux qui cultivent cette science et que les livres qui en traitent la définissent de vingt manières différentes et souvent contradictoires, c'est un symptôme assuré que son objet n'est point encore déterminé, car cela ne peut provenir que de deux causes : ou de ce qu'aucun esprit n'ayant encore saisi la véritable unité de cet objet, il n'y ait encore que des hypothèses sur ce qui constitue cette unité; ou de ce que, quelque esprit l'ayant saisie telle qu'elle est, la vérité de cette unité n'ait pas encore été démontrée de telle sorte que toute hypothèse contraire soit désormais devenue impossible sur la nature de cette unité. Telles sont les deux seules suppositions qui puissent se concilier avec le fait de cette diversité de définitions qui est incontestable en philosophie; et dans l'une et l'autre il est vrai de dire que l'objet de la science n'est point encore déterminé.

Que si des définitions nous passons à la chose définie, nous y trouverons le même symptôme : car la diversité qui se remarque dans l'idée de la science se rencontre dans la science elle-même. Si l'on cherche en fait quelles sont les questions que la philosophie embrasse et qui sont de son domaine, on voit la nature et le nombre de ces questions varier d'une époque à une autre, et, dans la même époque, d'un philosophe à un autre philosophe. En effet, d'une part, le cadre des problèmes philosophiques s'est tour à tour rétréci ou étendu selon les temps. Après avoir embrassé dans son vaste sein tous les problèmes possibles, on l'a vu réduit à n'en fournir que quelques uns, puis, envahissant de nouveau le terrain qu'il avait abandonné, reprendre un moment sa première étendue pour se retirer de nouveau, et n'en occuper plus qu'une partie; et d'une autre part tel philosophe étend la philosophie à des problèmes que tel autre en bannit, et en exclut d'autres problèmes que celui-ci y admet; ici le cercle est très étroit, là il est très large, et il n'y en a pas deux qui ne présentent des différences essentielles. Et ces diversités ne se rencontrent pas seulement entre des systèmes appartenant à des époques différentes; elles se montrent entre des systèmes créés le même jour, dans la même ville, et édifiés pour ainsi dire face à face. Et cela n'est pas vrai seulement des époques antérieures de la philosophie; ce phénomène, qui a été de tous les temps, continue de se produire dans le nôtre. Or cette diversité dans les problèmes assignés à la philosophie ne démontre pas moins que la diversité de ses définitions que l'objet de cette science n'est point déterminé : car, s'il l'était, il y aurait un signe assuré pour résoudre quelles questions sont de son domaine et quelles questions n'en sont pas. Les unes donc y seraient unanimement admises, et les autres en seraient unanimement exclues. Il résulterait de là que les mêmes et en même nombre y seraient comprises par tous. Aucun physicien n'admet dans la physique des questions de chimie; aucun chimiste dans la chimie des questions de physique ; et tous les physiciens comme tous les chimistes sont d'accord sur les questions qui sont du ressort de leurs sciences respectives. Et pourquoi ? C'est que, l'unité de chacune de ces sciences étant déterminée, il y a un signe certain pour démêler ce qui lui appartient ou ne lui appartient pas. Si donc il y a diversité entre les philosophes sur les questions qui sont philosophiques, c'est nécessairement que ce signe certain n'est pas découvert, et que, chacun décidant la question avec le criterium ou la définition hypothétique qu'il a adopté, les résultats sont différents comme ces criterium, arbitraires comme eux.

Mais une preuve encore plus certaine s'il est possible que ce criterium n'existe pas, ou du moins n'est pas fixé, c'est l'expérience suivante. Prenez toutes les questions qui aient jamais été introduites et comprises dans l'objet de la philosophie, et demandez-vous successivement pour chacune à quel titre et comment elle en fait partie; vous trouverez qu'il vous est impossible de résoudre la question. En effet, si vous vous placez dans une certaine définition donnée par un certain philosophe, vous pourrez bien, armé de cette définition, admettre tel problème et en exclure tel autre; mais changez de système, au nom de la définition différente donnée par ce système, vous serez forcé d'exclure de la philosophie le problème que tout à l'heure vous y admettiez, et d'y admettre celui que vous en rejetiez. Or à laquelle de ces deux définitions vous arrêter? à la première ou à la seconde? Rien ne peut vous l'apprendre, car elles n'ont pas plus d'autorité l'une que l'autre; elles sont également dépourvues de cette sanction d'une adoption universelle qui seule pourrait les consacrer; et la preuve, c'est qu'aucune n'est respectée, c'est qu'un philosophe nouveau survenant ne se fait aucun scrupule de les rejeter toutes les deux et d'en inventer une troisième. Témoignage certain que rien n'est arrêté sur l'objet de la philosophie, et que la véritable unité de cette science est encore en question.

Or, s'il en est ainsi, comment pourrait-on savoir quelles sont les grandes divisions dans lesquelles viennent se distribuer les recherches qu'elle embrasse? Quand on ne sait point encore ce qui fait et ce qui ne fait point partie d'une science, à plus forte raison doit-on ignorer comment se distribuent et se classent les questions qui en font partie, car il faut deux choses pour que cette classification soit possible : la première, qu'on connaisse quelles sont les questions à classer ; la seconde, qu'on sache quel lien commun unit ces questions et en fait un tout. Car, si on ignore les élements à classer, la matière même de la classification manque, et si, les éléments connus, on ignore leur dépendance, le principe de la classification, qui est cette dépendance même, n'existe pas. Or, tant que l'objet d'une science n'est pas déterminé, ce qu'elle embrasse est inconnu, et le lien qui unit et qu'elle embrasse l'est pareillement. Il est donc impossible de se représenter et les recherches qu'elle comprend, et l'ordre dans lequel ces recherches se distribuent naturellement. Le cadre de la science, qui n'est que la vue précise des divisions naturelles de l'objet de cette science dans leurs rapports naturels, est en d'autres termes impossible à concevoir et à tracer.

Et si le cadre est impossible, la méthode ne l'est pas moins : car le premier élément de la méthode est l'ordre dans lequel les questions doivent être abordées pour être résolues. Or cet ordre ne saurait être déterminé tant que la dépendance des questions ne l'est pas, et ces dépendances à leur tour ne sauraient l'être tant que le nombre et l'unité de ces questions sont inconnus. D'autre part, le second élément de la méthode d'une science est la méthode spéciale qui doit être appliquée à chaque question. Or la découverte de cette méthode implique la connaissance des questions que présuppose celle dont il s'agit, connaissance impossible tant que l'objet de la science et son cadre sont ignorés.

pour les passages supprimés à l'instigation de Cousin, voir RHL, t 32, 1925
article GAZIER

Deuxième partie.

Ce fut à l'âge de vingt ans que je commençai à m'occuper de philosophie. J'étais alors à l'École normale, et, bien que la philosophie fût au nombre des sciences à l'enseignement desquelles il nous était donné de nous destiner, ce ne furent ni les avantages que cet enseignement pouvait offrir ni une inclination prononcée pour ces sortes d'études qui me décidèrent à m'y livrer. Je fus amené à la philosophie par une autre voie. Né de parents pieux et dans un pays où la foi catholique était encore pleine de vie au commencement de ce siècle, j'avais été accoutumé de bonne heure à considérer l'avenir de l'homme et le soin de son âme comme la grande affaire de ma vie, et toute la suite de mon éducation avait contribué à fortifier en moi ces dispositions sérieuses. Pendant long-temps les croyances du christianisme avaient pleinement répondu à tous les besoins et à toutes les inquiétudes que de telles dispositions jettent dans l'âme. A ces questions, qui étaient pour moi les seules qui méritassent d'occuper l'homme, la religion de mes pères donnait des réponses, et à ces réponses j'y croyais, et grâce à ces croyances la vie présente m'était claire, et par delà je voyais se dérouler sans nuage l'avenir qui doit la suivre. Tranquille sur le chemin que j'avais à suivre en ce monde, tranquille sur le but où il devait me conduire dans l'autre; comprenant la vie dans ses deux phases, et la mort, qui les unit, me comprenant moi-même, connaissant les desseins de Dieu sur moi, et l'aimant pour la bonté de ses desseins, j'étais heureux de ce bonheur que donne une foi vive et certaine en une doctrine qui résout toutes les grandes questions qui peuvent intéresser l'homme. Mais, dans le temps où j'étais né, il était impossible que ce bonheur fût durable, et le jour était venu où du sein de ce paisible édifice de la religion qui m'avait recueilli à ma naissance, et à l'ombre duquel ma première jeunesse s'était écoulée, j'avais entendu le vent du doute qui de toutes parts en battait les murs et l'ébranlait jusque dans ses fondements. Ma curiosité n'avait pu se dérober à ces objections puissantes semées comme la poussière dans l'atmosphère que je respirais par le génie de deux siècles de scepticisme. Malgré l'effroi qu'elles me causaient et peut-être à cause de cet effroi, ces objections avaient fortement saisi mon intelligence.

En vain mon enfance et ses poétiques impressions, ma jeunesse et ses religieux souvenirs, la majesté, l'antiquité, l'autorité de cette foi qu'on m'avait enseignée, toute ma mémoire, toute mon imagination, toute mon âme, s'étaient soulevées et révoltées contre cette invasion d'une incrédulité qui les blessait profondément ; mon cœur n'avait pu défendre ma raison.

L'autorité du christianisme une fois mise en doute à ses yeux, elle avait senti trembler dans leur fondement toutes ses convictions ; elle avait dû, pour les raffermir, examiner la valeur de ce droit, et, avec quelque partialité qu'elle fût entrée dans cet examen, elle en était sortie sceptique. C'est sur cette pente que mon intelligence avait glissé, et que peu à peu elle s'était éloignée de la foi. Mais cette mélancolique révolution ne s'était point opérée au grand jour de ma conscience ; trop de scrupules, trop de vives et saintes affections, me l'avaient rendue redoutable pour que je m'en fusse avoué les progrès. Elle s'était accomplie sourdement par un travail involontaire dont je n'avais pas été complice, et depuis longtemps je n'étais plus chrétien, que dans l'innocence de mon intention j'aurais frémi de le soupçonner ou cru me calomnier de le dire. Mais j'étais trop sincère avec moi-même et j'attachais trop d'importance aux questions religieuses pour que, l'âge affermissant ma raison, et la vie studieuse et solitaire de l'Ecole fortifiant les dispositions méditatives de mon esprit, cet aveuglement sur mes propres opinions pût long-temps subsister.

Je n'oublierai jamais la soirée de décembre où le voile qui me dérobait à moi-même ma propre incrédulité fut déchiré. J'entends encore mes pas dans cette chambre étroite et nue où long-temps après l'heure du sommeil j'avais coutume de me promener ; je vois encore cette lune à demi voilée par les nuages, qui en éclairait par intervalle les froids carreaux. Les heures de la nuit s'écoulaient, et je ne m'en apercevais pas ; je suivais avec anxiété ma pensée qui de couche en couche descendait vers le fond de ma conscience, et, dissipant l'une après l'autre toutes les illusions qui m'en avaient jusque là dérobé la vue, m'en rendait de moment en moment les détours plus visibles.

En vain je m'attachais à ces croyances dernières comme un naufragé aux débris de son navire ; en vain, épouvanté du vide inconnu dans lequel j'allais flotter, je me rejetais pour la dernière fois avec elle vers mon enfance, ma famille, mon pays, tout ce qui m'était cher et sacré : l'inflexible courant de ma pensée était plus fort ; parents, famille, souvenirs, croyances, il m'obligeait à tout laisser ; l'examen se poursuivait plus obstiné et plus sévère à mesure qu'il approchait du terme, et il ne s'arrêta que quand il l'eut atteint. Je sus alors qu'au fond de moi-même il n'y avait plus rien qui fût debout. [suite supprimée à l'instigation de

Ce moment fut affreux, et quand vers le matin *Cousin* je me jetai épuisé sur mon lit, il me sembla sentir ma première vie, si riante et si pleine, s'éteindre, et derrière moi s'en ouvrir une autre sombre et dépeuplée, où désormais j'allais vivre seul, seul avec ma fatale pensée qui venait de m'y exiler et que j'étais tenté de maudire. Les jours qui suivirent cette découverte furent les plus tristes de ma vie. Dire de quels mouvements ils furent agités serait trop long. Bien que mon intelligence ne considérât pas sans quelque orgueil son ouvrage, mon âme ne pouvait s'accoutumer à un état si peu fait pour la faiblesse humaine ; par des retours violents elle cherchait à regagner les rivages qu'elle avait perdus ; elle retrouvait dans la cendre de ses croyances passées des étincelles qui semblaient par intervalles rallumer sa foi.

Mais les convictions renversées par la raison ne peuvent se relever que par elle, et ces lueurs s'éteignaient bientôt. Si, en perdant la foi, j'avais perdu le souci des questions qu'elle m'avait résolues, sans doute ce violent état n'aurait pas duré long-temps, la fatigue m'aurait assoupi, et ma vie se serait endormie comme tant d'autres, endormie dans le scepticisme. Heureusement il n'en était pas ainsi ; jamais je n'avais mieux senti l'importance des problèmes que depuis que j'en avais perdu la solution. J'étais incrédule, mais je détestais l'incrédulité ; ce fut là ce qui décida de la direction de ma vie. Ne pouvant supporter l'incertitude sur l'énigme de la destinée humaine, n'ayant plus la lumière de la foi pour la résoudre, il ne me restait que les lumières de la raison pour y pourvoir. Je résolus donc de consacrer tout le temps qui serait nécessaire, et ma vie s'il le fallait, à cette recherche ; c'est par ce chemin que je me trouvai amené à la philosophie, qui me sembla ne pouvoir être que cette recherche même.

Je demande pardon à mes lecteurs de leur en avoir fait parcourir les détours. Mais si dans la suite je n'ai pas reculé devant les innombrables difficultés que l'étude de la philosophie présente à un esprit sévère, et si toujours et avant tout j'ai été principalement préoccupé du besoin de réformer cet état et d'introduire dans cette science l'organisation et la méthode qui n'y sont pas, c'est au motif puissant qui m'en a fait entreprendre l'étude, et à l'ardent désir d'arriver à des vérités certaines sur quelques unes des questions qu'elle embrasse, qu'il en faut rapporter la cause ;

il suffira du reste qu'on veuille bien achever la lecture de ce discours pour s'en convaincre.

Le moment et le lieu où je formai le projet que je viens de dire ne pouvaient être plus favorables à son exécution. La France, après le sommeil de l'Empire, s'éveillait alors au mouvement philosophique. Deux hommes, d'un caractère et d'un talent tout opposés, mais également rares, venaient de le ranimer : l'un, en reproduisant, dans un langage admirable de clarté et d'élégance, les doctrines métaphysiques de Condillac, avait, pour ainsi dire, ressuscité la philosophie du dix-huitième siècle à la faculté des lettres ; l'autre, en attaquant, dans des leçons d'une incomparable logique, ces mêmes doctrines, venait de prendre l'initiative de l'inévitable réaction que le génie du dix-neuvième siècle naissant devait développer contre celui du dix-huitième. Deux années d'enseignement avaient suffi à ces deux illustres professeurs pour poser le débat, et y entraîner à leur suite toute la jeunesse ; l'un et l'autre venaient de se taire, et l'École normale était pleine du souvenir de leurs paroles et de l'ardent intérêt qu'elles avaient inspiré. Parmi les esprits distingués qu'elle renfermait, les deux philosophies avaient trouvé leurs représentants, et comme dans le monde, avec plus de vivacité, d'enthousiasme et de force, deux camps s'y dessinaient. Les esprits élégants et sceptiques étaient pour les doctrines anciennes; les esprits ardents, naturellement plus révolutionnaires, pour les nouvelles, et dans les vives discussions qui s'engageaient on ne pouvait pas encore prévoir, ce qui néanmoins dans un séminaire de jeunes gens devait nécessairement arriver, la défaite du passé et le triomphe complet des doctrines nouvelles. Un homme, tout jeune encore, mais qui depuis n'a jamais été plus remarquable par son éloquence qu'il ne l'était alors, se trouvait à la tête de ce dernier parti. Après avoir été au rang des élèves, il venait de passer à celui des maîtres. Une conférence de philosophie lui était confiée dans le sein de l'Ecole, et tout ce qui s'intéressait à ces débats, à quelque camp qu'il appartînt, attendait impatiemment l'ouverture de ses leçons. On peut juger si, dans la situation où je venais de tomber, moi qui n'avais entendu ni M. de La Romiguière ni M. Royer-Collard, je partageais cette impatience.

Et toutefois, et le débat qui s'agitait autour de moi, quand j'en eus compris le sujet, et les leçons si brillantes du jeune professeur qui devaient, dans le sein de l'Ecole du moins, y mettre fin, quand j'eus commencé à les suivre, se trouvèrent bien loin des choses auxquelles je rêvais et qui tourmentaient mon intelligence et mon cœur. Mon esprit, en abordant la philosophie, s'était persuadé qu'il allait rencontrer une science régulière qui, après lui avoir montré son but et ses procédés, le conduirait, par des chemins sûrs et bien tracés, à des connaissances certaines sur les choses qui intéressent le plus l'homme. Il ne s'était point rendu un compte bien net du cercle de questions que cette science embrassait; mais il se l'était figuré immense, et, parmi ces questions, il n'avait pas douté un moment qu'au premier rang, et comme la fin dernière de la philosophie, ne se trouveraient celles qui l'inquiétaient, celles dont en perdant la foi il avait perdu la solution. En un mot, mon intelligence, excitée par ses besoins et élargie par les enseignements du christianisme, avait prêté à la philosophie le grand objet, les vastes cadres, la sublime portée d'une religion. Elle avait égalé le but de l'une à celui de l'autre, et n'avait rêvé de différence entre elles que celle des procédés et de la méthode : la religion imaginant et imposant, la philosophie trouvant et démontrant.

Telles avaient été ses espérances; et que trouvait-elle? Toute cette lutte, qui avait ranimé les échos endormis de la Faculté et qui remuait les têtes de mes compagnons d'étude, avait pour objet, pour unique objet, la question de l'origine des idées. Condillac l'avait résolue d'une façon que M. de La Romiguière avait reproduite en la modifiant. M. Royer-Collard, marchant sur les pas de Reid, l'avait résolue d'une autre, et M. Cousin, évoquant tous les systèmes des philosophes anciens et modernes sur ce point, les rangeant en bataille en face les uns des autres, s'épuisait à montrer que M. Royer-Collard avait raison et Condillac tort. C'était là tout, et, dans l'impuissance où j'étais alors de saisir les rapports secrets qui lient les problèmes en apparence les plus abstraits et les plus morts de la philosophie aux questions les plus vivantes et les plus pratiques, ce n'était rien à mes yeux. Je ne pouvais revenir de mon étonnement qu'on s'occupât de l'origine des idées avec une ardeur si grande, qu'on eût dit que toute la philosophie était là. Encore si, pour consoler et rassurer ceux qu'on enfermait ainsi dans une aride et étroite question, on eût commencé par leur montrer le vaste et brillant horizon de la philosophie, et dans cette perspective les grands problèmes humains chacun à leur place, et le chemin à parcourir pour les atteindre, et l'utilité des idées pour les seconder, cette carte du pays, en m'éclairant, m'eût fait prendre patience. Mais non, cette carte régulière de la philosophie, qui n'existait pas et qui n'existe pas encore aujourd'hui, on ne pouvait la donner, et le mouvement philosophique d'alors était encore trop jeune pour qu'on en sentît bien le besoin. M. de La Romiguière avait recueilli comme un héritage la philosophie du dix-huitième siècle rétrécie en un problème, et ne l'avait pas étendue. Le vigoureux esprit de M. Royer-Collard, reconnaissant ce problème, s'y était enfoncé de tout son poids et n'avait pas eu le temps d'en sortir. M. Cousin, tombé au milieu de la mêlée, se battit d'abord, sauf à en rechercher la solution plus tard. Toute la philosophie était dans un trou où l'on manquait d'air, et où mon âme, récemment exilée du christianisme, étouffait ; et cependant l'autorité des maîtres et la ferveur des disciples m'imposaient, et je n'osais montrer ni ma surprise ni mon désappointement.

Il est certain que si je me fusse trouvé libre à l'époque de ma première rencontre de la philosophie, comme peut l'être un étudiant qui suit les cours publics d'une faculté, j'aurais laissé là mon maître et ses leçons, et je me serais mis à chercher seul la philosophie, qu'on ne me montrait pas, et à poursuivre à ma manière la solution des vérités qui m'intéressaient. Mais à l'Ecole nous étions soumis à un cours régulier d'études, et, soit qu'on goûtât ou qu'on ne goûtât pas la philosophie, il fallait en écouter. Mon premier mouvement vint échouer contre ce devoir, et bientôt je trouvai des motifs de ne point regretter qu'il en eût été ainsi.

En effet, quelque étroite qu'elle fût à mes yeux, la question qui se débattait devant nous ne tarda pas à m'intéresser, non qu'elle [ne] parût déjà importante à mon but, mais parce que c'était une recherche rationnelle, ou que dans la méthode sévère du professeur je trouvais un modèle des procédés à suivre pour atteindre mon but avec certitude. J'étais heureux d'exercer ma raison, de la sentir marcher avec fermeté et sûreté. Les analyses de faits incontestables auxquelles nous nous appliquions, et les luttes serrées que nous engagions avec les différents sytèmes, étaient pour nous comme les exercices d'un manége. J'apprenais à la conduire, j'apprenais à avoir confiance en elle. J'étais rassuré de trouver si puissante ma dernière et ma seule ressource pour recouvrer ce que j'avais perdu et rallumer mon flambeau éteint. Bientôt à cet attrait purement scientifique qu'exerce sur un esprit naturellement droit toute recherche régulière de la vérité s'en vint joindre un autre plus puissant quand je découvris la portée de cette question de l'origine des idées, quand je vis qu'elle n'était rien moins que celle même de la certitude, et qu'elle impliquait secrètement toute la logique.

Une première clarté fut comme le signal de plusieurs autres qui pénétrèrent successivement dans mon esprit, et, tout en l'apprivoisant à la métaphysique abstraite, déposèrent en lui des germes féconds. Ainsi, je commençai pour la première fois à entrevoir ce que c'était que la logique et quels rapports elle contenait avec toute recherche et toute science possible. D'un autre côté, en observant comment de l'étude des procédés naturels des facultés humaines dans l'acquisition des idées et des convictions naturelles, mais qui dans certains cas accompagnent et dans d'autres refusent de suivre ces acquisitions, on déduisait et les règles à suivre dans la recherche de la vérité, et les conditions de certitude dans cette recherche, c'est-à-dire la logique tout entière, j'eus la première vue de l'utilité de la psychologie ou de l'étude de la nature humaine, et de la liaison qui pouvait exister entre cette étude et la solution de certaines questions philosophiques. De plus, en voyant ainsi une question aussi claire en apparence que celle qui nous occupait se rattacher à d'autres par d'indivisibles fils, je commençai à me trouver moins perdu dans le coin obscur du domaine de la philosophie où l'on m'avait jeté, et à me persuader que, puisqu'il y avait des dépendances entre quelques-unes des innombrables questions que j'y entrevoyais, il pourrrait ne m'être pas impossible un jour, en suivant ces dépendances, de m'y orienter.

et d'en découvrir l'étendue et les chemins. Enfin, en voyant tant de systèmes anciens et nouveaux évoqués devant nous sur la question répondre de tant de façons différentes, et, après toutes ces réponses, laisser encore incertaine la véritable solution à trouver, je compris que j'avais trop présumé et de la philosophie et de moi-même en demandant si vite à l'une les vérités que je cherchais, et en comptant si légèrement sur mes propres forces pour les découvrir à son défaut.

J'entrevis par là, indépendamment de ma propre faiblesse, et le peu de certitude qu'avait eue jusqu'à présent la méthode de la science, et la manière de lui en donner, et les lumières qu'on pouvait tirer de l'histoire de la philosophie pour y parvenir. Toutes ces idées, et plusieurs autres qui naissaient de mes réflexions ou qui m'étaient suggérées par les vues qui jaillissaient de temps en temps de notre enseignement, n'étaient que des éclairs à travers la nuit profonde qui couvrait pour moi la philosophie. Mais si vagues qu'elles fussent, et si vaste qu'elles me montrassent la carrière que j'avais à parcourir, elles eurent la propriété de me calmer, comme le font aux premières lueurs du crépuscule les lignes obscures et indécises d'un pays inconnu dans lequel on voyage. De plus, en m'ouvrant ainsi quelques perspectives à travers la philosophie et son histoire, elles me réconcilièrent avec ce que je faisais en me prouvant que ce que je faisais n'était pas inutile. Mais surtout elles m'éclairaient sur mon ignorance, que je ne connaissais pas.

À la vue de tant de questions auxquelles je n'avais jamais songé, de tant d'abymes que je ne soupçonnais pas; à ces lueurs rapides qui me montraient dans l'ombre les chutes du génie, les incertitudes de la science, les imperfections des méthodes, je sentis que ce nouvel océan sur lequel je venais de m'embarquer était plus vaste et plus semé d'écueils que je ne l'avais pensé, je sentis que je manquais de toutes les notions humaines pour y naviguer, et que je n'avais rien de mieux à faire pour les acquérir que d'y faire à l'aventure quelques voyages à la suite de ceux qui se présentaient à moi pour m'y guider. Ce fut là la résolution à laquelle je m'arrêtai, et qui était la plus raisonnable que je pusse prendre dans ma situation. Convaincu que mon heure de penser par moi-même et d'exécuter mon projet n'était point venue, quel parti pouvais-je prendre, sinon celui de demeurer passif, de laisser venir à moi les idées et l'expérience, d'attendre patiemment du temps et des leçons de mes maîtres le débrouillement de ce nuage qui enveloppait à mes yeux la philosophie, et, s'il ne venait pas, de tenter par moi-même un jour de l'opérer, quand j'aurais acquis à travers cette longue expérience et les notions, et l'habileté et la force qui me manquaient à présent?

Pour exécuter ce projet, je n'avais qu'une chose à faire, c'était de déclarer que je me destinais à l'enseignement de la philosophie. Par là, sans être entièrement dérangé des autres études auxquelles le règlement obligeait tous les élèves de l'Ecole, je pouvais y consacrer une moindre partie de mon temps, et en réserver une plus grande aux matières que je serais bientôt obligé de professer. A cette époque, le régime de l'Ecole était plus libéral sous ce rapport qu'il ne le devint quelques années plus tard. On tolérait de bonne heure ces vocations spéciales quand elles se déclaraient avec quelque énergie, et on souffrait volontiers la concentration d'études qui en était la conséquence. Je pus donc, une fois mon choix accepté, me livrer presque exclusivement à la philosophie, et je puis dire que pendant dix-huit mois, c'est-à-dire jusqu'à ma sortie de l'Ecole, je ne m'occupai sérieusement d'aucune autre chose.

Durant ces dix-huit mois, mon jeune maître n'avait point un moment abandonné la méthode qu'il avait embrassée. A la Faculté, où il suppléait

M. Royer-Collard, comme dans l'intérieur de l'Ecole, où il développait les leçons de la Faculté, son enseignement avait continué de porter sur des questions détachées, et telle était la vigueur avec laquelle il en fouillait tous les replis et l'étendue avec laquelle il exposait et discutait les systèmes de la philosophie moderne sur ces questions, qu'à la suite du problème de l'origine de nos idées, un seul avait suffi pour remplir ces dix-huit mois de leçons, celui de la nature du moi et du passage du moi au monde extérieur; encore n'avait-il abordé ce second problème que comme corollaire du premier, et était il loin de l'avoir épuisé. Des résultats approfondis sur deux questions psychologiques, de puissants exemples de recherches et quelques idées plus générales jetées et reçues en passant, voilà donc quelles étaient mes provisions philosophiques lorsque, mon noviciat à l'Ecole étant expiré, je fus appelé à professer à mon tour.

En réfléchissant depuis et sur les causes qui avaient déterminé notre jeune maître à nous laisser dans cette étrange situation, et sur les effets qui en étaient résultés pour moi, j'ai parfaitement compris les unes et je me suis félicité des autres. Jeune comme nous, et comme nous aussi nouveau venu dans la philosophie, M. Cousin, en débutant, partageait notre inexpérience. Ce que nous ignorions, il l'ignorait; ce que nous aurions voulu apprendre, il aurait voulu le savoir. Mais, obligé d'enseigner et ne sachant pas, il avait judicieusement senti qu'il était des questions qui, par leur généralité même, ne pouvaient être vaincues par la force seule de l'esprit, et dont la solution exigeait une foule de recherches particulières préalables. Telles sont en effet toutes les questions qui portent sur l'ensemble de la philosophie et de son histoire. Il les avait donc écartées et ajournées, et il s'était replié sur les questions particulières, et, parmi celles-ci, sur le petit nombre de celles qu'avaient commencé à lui aplanir les leçons de ses maîtres. Une fois aux prises avec ces questions, il nous avait fait assister à ses propres recherches, et, jeune comme il était, il avait porté dans ces recherches toute l'ardeur, toute l'analyse minutieuse, la scrupuleuse rigueur, qui sont le propre des débutants.

C'est ainsi que deux questions avaient rempli deux années d'enseignement ; de là tous les caractères de cet enseignement, de là aussi toutes ses chances : car ce qu'on vient de trouver, on l'enseigne avec une plénitude d'intelligence et cette candeur de conviction qu'on ne retrouve jamais; et cette conviction, et cette ardeur, et cette rigueur de méthode, passent du maître aux élèves ; et c'est alors, et seulement alors, que le maître a des disciples. Plus tard, il ne trouve plus que des auditeurs. L'enthousiasme qu'il n'a plus, il ne lui est pas donné de le communiquer. Ainsi M. Cousin ne nous avait donné que ce qu'il avait pu nous donner, il n'avait pas choisi ; il avait obéi à la nécessité, mais cette nécessité même avait produit des effets que l'enseignement le mieux calculé n'aurait pu donner. En suivant la recherche ardente du maître, nous nous étions enflammés de son ardeur ; les excessives précautions que sa prudence avait répandues dans sa méthode nous avaient appris à fond tout le détail de l'art de poursuivre la vérité et de la trouver. La même prudence, appliquée à l'examen des systèmes, nous avait enseigné à pénétrer jusqu'aux entrailles des opinions philosophiques et à les juger profondément. Enfin, l'absence même de tout cadre, de tout plan, de toute idée faite sur l'ensemble de la philosophie, avait eu pour premier résultat, en nous la laissant inconnue, de la rendre plus séduisante à notre imagination et d'augmenter en nous le désir de pénétrer ses mystérieuses obscurités, et, pour second, de nous obliger à nous élever par nous-mêmes à ces hauteurs, à nous créer par nous-mêmes notre enseignement, à travailler par conséquent, à penser par nous-mêmes, et à le faire avec liberté et originalité; voilà ce que nous dûmes à M. Cousin. Je sortis de ses mains sachant très peu, mais capable de chercher et de trouver, et dévoré de l'ardeur de la science et de la foi en moi-même.

Ce qui pouvait m'arriver de plus heureux après un tel noviciat, c'était de me trouver, en y échappant, en face d'un cours à faire, de la nécessité de chercher par moi-même la vérité au moment même où j'étais le plus capable de la trouver et le plus enivré à l'entreprendre. Ce fut donc aussi une bonne fortune pour mon développement philosophique que cette double nomination par laquelle je fus chargé à la fois, et d'une chaire à l'Ecole, et d'une autre au collége Bourbon. Mais, je dois le dire, quelque honoré que je fusse de cette double marque de confiance, et quelque heureuse que fût réellement pour mon esprit la nécessité qu'elle m'imposait, j'en fus d'abord épouvanté. On avait beau me dire que l'enseignement dont on me chargeait était élémentaire, c'était précisément à cause de cela qu'il m'effrayait.

Si on m'avait laissé comme à M. Cousin la liberté de choisir mes questions, moins bien que lui sans doute, mais dans la mesure de mes forces et en les concentrant tout entières, et avec tout le temps nécessaire sur ces questions, je m'en serais tiré; mais cette liberté ne m'était point laissée. Cet enseignement avait son programme, ce programme il fallait en un an le remplir; et que comprenait-il ? Non pas une question ni deux, non pas même une de ces sciences comprises dans le sein de la philosophie, mais trois de ces sciences : la psychologie, la logique et la morale; encore celle-ci devait-elle être suivie des linéaments d'une quatrième, la théodicée. C'était là ce qu'on demandait à moi, un esprit de vingt ans, à qui on n'avait enseigné ni l'une ni l'autre de ces sciences, et qui dix-huit mois auparavant n'en avais aucune idée. Encore si j'avais été assez ignorant pour accepter quelque traité tout fait sur ces matières et le suivre ! Mais non, on m'avait donné une méthode, on avait mis dans mon esprit une sévérité scientifique, qui ne pouvaient s'accommoder du dogmatisme de la plupart de ces traités, et quant au petit nombre des autres, ou je ne les connaissais pas, ou ils appartenaient à une école du dix-huitième siècle dont j'avais appris à apprécier et le peu d'étendue et le peu de profondeur dans les deux questions de l'origine des connaissances et de la nature du vrai. D'ailleurs, à la manière dont j'avais vu s'évanouir tous les systèmes de la philosophie moderne sur ces deux questions sous la critique de mon maître, j'étais porté à croire que tout était à faire, et qu'il n'y avait rien à emprunter en philosophie. C'étaient donc trois sciences à créer, à bâtir de toutes pièces, qu'on me donnait, et cela dans l'espace d'un an. En vérité, il y avait lieu de trembler, et cependant il était impossible que je reculasse.

Je me mis donc à l'œuvre avec courage et résolution. J'avais une idée bien nette de l'objet de la psychologie, et le peu que nous en avions fait l'avait été si bien et si profondément, que j'en possédais bien la méthode. Doué à un assez haut degré du sens psychologique ou de la faculté d'observer les faits intérieurs, j'avais une grande inclination pour cette science. La question de l'origine des connaissances, comme je l'ai dit, m'avait initié dans la véritable logique. J'en concevais également bien l'objet, et je voyais bien comment il fallait s'y prendre pour en résoudre les problèmes ; c'était là mon côté fort. Quant à la morale, je n'en avais aucune idée scientifique, je n'en avais que des idées vagues que tout le monde en a. Là, tout était à découvrir pour moi, et l'objet de la science et sa méthode, et la science elle-même. Ainsi des trois sciences que j'avais à enseigner je savais l'objet et la méthode de deux, plus, quelques résultats isolés en psychologie et en logique.

On peut bien penser d'après cela quel énorme travail remplit toutes les minutes de cette première année de professorat. J'avais bien vite reconnu que je n'avais pas assez de temps pour chercher une idée dans les livres, où je ne trouvais d'ailleurs rien qui me fût clair, ou qui me parût méthodiquement cherché et scientifiquement trouvé. J'avais donc jeté les livres, trouvant plus court de bâtir à neuf que de construire avec des matériaux empruntés. C'étaient donc des journées, des nuits entières de méditation dans ma chambre; c'était une concentration d'attention si exclusive et si prolongée sur les faits intérieurs où je cherchais la solution des questions, que je perdais tout sentiment des choses du dehors, et que, quand j'y rentrais pour boire et manger, il me semblait que je sortais du monde des réalités et passais dans celui des illusions et des fantômes. Ce qui me soutint et qui me sauva dans cette rude entreprise, ce furent et l'excellente méthode et le véritable esprit scientifique dont j'étais rempli. Passionné pour la précision, je ne m'arrêtais jamais à une idée vague ou à moitié éclaircie, et je m'obstinais jusqu'à ce qu'elle le fût complétement. En abordant une science, je cherchais d'abord dans la nature des choses quel était son objet vrai, et je déterminais cet objet avec une rigoureuse netteté. Je me demandais après, étant donné ce qu'elle se proposait de connaître, quels moyens l'esprit humain avait à sa disposition pour y parvenir. Puis, ces moyens trouvés, je décomposais avec sévérité l'objet total dans ses parties vraies, et je fixais l'ordre naturel dans lequel ces parties devaient être étudiées. Cela fait, je concentrais toute mon attention sur la première ; j'opérais sur elle comme sur l'objet total, analysant, ordonnant les éléments analysés, et concentrant successivement mon attention sur chacun. Après quoi je passais à la seconde, et ainsi de suite. De cette manière mes recherches et mon cours se déroulaient avec ordre et clarté ; mon esprit n'était jamais égaré, mes forces jamais partagées ; j'agissais sur chaque point avec toute la puissance de mon attention, et en m'enfonçant ainsi, grâce à l'ensemble posé d'avance, je ne me perdais pas. On ne saurait croire combien de difficultés redoutables cèdent à une telle méthode, et quelle vigueur elle donne. Mais je n'avais pas la folle prétention de tout trouver, de tout achever; je savais que les sciences ne se font pas d'un jet, qu'elles sont l'œuvre du temps, et qu'il est plus important de ne pas y introduire d'erreur que d'y mettre quelques vérités de plus. Quand donc une difficulté résistait trop, je la constatais, je la signalais et la laissais à résoudre. Forcé d'avancer, il y avait des questions que je me contentais de poser à leur place et que je n'abordais pas même.

J'eus le bonheur dans cette année féconde de ne guère avancer de résultats que j'aie dû modifier ou rejeter par la suite, et je lui dois le germe de la plupart de ceux auxquels je suis arrivé depuis quinze ans tant en psychologie qu'en logique : car, pour la morale, le temps ne me permit que de l'effleurer. J'y revins l'année suivante, ainsi que sur la théodicée, avec plus de détail. Mais, pour cette première année, elle fut toute psychologique et logique, surtout psychologique, car je tirai ma logique de ma psychologie : elle fut donc toute d'observation et de fait, et ce fut là que s'affermit en moi cette prédilection pour la science et l'observation des phénomènes de l'esprit, à laquelle je dois tant. *(suite de la phrase supprimée à l'instigation de Cousin)*

J'avais tellement assoupli mon intelligence à l'observation intérieure par le rude exercice auquel la nécessité d'avoir trouvé à heure fixe l'obligeait, qu'elle avait fini par s'y plier avec autant de facilité qu'à l'observation extérieure. Elle analysait là, elle distinguait ici, elle expérimentait là, comme celle du chimiste au dehors. Elle avait appris aussi à se concentrer à volonté, et longtemps et sans distinction, sur le sujet que je désirais. Jamais depuis je n'ai joui de cette autorité sur l'instrument intellectuel au même degré. La même nécessité n'existant pas, les habitudes d'obéissance contractées sous cette forte discipline se sont ralenties, et ma volonté n'a pas eu le courage de les rétablir dans toute la perfection qu'elles avaient alors.

Le sentiment de cette puissance de réflexion et de méthode que j'avais acquise, et l'expérience des résultats nombreux auxquels elle m'avait conduit dans le court espace d'une année, eurent sur moi une grande et durable influence. Je perdis le goût d'aller chercher et emprunter ailleurs ce que je pouvais trouver et acquérir par moi-même. Les livres, les cours, ne me furent plus rien; si j'ouvrais les philosophes, si je continuais d'assister le plus souvent que je pouvais aux leçons de M. Cousin, c'était plutôt pour apprendre où étaient les questions que pour en obtenir la solution. Ce que je lisais, ce que j'entendais de philosophie, n'avait sur moi d'autre effet que de me donner matière à penser, à chercher. J'en vins même à me convaincre que je ne comprenais véritablement que ce que j'avais trouvé moi-même; une foule de choses que j'avais lues ou qu'on m'avait enseignées, et que j'avais cru entendre, m'étaient apparues sous une lumière si nouvelle et avec une clarté si supérieure quand je les avais retrouvées dans le cours de mes recherches personnelles, que je perdis toute foi à l'instruction transmise; et dès lors je n'ai point changé d'opinion. Je puis dire que je n'ai jamais compris des philosophes que ce que j'avais compris avant de les lire; aussi depuis cette époque j'ai pu devoir aux autres bien des excitations, bien des indications utiles; mais je n'ai rien su que ce que j'ai trouvé, et quand il m'est entré dans la tête des opinions qui étaient aussi les leurs, c'est que mes recherches comme les leurs y avaient abouti.

Ainsi s'écoulèrent pour moi les deux premières années de mon professorat, et si l'on veut réfléchir aux travaux qui les remplirent, on croira facilement qu'ils ne laissèrent aucune place à l'examen de ces questions générales dont je m'étais d'abord si vivement préoccupé. Je rêvais bien de loin en loin à ces questions, chemin faisant; quelques idées, quelques lumières, jaillissaient bien de ces recherches spéciales, que j'aurais voulu suivre et pousser ; mais je n'en avais pas le loisir, et la nécessité de préparer une prochaine leçon coupait court à mes rêves et me forçait d'ajourner à une autre époque le soin de tirer parti de ces clartés accidentelles.

Je dois même ajouter, pour être vrai, que cet ajournement m'était devenu moins pénible. Les recherches particulières auxquelles mon devoir me condamnait avaient de jour en jour revêtu à mes yeux un intérêt plus puissant. J'aimais à trouver la vérité pour elle-même, pour le plaisir de la découvrir, de la voir, de la posséder. Ces faits psychologiques que je constatais, ces lois de la nature humaine que j'en induisais, ces règles pour la conduite de l'esprit, ces conditions de certitude que je tirais de ces lois, tout cela, comme je le vis bien mieux par la suite et comme je le sentais déjà peut-être obscurément, pouvait bien et devait bien un jour m'être très utile pour résoudre les questions qui intéressent l'homme et qui m'avaient conduit à la philosophie ; mais tout cela ne me plaisait pas pour cette raison, tout cela me plaisait par soi-même. J'avais retrouvé ce que m'avaient donné jadis les mathématiques pures, ce bonheur parfaitement désintéressé aussi et purement scientifique; mais je l'avais retrouvé à un bien plus haut degré, parce qu'alors je ne faisais qu'apprendre des vérités trouvées, tandis qu'ici je trouvais moi-même, et parce qu'aussi là les vérités étaient de raisonnement, tandis qu'ici elles étaient d'observation, et que, pour mon esprit du moins, les vérités de fait ont bien plus de charmes que celles de raison, et l'art de l'induction plus d'attrait que celui de la déduction. Cet amour de ce que je faisais me rendait donc moins pressé de retourner aux questions qui m'avaient premièrement tant agité.

Et toutefois, la préoccupation de ces questions n'était pas éteinte dans mon cœur; elle y subsistait tout entière, et par intervalle, quand j'avais quelques heures à rêver la nuit à ma fenêtre ou le jour sous les ombrages des Tuileries, des élans intérieurs, des attendrissements subits, me rappelaient à mes croyances passées et éteintes, à l'obscurité, au vide de mon âme, et au projet toujours ajourné de le combler. Ces questions elles-mêmes vivaient secrètement dans mes pensées. Elles y subissaient à mon insu ce travail mystérieux, cette fermentation sourde qui les avance d'une manière si étrange, et qui fait qu'après de longs intervalles, pendant lesquels on n'a pas songé à un problème qu'on s'était efforcé de résoudre, tout à coup un matin, et sans qu'on devine comment, il vous revient et vous apparaît résolu. Au fond, il se détachait de tout ce que je faisais, de tout ce que je trouvais, de tout ce que j'apprenais dans mes recherches, des idées, qui venaient secrètement se grouper autour de ces problèmes délaissés, et qui peu à peu en débrouillaient obscurément les énigmes. Toutes ces idées, je n'en avais pas conscience, mais je devais les retrouver quand le temps me serait donné de revenir à mon projet primitif et de l'exécuter.

Ce temps, que j'osais à peine entrevoir dans le lointain de ma vie, arriva beaucoup plus vite que je n'avais compté. Une maladie nerveuse résultant du travail obstiné auquel je me livrais depuis quatre ans, m'obligea d'aller chercher dans mon pays un repos nécessaire. J'avais pensé qu'une année me suffirait; mais, après cette année, étant revenu à Paris et y ayant repris mes cours, je pus à peine atteindre les vacances suivantes; il fallut regagner de nouveau la maison paternelle, et y consacrer une autre année encore au rétablissement de ma santé. Ces deux années de retraite ne furent point perdues; elles ont été les plus fécondes et les plus heureuses de ma vie philosophique, quelques souffrances physiques et morales qui les aient remplies. Débarrassé de tout devoir et de toute contrainte, ma pensée put s'attacher librement aux choses qui la troublaient depuis si long-temps, et, avec toute la force et l'expérience qu'elle avait acquises, s'en rendre un compte net, et, autant qu'il était en elle, les éclaircir.

Tout, dans la situation où je me trouvais, semblait concourir pour faire prendre à mon esprit cette direction. Je me retrouvais sous le toit où s'était écoulée mon enfance, au milieu des personnes qui m'avaient si tendrement élevé, en présence des objets qui avaient frappé mes yeux, touché mon cœur, affecté mon intelligence dans les plus beaux jours de ma première vie. Chaque voix que j'entendais, chaque objet que je voyais, chaque lieu où je portais mes pas, ravivaient en moi les souvenirs éteints, les impressions effacées de cette première vie. Mais, en rentrant dans mon âme, ces souvenirs et ces impressions n'y trouvaient plus les mêmes noms. Tout était comme autrefois, excepté moi. Cette église, on y célébrait encore les saints mystères avec le même recueillement; ces champs, ces bois, ces fontaines, on allait encore au printemps les bénir; cette maison, on y élevait encore, au jour marqué, un autel de fleurs et de feuillage; ce curé, qui m'avait enseigné la foi, avait vieilli, mais il était toujours là, croyant toujours, et tout ce que j'aimais, et tout ce qui m'entourait avait le même cœur, la même âme, le même espoir dans la foi. Moi seul l'avais perdue, moi seul étais dans la vie sans savoir ni comment ni pourquoi; moi seul, si savant, ne savais rien; moi seul étais vide, agité, privé de lumières, aveugle et inquiet. Devais-je, pouvais-je demeurer plus long-temps dans cette situation, et puisque la foi ne pouvait se relever, avais-je du temps à perdre pour essayer d'appliquer à ces grandes questions, devenues des énigmes pour mes yeux, cette raison qui maintenant savait chercher la vérité et la trouver?

Il était impossible que ce double appel de mes souvenirs et de ma conscience ne ranimât pas à un haut degré tous les besoins intérieurs qui m'avaient conduit à la philosophie, et ne me renflammât pas d'une nouvelle ardeur pour les grandes questions qui intéressent l'homme. J'employai donc tous les moments que me laissait ma santé pour y songer avec cette intensité d'attention et cette régularité de procédés que j'avais acquises.

Avant tout, je sentais que je devais me rendre un compte exact de ce que je voulais savoir, me faire une idée bien nette des difficultés que j'avais à surmonter pour parvenir à le savoir; puis, ces difficultés étant clairement posées, examiner les meilleures mesures à prendre, le meilleur ordre à suivre pour les résoudre.

Que voulais-je savoir? je voulais savoir la solution de certaines questions que les religions posent et résolvent, et qui sont précisément celles aussi qui intéressent toute créature humaine, la plus barbare comme la plus civilisée, la plus éclairée comme la plus ignorante.

Quelles étaient ces questions? En premier lieu, tout homme désire savoir pourquoi il est ici bas, à quelle fin, dans quel but : car il est libre, et comme tel il se sent responsable de sa conduite. Il est donc inquiet tant qu'il ignore comment il doit user de cette liberté, et dans quel sens il doit diriger cette conduite. Il a donc besoin ou de découvrir par lui-même, ou d'apprendre de quelque autorité extérieure la véritable destination de la vie humaine.

En second lieu, tout homme se demande et désire vivement savoir si toute son existence est renfermée dans les limites de cette vie : car il sent en lui une foule de désirs et de facultés que cette vie ne contente pas, et il s'estimerait très malheureux, et celui qui l'a fait très injuste, si sa destinée devait être de ne jamais atteindre à ce bonheur, à cette perfection dont il a l'idée. Il lui semble qu'il y aurait contradiction qu'il eût cette idée si autre chose que ce monde ne devait pas suivre. C'est là ce qui lui suggère inévitablement des pensées de l'autre vie, et une fois ces pensées éveillées dans son esprit, il n'y a plus de repos pour lui si le doute subsiste et si une solution claire ne vient point les résoudre.

En troisième lieu, tout homme veut aller plus loin, et savoir encore, en supposant qu'il y ait une autre vie, quelle sera cette autre vie, si elle sera immortelle ou limitée, quel y sera son sort, comment s'opérera le passage de la vie présente à cette nouvelle existence; s'il y reverra ses parents, ses amis, ses enfants; si les bons y seront sur le même pied que les méchants. Enfin, il veut savoir le mot de toutes ces énigmes qu'on se pose sur le tombeau de ceux qui ne sont plus, et qui reviennent si souvent dans le cours de la vie, à l'heure de la douleur, de l'injustice, de la maladie, en présence de la nature, dans l'obscurité des nuits sans sommeil et jusque dans les rêves. Il veut le savoir parce qu'il n'y a point pour lui de repos autrement.

En quatrième lieu, tout homme veut savoir qui l'a fait, qui a fait ce monde qui l'enveloppe, les astres qui l'éclairent, qui a fait cette terre et toutes les choses qui la couvrent : car il sait bien que le premier homme ne s'est pas fait tout seul, car il ne voit aucune intelligence dans cette terre qui le nourrit ainsi que les animaux et les arbres, car il n'en soupçonne aucune dans ces astres qui font toujours la même chose, et qui semblent plutôt des esclaves obéissants que les maîtres de l'univers ; et cependant, dans cet admirable ensemble comme dans ses plus petits détails, il y a un ordre prodigieux qui annonce un ouvrier intelligent. Ce qui lui semble si probable est-il? Cet ouvrier existe-t-il réellement, et, s'il existe, quel est-il, où réside-t-il, comment est-il fait ? Tout cela l'intéresse, non seulement comme la chose la plus curieuse qu'il puisse voir, mais encore comme la plus importante pour lui : car, si ce créateur existe, le sort de l'homme est entre ses mains puissantes, et dépend des desseins qu'il peut avoir sur lui, de sa bonté ou de sa méchanceté, de sa justice ou de son injustice. Ainsi, toute l'énigme de sa destinée dépend de cette question. Comment donc pourrait-il dormir en paix si elle demeurait insoluble pour lui ?

En cinquième lieu, tout homme songe à ses pères, à ses ancêtres, à ses enfants, et poursuit de la pensée jusqu'à leur terme mystérieux ces deux filiations de créatures humaines dont l'une se perd dans la nuit du passé et l'autre dans celle de l'avenir. Il lui faut à cette chaîne un commencement et une fin ; il lui faut à l'existence de l'espèce une raison, et à l'espèce elle-même une destinée. Quand a-t-elle commencé et comment ? Quand finira-t-elle et de quelle façon ? Pourquoi a-t-elle commencé, pourquoi aura-t-elle un terme ? A quelle fin existe-t-elle ? Quels sont les desseins qu'a eus en les formant celui qui l'a formée ? Son existence se rapporte-t-elle à celle du reste de l'univers, ou l'univers a-t-il été fait pour elle ? Que signifient les révolutions qui l'agitent ? Où vont ces peuples qui se succèdent ? Pourquoi pas un seul, pourquoi plusieurs ? D'où vient qu'ils meurent et naissent comme des hommes ? D'où vient qu'ils ne se ressemblent pas, qu'ils ont des génies, des langues, des visages différents ? L'espèce est-elle tout entière sur cette terre, ou la retrouve-t-on partout, dans tous les mondes, ou ces mondes ont-ils chacun la leur ? Toutes ces questions intéressent au suprême degré l'individu humain, parce qu'il sent qu'il ne peut avoir la raison de lui-même s'il n'a pas celle de l'humanité, s'il n'a pas celle du tout. Il se la demande donc, car il faudrait aussi au repos de son esprit une solution.

En sixième lieu tout homme se compare avec les autres existences qui peuplent avec lui cette terre, et remarque entre elles et lui des différences et des rapports. Cette comparaison le conduit inévitablement à rêver sur sa nature et sur les natures diverses des différents êtres. Il est une énigme à lui-même et tout lui est énigme autour de lui. Il se sent supérieur aux animaux, aux plantes, et il voudrait savoir où gît cette supériorité : car tant qu'il l'ignore il est embarrassé de cette infinie création qu'il n'ose pas traîner à l'immortalité avec lui, et il redoute une égalité qui le conduirait avec elle au néant. Il se demande donc ce qu'il est et ce que sont les animaux, les plantes ; ce que c'est que l'âme dont on lui parle, ce que c'est que le corps qu'il touche et qu'il voit ; comment sont unies, comment dépendent l'une de l'autre ces deux natures, et, si elles sont deux, pourquoi leur union, leur dépendance, et comment elle se forme à l'heure de la naissance, et comment elle se rompt à celle de la mort. Ainsi toute la nature lui est inconnue, et il veut la connaître, et il demeure dans l'anxiété tant qu'il l'ignore.

En septième lieu tout homme songe aux hommes avec lesquels il vit et qui forment avec lui une famille, un village, une nation, une humanité. Les rapports de la famille ne l'inquiètent guère, car ils lui semblent naturels; mais quand il étend ses regards sur la société, de terribles énigmes s'élèvent encore de là devant ses yeux : les uns sont riches, les autres sont pauvres; les uns gouvernent, les autres obéissent; les uns sont heureux, les autres sont souffrants; les uns possèdent, les autres ne possèdent pas; et il y a si loin des uns aux autres, qu'on dirait deux races différentes; et cependant ce sont également des hommes. Tout cet ordre de choses est maintenu et semble fondé par des lois qui imposent des devoirs et donnent des droits; parmi ces devoirs et ces droits, il y en a qui semblent légitimes, mais il y en a d'autres qui ont une apparence contraire. Comment tout cela s'est-il établi? Est-ce le hasard, est-ce l'usage, est-ce la nécessité, est-ce la raison? Cela est-il bon, cela est-il mauvais? Où prendre une règle pour en juger? quelle est cette règle si elle existe, et quelle est son autorité? Où est en un mot le fondement des droits et des devoirs sociaux et l'origine de ces devoirs et de ces droits? Car si l'homme ne le sait pas, si la société est pour lui une énigme, comment en supporte-t-il patiemment le fardeau pour lui et ses enfants, surtout s'il est un de ceux sur qui ce fardeau semble porter principalement? Comment ne se révolte-t-il pas contre la force qui l'y contraint? Comment saura-t-il ce qu'il peut faire et ce qu'il n'a pas droit de faire? Comment sera-t-il citoyen? Et comment ne lui viendrait-il pas des doutes sur tous ces points, s'il voit chaque nation régie par des lois différentes et la même nation en changer; en sorte qu'il semble au premier coup d'œil que tout soit arbitraire dans la constitution de la société, et qu'il n'y ait d'autres raisons aux lois qu'il supputer que la force ou le hasard qui les a choisies !

En repassant dans mon esprit ces différentes questions, après les avoir dégagées et posées, je vis bien qu'il y en avait quelques autres encore que j'aurais pu y ajouter; mais je sentis qu'elles n'étaient qu'accessoires, ou d'un intérêt infiniment plus faible, et que celles-là comprenaient véritablement et embrassaient suffisamment toutes les difficultés qui me tourmentaient, depuis qu'ayant rejeté l'autorité de la foi chrétienne, je n'avais plus de raison de croire aux solutions plus ou moins complètes que cette grande religion nous en donne.

En les envisageant dans leur ensemble, je

me convainquis que, si j'avais des réponses à ces questions, mon âme rentrerait dans un repos parfait; et bien que je n'espérasse nullement arriver à toutes ces réponses, bien qu'il me parût évident qu'il y avait là plus d'énigmes que la raison même n'en pouvait résoudre, il ne m'en resta pas moins démontré que, soluble ou non soluble, c'était bien véritablement là de quoi il s'agissait pour moi.

Ce que je voulais savoir étant ainsi déterminé, je me mis à réfléchir sur les ressources et les moyens que j'avais à ma disposition pour y parvenir; et comme j'avais embrassé la philosophie comme un de ces moyens, ou plutôt comme le seul, je me demandai d'abord quel rapport il y avait entre la philosophie et ces problèmes.

On n'a pas oublié que le but de la philosophie m'avait paru être d'abord précisément de les résoudre, et que c'était cette considération qui m'en avait fait entreprendre l'étude. Depuis j'avais suivi deux ans un cours qu'on appelait de philosophie; et pendant deux ans, à mon tour, j'avais professé cette science, et ni l'enseignement que j'avais reçu ni celui que j'avais donné n'avait touché à la plupart des questions que je venais de réunir; mais en revanche l'un et l'autre avaient embrassé des problèmes qui n'étaient point compris dans ceux-là.

D'un autre côté, j'avais sinon fait lecture, du moins pris connaissance de beaucoup de livres de philosophie, et, en recueillant mes souvenirs, j'arrivais au même résultat. Il me semblait donc possible, en résumé, que la philosophie embrassât tous mes problèmes ; mais il était certain qu'elle allait plus loin, et en contenait d'autres qui leur étaient étrangers.

Pour m'assurer si ce que je présumais en premier lieu était fondé, je me mis à chercher les noms sous lesquels pouvaient être représentés en philosophie les problèmes que j'avais examinés, et il me fut facile de reconnaître que le premier n'était autre chose que le problème moral ; que le second, le troisième et le quatrième, formaient ce qu'on appelle la religion naturelle ; qu'on s'était occupé du cinquième sans l'embrasser complétement sous le titre de philosophie de l'histoire ; que le sixième était la psychologie largement entendue, et qu'enfin les sciences du droit naturel et du droit politique avaient pour objet la solution du sixième.

Or toutes ces recherches, tous ces problèmes, toutes ces sciences, étaient comprises évidemment dans le sein de la philosophie. La philosophie comprenait donc bien réellement dans son objet toutes les questions qui m'intéressaient et que j'avais posées.

Mais bien réellement aussi elle en embrassait d'autres : car qu'était-ce que le problème logique, qu'était-ce que le problème esthétique, et tant d'autres qui me venaient à l'esprit, sinon des problèmes philosophiques? La philosophie n'avait donc pas pour sujet exclusif les problèmes qui m'intéressaient, et son objet était plus vaste que le mien, et si vaste, que je n'en voyais pas les limites.

Il y avait donc ce rapport entre la philosophie et mes questions, que mes questions étaient comprises dans l'objet de cette science, et cette science était donc bien celle à laquelle je devais m'adresser pour en obtenir les lumières que je cherchais. J'avais donc pris le bon chemin, dans mon doute, en me jetant de ce côté; c'était à la philosophie que j'avais affaire, et d'elle que j'avais à tirer les solutions qu'il me fallait.

Mais cette science qu'était-elle et que pouvait-elle? Quel était son objet, sa méthode, sa certitude?

J'avais fait de la philosophie pendant quatre ans, et personne ne me l'avait dit, et jamais je n'avais pu me donner moi-même une réponse sur ces points; il est vrai que je n'avais jamais consacré beaucoup de temps à le chercher. A l'école, je ne m'en étais pas senti la force; durant les deux ans de mon professorat, les sciences particulières que je devais enseigner ne m'en avaient pas laissé le loisir, et, quoique toujours préoccupé de ces questions générales, je les avais toujours ajournées. Mais maintenant le temps était venu où je devais sérieusement les examiner et les résoudre, car il y allait du succès des recherches que j'avais résolu de faire. Ces recherches étant comprises dans la philosophie, je devais savoir à quel titre elles y étaient renfermées et quelle place elles y occupaient; or je ne pouvais m'en rendre compte qu'en me faisant une idée nette de l'objet total de la philosophie et de toutes les questions enfermées dans cet objet. De plus, j'entendais arriver à des vérités certaines dans ces recherches; or elles faisaient partie de la philosophie. Si donc la philosophie avait des moyens certains d'arriver à la vérité, je pouvais espérer d'arriver à mon but; mais si elle n'en avait pas, je devais en désespérer. La certitude à laquelle je voulais arriver dépendait donc de la certitude même que comportaient les recherches philosophiques en général. Je devais donc aussi m'éclairer sur ce point.

Enfin toute science a sa certitude, qui résulte de la nature même des choses qu'elle cherche; en vertu de cette méthode, elle applique certains procédés à chaque question, et de plus, elle dispose ces questions elles-mêmes dans l'ordre le plus favorable à leur solution, et cet ordre, elle le suit dans ses recherches, et de sa fidélité à le suivre, s'il est bon, dépend, en grande partie, le succès de ses investigations.

Il m'était indispensable aussi à moi de connaître cet ordre général et ces procédés spéciaux en philosophie : car autrement je courais le risque, en méconnaissant l'un, d'échouer contre des problèmes qui pourtant ne seraient pas insolubles, et, en négligeant de prendre connaissance des autres, de ne pas les découvrir moi-même ou de perdre beaucoup de temps à les chercher. Il me parut donc évident que je devais avant tout, si je voulais mener à bien mon entreprise, me faire une idée nette de l'objet de la philosophie, me rendre compte du degré de certitude que comportaient ses recherches, et reconnaître d'une manière exacte quel était l'ordre et la méthode qu'elle y suivait; et, en considérant dans quel ordre ces trois recherches elles-mêmes devaient être faites par moi, je vis bien vite que je ne pouvais comprendre ni juger la méthode d'une science qu'à la condition d'en connaître l'objet, ni apprécier le degré de certitude auquel elle pouvait arriver sans m'être rendu compte de son objet et de sa méthode.

Je résolus donc d'aborder dans cet ordre les trois difficultés préalables que je venais de me poser, et que je devais nécessairement éclaircir avant d'aller plus avant.

Quand j'eus ainsi dégagé et noté ces trois difficultés, j'essayai de me les figurer résolues, pour voir si dans cette supposition il ne me resterait dans l'esprit aucun nuage, aucune inquiétude, rien qui m'empêchât d'arriver aux problèmes eux-mêmes, et d'en chercher avec sécurité, et toutes les lumières préalables, la solution. Car je ne voulais entrer dans cette recherche qu'avec la conscience, d'une part, qu'elle pouvait me mener à des résultats, et, d'autre part, que je savais tout ce qu'il fallait savoir, que je m'étais rendu compte de tout ce qu'il ne fallait pas ignorer pour la faire avec fruit.

Or cette fiction me remit dans l'esprit deux autres pensées qui s'y étaient souvent présentées, et qui m'avaient coûté bien des heures d'insomnie et d'agitation. Et ces deux pensées me parurent pouvoir subsister encore dans mon esprit, et le tenir inquiet et incertain, alors même que je serais parvenu à des résultats clairs et favorables sur les trois questions préalables que je m'étais posées.

En effet, de toutes les questions de philosophie que j'avais rencontrées, soit que je m'en fusse occupé moi-même, soit que j'en eusse pris connaissance dans les livres, il n'en était pas une sur laquelle j'eusse trouvé une solution reconnue vraie et acceptée comme telle, et établie comme telle dans la science. Et cependant il n'en était pas une avec laquelle la science ne fût aux prises depuis long-temps et qui n'eût fortement occupé les plus grands esprits des temps passés. Ce résultat ne pouvait s'expliquer que de deux manières, ou par l'impuissance de la science, ou par l'erreur des hommes qui s'en étaient occupés. Or, en supposant même qu'il résultât de mes recherches sur la science que la science n'était pas impuissante, pouvais-je aller en avant sans m'être préalablement expliqué l'erreur de tant de grands hommes, et rendu compte des causes qui les avaient ainsi, et avec une uniformité si fatale et si étrange, fait échouer devant ces problèmes ? Ne me resterait-il pas un nuage dans l'esprit tant que je n'aurais pas trouvé cette explication ? Et ce nuage ne jetterait-il pas toujours, quelle que fût la force de ma conviction, quelque doute sur la possibilité même de la science? En m'interrogeant de bonne foi sur cette question, je me convainquis qu'il en serait ainsi, et je compris que là aussi se rencontrait un point fondamental à éclaircir et qui devait être éclairé préalablement à mes recherches sur ces questions elles-mêmes.

Enfin ce nuage m'en fit remarquer encore un autre qui pesait aussi lourdement et depuis longtemps sur mon esprit. J'avais souvent admiré que les questions mêmes qui intéressent au plus haut degré l'homme fussent précisément celles sur lesquelles il ne possédât aucune certitude : car la philosophie ne cherchait et ne paraissait sur aucun point encore en avoir trouvé, et la religion ne lui en offrait que l'apparence, et point du tout la réalité. Ce fait m'avait tellement étonné, que j'y étais souvent revenu dans mes méditations, et, à force d'y rêver, j'en avais rencontré un autre qui, en rectifiant le premier, avait substitué un autre mystère à celui qui m'avait d'abord frappé. J'avais vu qu'il n'était pas exact de croire que l'humanité fût dans l'ignorance sur les questions qui l'intéressent le plus : car, depuis qu'elle existe, elle porte sans hésitation certains jugements très uniformes et très précis, qui impliquent des idées arrêtées très uniformes et très précises aussi sur ces questions mêmes. En effet, tout homme distingue et a toujours distingué le bien du mal, le juste de l'injuste, le beau du laid, la réalité du néant. Tout homme croit et a toujours cru à une cause ou à des causes intelligentes qui ont formé cet univers, et à des rapports entre elles et lui; tout homme pourtant n'hésite sur tous ces points. Et que supposent ces jugements et ces croyances? que sont-elles que des manifestations de certaines solutions arrêtées sur la plupart des questions qui intéressent l'humanité, et que les philosophies et les religions essaient de résoudre? Et qui est-ce qui accepte ou rejette les religions et les systèmes? Les hommes. Et à quelle condition peuvent-ils les accepter et les rejeter? A condition qu'ils les trouvent vrais ou faux, c'est-à-dire à condition qu'ils les jugent. En les acceptant et en les rejetant, ils témoignent donc encore qu'ils ont de quoi les apprécier, c'est-à-dire qu'ils ont des idées sur les questions que les religions et les systèmes cherchent à résoudre. Et ces idées sont tellement fixes, tellement certaines et supérieures à ce système, qu'elles ont résisté en philosophie à toutes les erreurs grossières dans lesquelles les philosophes sont successivement tombées : ainsi jamais l'humanité n'a voulu croire qu'il n'y avait que de la matière ou de l'esprit, elle s'est obstinée à admettre l'une et l'autre; jamais que tout son bien était dans le plaisir ou dans la vertu, elle a persisté à regarder l'un et l'autre comme des biens; et quant aux religions, si elles les a acceptées pour un temps, c'est qu'elles ne sont jamais tombées dans des erreurs aussi excessives, ou ne les ont jamais produites sous des formes aussi précises ; et toujours elle s'est réservé le droit de les réformer, et toujours elle a exercé ce droit à ce point, qu'il n'y en a pas une qu'elle n'ait abandonnée ou modifiée.

Ainsi de l'opinion que l'humanité était dans l'ignorance sur ces questions qui l'intéressent, j'avais passé, en examinant mieux ces faits, à celle qu'elle avait un sentiment, une opinion sur ces questions, opinion plus fixe, plus arrêtée que les systèmes philosophiques ou religieux, ou supérieure à ces systèmes, puisqu'elle s'en servait pour les juger. Or d'où venaient à l'humanité ces idées, comment les avait-elle acquises, quelle était leur autorité, et comment, si elle les possédait, la science les cherchait-elle ? C'étaient là des questions qui me jetaient dans un labyrinthe inextricable de pensées contradictoires. Cette raison commune, ce sens commun, était un troisième système de solutions fondé sur une troisième autorité qui venait de passer mystérieusement à côté des systèmes religieux et des systèmes philosophiques dans l'histoire et dans le spectacle de l'humanité. C'était un troisième fait à expliquer en soi, à concilier avec les deux autres, avant de me livrer à aucune investigation philosophique sur ces questions elles-mêmes : car il pouvait avoir une explication telle, qu'elle me fit paraître toute investigation philosophique ou superflue, ou impuissante. Je résolus donc encore de me rendre compte de cette difficulté avant de mettre la main à l'exécution de mon projet.

Arrivé à ce point, il me parut que j'avais fait sortir de mon esprit tous les nuages qui le troublaient, que j'avais mis en évidence ces nuages, que je les avais déterminés autant que possible, et qu'il ne me restait plus qu'à m'occuper sérieusement de les pénétrer et de les dissiper si je pouvais.

Il me sembla bien certain que, si j'y parvenais, je me trouverais en pleine lumière sur tout ce qui me rendait la philosophie obscure ou douteuse, et que je pourrais alors, en connaissance de cause, ou renoncer à lui demander les vérités que je désirais, ou lui tourner le dos comme à un fantôme impuissant et trompeur.

Et, pour commencer, je n'hésitai pas un moment à croire que je devais d'abord m'occuper de toutes les questions qui concernaient la philosophie elle-même : car il me fallait d'abord savoir ce qu'elle était et ce qu'elle pouvait pour être en état de m'expliquer le mystère de sa longue impuissance, et la distinguer ensuite et des religions ce du sens commun. C'est ainsi que je fus conduit par une pente, que je puis, je crois, appeler invincible et naturelle, à rechercher avant tout et préalablement à tout quel était l'objet de la philosophie. Je vais dire maintenant avec la même naïveté comment je m'égarai et me retrouvai dans cette recherche, et quelle solution radicale de ce grand problème finit par sortir de cette investigation.

Mon premier soin, en présence de cette question, devait être de chercher quels moyens j'avais à ma disposition pour la résoudre. Il y avait long-temps que j'avais remarqué que le nom même de la philosophie ne contenait aucune indication sur son objet; je savais, d'autre part, que parmi les définitions qui en avaient été données la plupart étaient vagues et n'apprenaient rien, et qu'avec celles qui avaient quelque précision, et que le génie de leurs auteurs investissait de quelque autorité, il y avait des différences très grandes; que pour cela même on ne pouvait en adopter une qu'en rejetant les autres, ce qui aurait exigé la connaissance même de ce qui était en question, c'est-à-dire du véritable objet de la philosophie. Enfin, j'avais assez parcouru et lu d'ouvrages de philosophie pour savoir qu'on ne pouvait induire l'objet de cette science des matières même embrassées par les livres qui en traitent, la plupart n'étant que des traités sur certaines questions particulières, et le petit nombre de ceux qui ont eu la prétention d'embrasser la philosophie tout entière présentant sur les recherches qu'ils y introduisent des diversités souvent très grandes, et entre lesquelles il faudrait, pour prendre parti, posséder la définition vraie qu'il s'agit de découvrir. J'étais donc éclairé d'avance sur l'impuissance de ces différents moyens qui se présentent d'abord comme les plus naturels pour déterminer l'objet de la philosophie. Je devais donc songer à d'autres plus efficaces, et celui qui s'offrait à moi comme le plus simple et le plus sûr fut de remonter à l'origine du mot, et de constater historiquement ce qu'on avait successivement mis sous ce mot et représenté par ce terme depuis sa première apparition jusqu'à nos jours. Il me semblait qu'en procédant ainsi, j'obtiendrais infailliblement quelque lumière sur l'unité réelle ou apparente de tout temps sentie dans l'objet de la philosophie, unité qui avait pu n'être pas la même aux différentes époques, mais dont je ne voulais pas douter, consacrée comme elle me semblait l'être par le consentement du sens commun et des noms spéciaux dans l'antiquité et dans les temps modernes.

Je me mis donc à parcourir rapidement l'histoire de la philosophie depuis sa première apparition en Grèce jusqu'à nos jours, notant ce qu'elle avait été d'abord et ce qu'elle était successivement devenue dans toutes les grandes époques où elle avait brillé jusqu'au dix-neuvième siècle. Et soit que cette revue eût été trop rapide, ou que, saisi dès l'abord d'une idée qui l'avait séduit, mon esprit préoccupé se fût laissé entraîner à ne plus voir dans les faits que les circonstances qui pouvait la confirmer, elle me conduisit à une première solution ingénieuse peut-être, mais qui ne pouvait et ne devait pas résister à un examen plus mûr et à des réflexions plus approfondies.

J'ai dit qu'en Grèce comme partout ailleurs l'esprit humain avait commencé par considérer le monde et toutes les énigmes qu'il présente comme un seul objet, et qu'il en avait fait le sujet d'une seule recherche, qui, dans son unité, ne pouvait être légitimement représentée que par un seul mot, celui de *science* (σοφια). Ce mot, appliqué à la recherche elle-même, entraînait celui de savants ou de sages, σοφοι, pour ceux qui s'en occupaient. Une tradition qu'on trouve partout raconte qu'un de ces sages, on ne s'accorde pas sur son nom, fit un jour observer à ses confrères qu'il y avait bien de l'orgueil, et, qui pis est, bien de l'impropriété dans ce nom qu'ils se donnaient. En effet, pour avoir le droit de s'appeler sages ou savants, il eût fallu posséder la sagesse ou la science, et ils ne les possédaient pas, seulement ils les cherchaient. Il les engagea donc à repousser cette dénomination, et à lui substituer celle beaucoup plus modeste et plus exacte d'amis de la science ou de la sagesse (φιλοσοφοι), et, donnant lui-même l'exemple, il prit le nom de philosophe, qui peu à peu prévalut et remplaça le terme primitif. Ceux qui cultivaient la science s'appelant philosophes, on s'accoutuma insensiblement à appeler philosophie la science elle-même. Et c'est là l'origine très probable, pour ne pas dire authentique, du mot.

Il suit donc de là que le mot de philosophie a désigné dans le principe cette recherche totale qui avait pour objet tous les objets confondus et non encore démêlés de la connaissance humaine, tous les objets des sciences qui sont nées depuis, et de toutes celles qui pourront se produire par la suite. A cette époque primitive, la philosophie embrassait donc dans son vaste sein toutes les sciences possibles. Son objet était alors l'objet total de la connaissance humaine.

Mais cette unité de la science ne pouvait durer ; il était inévitable que l'intelligence démêlât des parties dans cet objet total, qu'elle étudiât séparément ces parties démêlées, et qu'elle distinguât ces recherches isolées de ces recherches générales, comme elle avait distingué les objets spéciaux de ces recherches de l'objet total. En un mot, peu à peu des sciences particulières devaient se détacher de la science totale primitive comme un enfant du sein de sa mère, et prendre une existence et un nom qui leur fussent propres et qui les en distinguassent. L'histoire atteste que c'est ce qui arriva, et c'est ainsi qu'elle nous montre la naissance des sciences primitives.

Mais à quelle condition une science particulière pouvait-elle ainsi obtenir une existence propre et se détacher du sein de la science primitive ? A cette condition que son objet propre serait parfaitement distingué et dégagé par l'intelligence humaine de tous les autres, ce qui suppose une connaissance déjà assez grande de cet objet ; et à cette autre condition encore que sur cet objet un assez grand nombre de notions auraient été recueillies pour constituer une science commencée, une science qui méritât d'être.

C'est-à-dire que, pour qu'une science naquît, il fallait que son objet fût tiré de l'obscurité qui enveloppait l'objet confus de la science primitive, et fût mis en lumière par les efforts de l'intelligence.

Ainsi donc, à mesure que les sciences particulières se sont formées et multipliées, certains objets qui faisaient d'abord partie de l'objet total de la science primitive en ont été retranchés, ce qui a diminué de plus en plus l'objet de cette science primitive ; et, comme ils n'ont pu en être retranchés et tirés qu'à la condition d'être mieux connus, il s'ensuit que ceux qui ont continué d'en faire partie ont continué de rester obscurs ; en sorte qu'à toutes les époques la philosophie a eu pour objet la portion restée obscure de l'objet total de la connaissance humaine, et les sciences particulières la portion rendue claire par les efforts de l'intelligence humaine.

C'est ce qui explique la variabilité de l'objet de la philosophie ; il a varié et dû varier comme la connaissance elle-même, dont chaque progrès a pour effet nécessaire d'en réduire l'étude.

C'est ce qui explique pourquoi l'objet de la philosophie n'est point déterminé et reste vague. Comment serait-il possible de déterminer ce qui n'est pas encore démêlé? comment serait-il possible de circonscrire le champ des découvertes futures de l'intelligence humaine?

C'est ce qui explique pourquoi la philosophie est si peu avancée, pourquoi elle ne contient aucun système revêtu de vérité; si, dans un des objets quelconques encore contenus dans celui de la philosophie, un certain nombre de vérités venaient à être constatées, aussitôt cet objet deviendrait celui d'une science particulière, il cesserait de faire partie de la philosophie, et la situation de la philosophie resterait la même.

Il est donc de l'essence de la philosophie d'avoir un objet variable, d'avoir un objet indéterminé, et de ne présenter aucun ensemble de vérités certaines sur quoi que ce soit; et on comprend admirablement pourquoi.

Voyez toutes les sciences existantes, il n'en est pas une qui n'ait fait partie de la philosophie. Cherchez quel jour elle s'en est séparée et à quel titre, vous verrez que c'est le jour où elle a commencé à rencontrer la certitude, et parce qu'elle l'avait rencontrée. Voyez la physique, la chimie, l'astronomie : toutes ont fait partie de la philosophie; toutes n'en ont été définitivement émancipées que le jour où elles ont trouvé leur méthode. Cherchez les plus anciennes sciences, vous verrez que ce sont précisément celles qui ont possédé le plus tôt des certitudes; cherchez celles qui n'ont jamais pu s'en détacher, quoiqu'elles aient pris des noms; celles qui, après avoir essayé de vivre quelque temps à part, y sont retombées, vous trouverez que ce sont celles qui n'ont pas pu accoucher d'une méthode, aboutir à une méthode.

Et ce qui confirme admirablement ce système, c'est la nature même des sciences émancipées et de celles qui ne le sont pas. Les premières sont presque toutes des sciences d'observation extérieure, et les autres, celles du moins qui ont un nom dans la langue, des sciences dont l'objet n'est ni visible, ni tangible, ni concevable. C'est qu'il en devait être ainsi; c'est que l'attention humaine, se portant d'abord au dehors, devait créer plutôt la science des objets sensibles que la science des objets qui ne le sont pas.

Qu'est-ce donc que la philosophie? C'est la science de ce qui n'a pas encore pu devenir l'objet d'une science; c'est la science de toutes ces choses que l'intelligence n'a pas encore pu découvrir les moyens de connaître entièrement ; c'est le reste de la science primitive totale ; c'est la science de l'obscur, de l'indéterminé, de l'inconnu : car elle comprend des objets auxquels ces diverses épithètes conviennent, selon qu'on les entrevoit d'une manière plus ou moins vague ou qu'on ne les aperçoit pas du tout encore.

Où est donc l'unité de la philosophie? C'est une unité de couleur et de situation, et non point une unité réelle. Entre les objets de la philosophie il y a cela de commun qu'ils sont encore obscurs ou inconnus. Mais ces objets peuvent être de natures extrêmement diverses, et exiger, quand ils seront connus, qu'on consacre à leur étude une multitude de sciences parfaitement distinctes et complétement indépendantes.

La philosophie n'ayant point d'unité réelle, et son objet étant indéfini, il est donc ridicule de chercher cette unité, de s'efforcer de circonscrire cet objet. On poursuit, quand on le fait, une double chimère. On se laisse abuser par le mot, qui, étant un et toujours le même, fait croire qu'il représente une science ayant un objet un aussi et déterminé.

Que faut-il donc faire en philosophie ? Il faut continuer de faire avec connaissance de cause ce que l'esprit a fait jusqu'à présent sans s'en rendre compté ; il faut renoncer à la chimère d'une science dont la philosophie serait le nom et dont l'unité et l'objet seraient déterminables, et, comprenant enfin ce que c'est que cette prétendue science, s'efforcer de dégager du complexe obscur et indéfini qu'elle représente quelques nouveaux objets de connaissance ; puis, ces objets nettement séparés, déterminer des méthodes spéciales par lesquelles on peut arriver à les étudier avec sûreté et à les examiner avec certitude ; puis, ces méthodes trouvées, les appliquer, ou mettre ainsi au monde de nouvelles sciences particulières. Voilà le véritable mot de l'énigme de la philosophie, voilà les véritables conséquences théoriques, pratiques, qui en découlent.

Telle fut la solution à laquelle j'arrivai presque subitement au début de mes recherches sur l'objet de la philosophie. On comprendra peut-être, après avoir lu les pages précédentes, comment elle eut le pouvoir de me séduire et ce qu'elle pouvait présenter de spécieux à qui n'avait étudié que très superficiellement l'histoire de la philosophie. Indépendamment du mérite qu'elle avait de m'expliquer une foule de circonstances de la destinée et de l'état présent de la philosophie, elle flattait ma paresse en me délivrant tout à coup de rechercher l'objet de la philosophie, sa certitude, sa circonscription, son organisation et sa méthode. En déliant le nœud, elle brisait le faisceau redoutable que j'avais à rompre. Je n'avais plus affaire qu'à des recherches particulières et isolées, et j'avais appris par ma propre expérience qu'il y avait moyen, avec de la persévérance et en conduisant bien son esprit, de venir à bout de ces recherches, séparément entreprises. J'étais abusé sur ce point par la psychologie, celle de toutes dont je m'étais le plus occupé, et qui, par sa nature, n'en présupposant aucune autre, m'avait présenté une grande facilité à être traitée isolément. Je me voyais déjà passant d'une recherche à une autre, en constituant, chemin faisant, plusieurs sciences nouvelles. Les chutes de mes prédécesseurs en philosophie ne m'embarrassaient plus, ne m'inquiétaient plus. Les plus grands avaient diverti du véritable but une partie de leur temps et de leurs forces en poursuivant l'ensemble chimérique de la science ; les autres avaient échoué dans leurs recherches particulières, parce qu'après tout ce n'est pas une chose aisée que de créer une nouvelle science, et que, la plupart des objets restés enveloppés dans la philosophie n'étant pas saisissables aux sens, il y fallait un degré d'intensité d'attention peu commun, et une nouveauté de méthode dont peut-être ils ne s'étaient pas avisés. En un mot, je me trouvais très heureux et très soulagé par ma découverte, et ce bonheur ne fut pendant quelques semaines troublé par aucun nuage.

Mais des idées ne tardèrent pas à venir qui obscurcirent d'abord, et puis bientôt après dissipèrent entièrement ce beau rêve.

Et d'abord, bien que cette supposition flattât mon esprit et charmât mon imagination, je m'aperçus bientôt qu'au fond et en réalité ma raison lui opposait une sourde et involontaire résistance. Cette répugnance secrète, que je m'étais d'abord dissimulée, se fit sentir avec plus de force quand la fièvre de l'invention m'eut abandonné, et, voulant m'en rendre compte, je ne tardai pas à en démêler le motif. L'explication qu'elle me donnait de la philosophie rendait compte, il est vrai, de l'état présent de cette science et des principales circonstances de son histoire ; mais il était un fait plus important que tous ceux-là, un fait dont j'avais conscience, avec lequel elle ne s'accordait nullement ; ce fait, c'était l'idée que j'avais toujours attachée, et que, malgré mon hypothèse, je continuais d'attacher involontairement au mot de philosophie. Il m'avait toujours paru qu'en appelant philosophiques certaines questions, j'entendais désigner par là un certain caractère spécial à ces questions, commun à toutes, que mon esprit ne pouvait, il est vrai, démêler d'une manière bien nette, mais de l'existence duquel il ne doutait pas, et qu'il entrevoyait confusément. Si mon hypothèse eût véritablement surpris et démêlé ce caractère, il est certain que mon esprit l'eût reconnu, et qu'en le reconnaissant, mon hypothèse eût obtenu de lui un assentiment complet et immédiat. C'est ce qui ne manque jamais d'arriver quand l'intelligence vient à déterminer clairement une idée dont elle n'avait auparavant que le sentiment; ce qu'on appelle le bon sens, et qui n'est autre chose que la vue confuse de la vérité, voyant apparaître clairement ce qu'il ne faisait jusque là qu'entrevoir, saisit immédiatement la justesse de l'idée claire et l'accepte sans balancer. Mais, loin d'accorder à mon hypothèse cet assentiment; je trouvais au contraire que mon esprit ne pouvait consentir à l'admettre. Il avait beau chercher à s'y plier, il ne pouvait reconnaître dans le sens qu'elle imposait au mot *philosophie* l'acception confuse dans laquelle il avait toujours pris ce mot et l'avait toujours appliqué. En un mot l'idée qu'elle mettait sous le mot *philosophie* ne rendait point, ne traduisait pas la sienne; il y a plus, je trouvais, en m'interrogeant bien, qu'elle lui était incompatible: car ce caractère commun entre toutes les recherches philosophiques était, selon l'hypothèse, l'état peu avancé de ces recherches, ce qui n'impliquait rien de commun entre les objets mêmes de ces recherches; tandis que le caractère commun entrevu par mon esprit, et impliqué dans l'acception confuse qu'il donnait au mot, appartenait aux objets eux-mêmes et établissait entre eux une similitude de nature. Et c'était surtout parce que mon hypothèse niait cette similitude de nature entre tous les objets de la philosophie, et brisait par conséquent l'unité de cette science, que je sentais que mon esprit se révoltait contre elle et ne pouvait en aucune manière et malgré sa bonne volonté l'accepter.

Cette opposition de mon bon sens, qui à elle seule était terrible contre mon hypothèse, me conduisit à en remarquer une autre beaucoup plus décisive, ce qui acheva de m'éclairer. Cette acception contraire à mon hypothèse que j'avais toujours donnée, et que malgré moi mon esprit s'obstinait à attacher au mot philosophie, ce n'était pas moi qui la lui avais donnée. Elle était dans la langue, et je l'avais apprise en apprenant la langue : elle exprimait donc infiniment plus que mon sentiment particulier, elle exprimait le sentiment universel. Le sentiment universel croyait donc à une similitude de nature entre tous les objets embrassés par la philosophie; il se refusait donc à ne voir dans la philosophie qu'une collection de sciences indépendantes encore à créer; en un mot il admettait l'unité de la philosophie, et mon hypothèse la brisait. Et comment concevoir, si mon hypothèse eût représenté la vérité, si elle eût surpris et traduit fidèlement la différence réelle entre ce qui est philosophique ou ne l'est pas, que nulle part et jamais l'esprit humain n'eût entrevu cette différence, la seule qui fût vraie, la seule qui existât, et que partout et toujours il en eût suivi une autre tout à fait chimérique et dépourvue de réalité? Réfléchissant sur la possibilité d'une pareille aberration, il me parut que je ne pouvais en aucune façon l'admettre, et je compris que, malgré les beaux côtés par lesquels elle m'avait séduit, mon hypothèse n'était, selon toutes les apparences, qu'une décevante illusion.

Ce qui me confirma encore, s'il est possible, dans cette opinion, ce fut le souvenir qui me revint des résultats auxquels j'étais moi-même arrivé en m'occupant de philosophie. En effet, j'avais étudié de près trois des sciences qu'elle embrasse, la psychologie, la logique et la morale; j'avais déterminé l'objet de ces trois sciences, j'en avais approfondi la méthode, et je pouvais en raisonner en connaissance de cause. Or que résultait-il pour moi de cette étude? S'ensuivait-il que la psychologie, la logique, la morale, fussent des sciences isolées qui n'eussent de commun entre elles que de ne point encore marcher dans des voies régulières et assurées ? Tout au contraire je les avais trouvées très étroitement liées ; à telles enseignes qu'en approfondissant la question logique et la question morale, qu'en me demandant de quelle manière et à quelles conditions elles pouvaient être résolues, j'avais vu d'une manière nette qu'elles ne pouvaient l'être que par les données de la psychologie, et à la condition de l'exactitude de ces données. Loin donc d'avoir senti, en sortant de cette dernière science et en entrant dans les deux autres, que ce que j'allais faire n'avait rien de commun avec ce que j'avais fait, j'avais éprouvé au contraire que sans ce que j'avais fait il m'eût été impossible d'accomplir ce qui me restait à faire. En un mot, au lieu de trouver indépendantes, comme le voulait mon hypothèse, les trois seules sciences philosophiques que j'eusse étudiées, je les trouvais liées entre elles comme le voulait mon instinct, comme l'entrevoyait et l'affirmait l'opinion commune ; n'avais-je donc pas toutes les raisons du monde de croire que, si ce double sentiment se trouvait ainsi confirmé dans ces trois sciences philosophiques, il l'était aussi et devait l'être dans toutes les autres, et que, comme celles-là, toutes les autres aussi étaient dépendantes, unies, liées ? Et si toutes l'étaient, que devenait mon explication ?

J'avoue qu'il m'en coûta beaucoup de voir

ainsi des nuages s'élever autour de ce flambeau que j'avais allumé et dont la clarté m'avait semblé d'abord si triomphante, et je compris bien en ce moment tout le pouvoir de fascination qu'une hypothèse spécieuse peut exercer sur les plus grands génies. Mais il m'importait trop d'arriver à une idée vraie de la philosophie pour que je reculasse devant le résultat de mes réflexions; et puisqu'elles m'avaient rendu douteuse celle que je m'étais formée, je résolus de la bannir autant que possible de mon esprit, et de me remettre à examiner de nouveau et plus profondément la question.

Toutes mes idées, un moment détachées de la supposition que la philosophie ne formait qu'une seule science, se trouvaient maintenant rappelées avec plus de force à cette supposition par les réflexions que j'avais faites. En effet, j'avais approfondi l'inclination qui m'y avait naturellement et primitivement entraîné, et je l'avais trouvée déterminée en moi et dans le sens commun de tous les hommes par des motifs qui lui donnaient une grande autorité. Il me semblait impossible que mon intelligence se trompât, que celle de tous tous les hommes s'abusât en croyant apercevoir entre tous les objets de la philosophie une nature commune, qui les assimilait et les liait en un seul système, et jetait entre toutes les recherches

12

qui s'y rapportent une dépendance correspondante. Tout dépendait de déterminer le caractère, la circonstance qui constituait cette nature commune: car, une fois démêlé, le lien de toutes les recherches philosophiques, l'unité toujours suivie et jamais connue de la philosophie, son véritable objet, sa véritable nature, si attestée par le sens commun et pourtant si cachée, tout le secret de la pensée humaine sur cette science, toute l'énigme du nom par lequel elle se désigne, tout cela se trouvait dévoilé, mis à jour et clairement compris. C'était donc vers ce but que je devais de nouveau diriger toutes les forces de mon attention, et sur les moyens à prendre pour l'atteindre qu'après avoir échoué en interrogeant l'histoire, je devais encore une fois ramener mes réflexions.

Ces réflexions, que je n'ajournai pas, me conduisirent presque immédiatement à quelques idées, qui me mirent définitivement dans la bonne route pour résoudre le problème.

Parmi les raisons qui venaient de me déterminer à renoncer à une première hypothèse sur la question se trouvait, comme je l'ai dit, la dépendance que j'avais rencontrée entre les trois seules sciences philosophiques que j'eusse étudiées. Il y avait donc déjà trois sciences philosophiques de la liaison desquelles j'étais assuré, et, qui plus est, de la liaison desquelles j'avais une idée précise. Comment s'était dévoilée en moi d'une manière claire cette dépendance que je ne faisais que sentir, qu'entrevoir confusément, entre toutes les autres branches de la philosophie? J'avais évidemment dû de la voir clairement à l'idée nette que j'avais acquise et du véritable objet de chacune de ces sciences, et de la véritable méthode à suivre pour en résoudre les problèmes, car la dépendance que j'avais découverte était celle-ci : la solution de la question morale et celle de la question logique présupposent la solution de la question psychologique; et, cette dépendance, il m'eût été impossible de l'apercevoir avec cette certitude et cette netteté, si je ne m'étais pas préalablement rendu un compte net et de la nature de chacune de ces questions, et des moyens indiqués par leur nature même pour les résoudre. C'était donc de la nature même de ces questions, bien comprise, et de la méthode révélée par leur nature pour les résoudre, clairement comprise aussi, qu'était sortie pour moi la vue nette et du lien qui les unissait et de la nature de ce lien. Or, cette route qui m'avait conduit à la lumière sur ces trois questions, qu'avais-je de mieux à faire que de la suivre pour y arriver également sur toutes les questions philosophiques. L'expérience n'indiquait-elle pas assez qu'elle était sûre et qu'elle me guiderait infailliblement à mon but.

Non seulement l'expérience me le révélait, mais le raisonnement me le démontrait d'une manière évidente. En effet, comment juger avec certitude des rapports qui peuvent exister entre deux choses, si on ne se fait pas une idée nette de ce que sont ces deux choses? Le rapport résulte de la nature des deux termes entre lesquels il existe : il faut donc commencer par la connaissance des deux termes si on veut s'élever à celle du rapport. D'un autre côté, de quelle manière deux questions peuvent-elles être liées? Elles ne peuvent l'être que de deux façons : ou parce que les choses qui en sont le sujet sont de même nature ou les parties distinctes d'un même tout, et alors le lien est dans l'objet; ou parce qu'on ne peut résoudre l'une sans avoir résolu l'autre préalablement, et alors le lien est dans la méthode. Il n'y a pas une troisième dépendance imaginable entre deux questions. Or comment savoir si ces dépendances existent ou n'existent pas? Comment savoir si elles existent toutes deux, ou seulement l'une des deux? Evidemment on ne le peut qu'après avoir déterminé l'objet de chacune et la méthode de chacune, et on le saura d'autant plus clairement et d'autant plus certainement que cette double détermination aura été plus nettement et plus consciencieusement faite. La double détermination de l'objet et de la méthode des différentes recherches philosophiques est donc la seule bonne voie à prendre, la seule certaine pour arriver à s'assurer de deux choses : premièrement s'il existe entre elles une dépendance, secondement quelle est la nature de cette dépendance.

Ce fut donc à cette méthode que je m'arrêtai ; et elle me plaisait d'autant plus, que, si par hasard, quelque désespérée que me parût ma première hypothèse, elle se trouvait cependant avoir quelque chose de vrai, cette méthode le ferait nécessairement apparaître. Elle embrassait donc et promettait de résoudre à la fois tous mes doutes; elle ne laissait aucune chance à la vérité, quelle qu'elle fût, de m'échapper ; elle n'avait qu'un inconvénient à mes yeux, c'était d'effrayer ma paresse : car il ne s'agissait de rien moins que de passer en revue toutes les questions dites philosophiques, et de les approfondir assez pour me faire une idée claire et de leur véritable objet et de leur véritable méthode; ce qui était une entreprise immense, et peut-être au dessus de mes forces. Mais qu'avais-je de mieux à faire de ma vie et de mon temps ? N'était-ce pas à mon projet que j'avais résolu de consacrer entièrement l'une et l'autre, et le problème que cette effrayante recherche pouvait seule résoudre n'était-il pas, pour l'exécution de ce projet, le premier à résoudre, celui sans l'éclaircissement duquel je n'avais rien à espérer? Je ne pouvais donc hésiter, et, quelque grande que fût la tâche, je l'acceptai.

Je dois dire cependant qu'il y avait deux choses qui me rassuraient et qui rendaient ma détermination moins héroïque. Plus qu'à moitié convaincu que la philosophie était une, je ne doutais pas que, si je découvrais une fois d'une manière certaine la dépendance qui existait entre quelques unes des questions qu'elle embrasse, cette dépendance ne fût très probablement celle-là même qui les unissait toutes. J'espérais donc rencontrer une assez grande facilité à saisir cette dépendance entre le plus grand nombre des sciences philosophiques quand une fois j'aurais constaté d'une manière bien précise et bien certaine celle qui existait entre quelques unes. D'un autre côté, je croyais avoir déjà constaté avec assez de certitude celle qui rattachait la morale et la logique à la psychologie pour espérer qu'un nouvel examen les confirmerait. Que s'il en était ainsi, non seulement la partie la plus difficile de ma tâche se trouverait ainsi accomplie, mais j'avais la chance de posséder déjà le lien universel qui unissait toutes les recherches philosophiques : car, s'il y avait cette dépendance entre la logique, la morale et la psychologie, que les deux premières questions trouvaient les éléments de leur solution dans la troisième, peut-être en était-il de toutes les autres questions philosophiques comme de ces deux premières, peut-être toutes venaient-elles se résoudre, comme elles, dans quelques lois psychologiques de la nature humaine, peut-être la philosophie tout entière n'était-elle qu'un seul arbre dont la psychologie était le tronc et toutes les autres recherches les rameaux. Et ce qui me confirmait dans cette espérance, c'est que je me souvenais qu'en observant les phénomènes de la nature humaine, et en constatant ses lois, j'en avais vu fréquemment sortir comme d'elles-mêmes, et sans que je les cherchasse, des inductions lumineuses sur différents problèmes philosophiques. Je savais que mon maître avait aussi rencontré la même vue, qui lui avait été suggérée probablement par les mêmes observations et par le commencement d'expérience qu'il avait acquise, comme moi, en approfondissant quelques unes des questions de la science, et la haute confiance que j'avais pour ses lumières ajoutait encore à l'assurance que nous inspire toujours en nos propres idées le consentement qu'un autre esprit leur accorde.

C'est ainsi que, malgré moi, mon esprit se livrait à ces anticipations dont on ne peut pas se défendre dans la recherche de la vérité, à ces anticipations mères des systèmes, et pour cela si dangereuses. Ce danger, je ne me le dissimulais pas, et, après avoir fait de vains efforts pour retenir mon esprit et l'empêcher de s'échapper ainsi en avant, et de se complaire dans ces vues téméraires, je résolus de n'en mettre que plus de sévérité dans la revue que j'allais entreprendre, et, pour me persuader davantage combien cette sévérité était indispensable, je ne négligeai rien pour me mettre devant les yeux toutes les chances que couraient d'être fausses mes anticipations.

Je me figurai donc d'abord que mes premières recherches rapidement faites sur la psychologie, la logique et la morale, pouvaient ne m'avoir pas montré tous les rapports qui les unissaient, ni même le plus fondamental de ces rapports, et qu'ainsi à ce premier titre je courais grand risque de m'abuser en considérant celui que j'avais vu comme constituant l'unité de la philosophie. Mais, en supposant même que j'eusse bien saisi la vraie dépendance de ces trois problèmes, qu'est-ce qui m'assurait que ces trois problèmes ne formaient pas un groupe uni par un autre rapport aux autres branches de la philosophie, dont l'unité serait alors constituée par ce rapport. Ne pouvait-il pas se faire en effet que, la philosophie étant une, cette unité résultât d'une relation en tre divers systèmes distincts de questions formés eux-mêmes par des relations secondaires ; et cette seule hypothèse très possible que semblait revêtir de quelque probabilité la nature très éloignée en apparence de plusieurs questions philosophiques, ne suffisait-elle pas pour renverser et détruire toutes mes anticipations. Ne se pouvait-il pas aussi que, sans être constituée d'une manière aussi extérieure que je l'avais d'abord supposée, l'unité de la philosophie ne fût point intrinsèque, mais reposât sur une circonstance d'une autre nature que celle que j'avais rêvée, quoique également extérieure, et qui pouvait à la rigueur être telle qu'elle expliquât le sentiment universel, sans rentrer dans aucune des suppositions que j'avais faites. Ne se pouvait-il pas enfin à toute force, et malgré le sentiment universel, que l'unité de la philosophie fût une chimère, et le sentiment universel une de ces illusions long-temps générales que les découvertes de la science finissent un jour par dissiper.

C'est ainsi que je cherchais, en poussant même mes suppositions jusqu'à l'absurde, à m'armer contre ces idées *a priori* qui s'étaient élevées en moi malgré moi, et dont je craignais l'influence. Mais, tout en prenant ces précautions, je comprenais que la meilleure de toutes était de procéder avec toute la sévérité qui était en moi au travail que je m'étais prescrit sur chacune des questions philosophiques. Je résolus donc d'y mettre tout le temps et toute l'attention possibles, et, quelle que pût être l'uniformité des premiers résultats auxquels je parviendrais, de ne point croire que j'avais rencontré la véritable unité de la philosophie tant que je ne serais par arrivé au terme de ma revue.

Cependant je sentis que je ne devais point m'exagérer la nécessité que cette revue fût complète. Il était possible que, quelque soin que je misse à la rechercher, plusieurs questions philosophiques m'échappassent; mais il était difficile, pour ne pas dire impossible, que, du nombre de celles-là, s'en trouvât une qui fût véritablement principale. Toutes les grandes questions, toutes celles qui intéressent véritablement l'humanité, ayant été posées et agitées depuis des siècles, je devais nécessairement m'en aviser ou les retrouver. Or il était certainement suffisant à mon but que j'examinasse celle-là : car, si je trouvais la dépendance de ces questions, il était évident que j'aurais trouvé l'unité vraie de la philosophie, et si je découvrais au contraire qu'aucun lien n'unissait quelques uns de ces grands problèmes, il le devenait également que la philosophie n'était pas une. Je résolus donc de ne point porter le scrupule trop loin, et bornai d'abord mes recherches aux grandes branches de la philosophie, sauf à descendre ensuite aux rameaux à mesure qu'ils se présenteraient.

Ce fut ainsi qu'après avoir combiné mon plan je m'engageai dans son exécution. Plusieurs mois avaient été employés à me conduire jusque là. Le reste des deux années que je passai dans ma famille, fut consacré aux recherches que je m'étais prescrites et aux conséquences qui, une fois mon résultat atteint et la solution du problème trouvé, en découlèrent aussitôt, sur toutes les autres difficultés préalables que je m'étais posées, et dont j'ai plus haut donné l'énumération au lecteur. Je puis dire que j'eus, dans ces deux années, la vue première de la solution de toutes ces difficultés, et de toutes les opinions qui, mieux déterminées et mieux liées depuis, ont composé et composent encore aujourd'hui mon système général sur ces points préalables. Mais ce n'était qu'une ébauche que tous mes efforts pour retenir mon intelligence ne purent l'empêcher de jeter d'abord dans son ensemble, et dont toutes les parties ne furent achevées et complétement approfondies et déterminées que dans les années suivantes. Une circonstance fâcheuse me permit de me livrer pendant six années presque entières à ce perfectionnement de mes idées, comme une autre circonstance fâcheuse m'avait donné le temps de les créer. L'École normale ayant été supprimée, et ayant renoncé à la chaire de Bourbon, je me trouvai parfaitement libre de donner à mes études la direction qui pouvait le mieux me convenir. J'ouvris alors dans ma chambre des cours particuliers que je continuai jusqu'en....., et auxquels assistaient un petit nombre d'esprits distingués. Dans les six ans qu'ils durèrent, je donnai successivement pour objet à mon enseignement chacune des principales sciences dont se compose la philosophie; de la sorte la psychologie, la morale, la logique, le droit naturel et politique, l'æsthétique, la philosophie de l'histoire, la religion naturelle, repassèrent en détail sous les yeux de mon esprit, qui put les approfondir à loisir et y trouver la confirmation ou le démenti certain des résultats auxquels une première revue de ces mêmes sciences l'avait conduit. Ces résultats furent tous confirmés, en même temps que déterminés avec plus de précision. Ce ne fut qu'alors que je pensai pouvoir m'y fier sans autre réserve que celle qu'impose à tout esprit le sentiment de sa faillibilité et des bornes de l'intelligence humaine. Ainsi s'acheva la longue entreprise que j'avais formée; et quand vinrent pour le professeur des jours plus heureux, le philosophe était orienté dans sa science, et l'homme dont la foi avait été ébranlée voyait clairement la route à suivre pour retrouver la solution perdue du problème, et tout en cherchant cette route avait déjà rencontré bien des convictions qui lui avaient rendu sinon tout son premier bonheur, du moins le calme de l'esprit et le repos du cœur.

Je vais maintenant donner à mes lecteurs, de la manière la plus rapide et la plus claire possible, les résultats généraux auxquels me conduisirent toutes ces méditations sur l'objet de la philosophie et les autres difficultés que j'ai posées. On verra que sur le premier point, et le plus difficile, la solution que j'avais anticipée a été précisément celle à laquelle je me suis arrêté. Seulement, pour conserver à cette exposition l'intérêt qui a pu s'attacher aux choses qui précèdent, je suivrai l'ordre d'invention, c'est-à-dire celui dans lequel ces idées se sont présentées successivement à mon esprit, indiquant, autant que possible, les circonstances qui mes les ont suggérées. C'est donc la suite de mon histoire qu'on va lire, à cela près que mes résultats n'eurent pas immédiatement la précision que je chercherai à leur donner.

𝔗𝔯𝔬𝔦𝔰𝔦è𝔪𝔢 𝔭𝔞𝔯𝔱𝔦𝔢. [1]

REVUE DES SCIENCES PHILOSOPHIQUES.

Au début de la revue que j'entreprenais de faire de toutes les sciences philosophiques pour déterminer et l'objet et la méthode de chacune, il était naturel, et, par les raisons que j'ai dites plus haut, important et utile aussi, de commencer par celles dont je m'étais occupé, afin de soumettre à un nouvel examen les idées que je m'en étais faites. Ce fut donc la psychologie qui devint le premier sujet de mes méditations.

---

(1) Dans son *Introduction*, M. Jouffroy n'annonce que deux parties; il semblerait par conséquent que le mémoire dût finir avec la deuxième; cependant les derniers mots indiquent qu'il n'est pas terminé; aussi quand en faisant la revue des papiers de mon ami j'ai trouvé ce fragment avec ce titre : *Troisième partie*, et cette note : Bon à imprimer, je n'ai pas hésité à le joindre au mémoire.

I. — PSYCHOLOGIE.

Une remarque me frappa d'abord : c'est que plusieurs sciences s'occupaient de la nature de l'homme, et que parmi ces sciences une seule, et c'était la psychologie, avait été classée par l'usage au nombre des sciences philosophiques ; toutes les autres, comme l'anatomie, la physiologie, la nosologie, s'en trouvaient exclues. Ce qu'avaient de commun toutes ces dernières, c'était de s'occuper du corps ; ce qu'avait de spécial la psychologie, c'était d'avoir l'âme pour objet. Il suivait donc de là qu'au jugement du sens commun, la partie de la sience de l'homme qui se rapportait à l'une était philosophique, et que la partie de cette même science qui se rapportait au corps ne l'était pas. Mais pourquoi jugeait-il ainsi? Il aurait fallu, pour répondre à cette question, savoir ce que je cherchais, c'est-à-dire ce que c'était que la philosophie. Je vis donc que je devais me contenter pour le moment de constater la distinction, et me borner à bien délimiter dans l'homme l'objet de la seule des sciences consacrées à la connaissance de sa nature qui fût philosophique, c'est-à-dire de la psychologie.

Cet objet, le sens commun l'appelle *âme*, et le distingue d'un autre qu'il appelle *corps ;* et il considère ces deux objets comme les éléments d'un être composé qu'il appelle l'homme. Le sens commun ne va guère plus loin : car cette distinction dont il a le sentiment, il ne saurait ni l'établir d'une manière précise, ni la justifier par des raisons démonstratives; toutefois, puisque nous la trouvons en lui, il faut bien qu'elle ait sa raison ou tout au moins son prétexte dans la nature de l'homme, d'autant mieux qu'après avoir été proclamée par le sens commun, la science l'a acceptée. Non seulement donc il y a bien certainement dans l'homme deux choses qui correspondent à ces deux mots de la langue, *âme* et *corps*, mais encore il y a bien certainement entre ces deux choses une différence quelconque. Quelles sont ces deux choses et en quoi consiste spécialement la première, c'était là ce qu'il s'agissait de démêler d'une manière nette, pour déterminer d'une manière nette aussi l'objet de la psychologie.

Or, en cherchant de quoi se compose cet être qu'on appelle l'homme, on y découvre du premier coup d'œil deux choses: d'une part un certain nombre de molécules matérielles dont l'agrégation sous une certaine forme constitue ce corps que nous voyons, et de l'autre une certaine force cachée qui anime et fait durer cette agrégation, en d'autres termes la matière et la vie. La mort, en les isolant, démontre l'existence de ces deux éléments: car, l'homme mort, la matière reste, mais la vie a disparu. La mort fait davantage, elle montre quel est le rôle de chacun de ces éléments : car, aussitôt que la vie s'est évanouie, les molécules corporelles retombent sous l'action des lois générales de la matière et leur agrégation se dissout; elles obéissaient donc auparavant à une autre force, à celle de la vie, qui avait la puissance de les soustraire à leurs propres lois pour les soumettre à la sienne; le corps, ou l'agrégation matérielle, n'est donc qu'un effet de la vie; la vie est donc dans l'homme l'élément constitutif, et non la matière. Ce qui confirme cette vérité, c'est la manière dont se forme l'agrégation. Depuis l'apparition des premiers linéaments dans le fœtus jusqu'à son développement, tous les phénomènes témoignent de l'existence d'une force qui s'assimile peu à peu un certain nombre de molécules matérielles, et les organise selon ses lois propres. C'est donc cette force qui constitue l'homme, puisque c'est elle qui le fait. Mais ce qui achève de le démontrer, c'est que la matière agrégée est sans cesse renouvelée. A chaque instant, des molécules s'en vont, et sont remplacées par d'autres qui arrivent, la matière ne fait donc que passer dans l'homme et le traverser; elle n'est donc pas ce qui constitue l'homme, qui est permanent. Un dernier fait qui s'accorde parfaitement avec ce résultat et le confirme, c'est que nous nous sentons tous une *cause* qui produit incessamment des effets et qui reste *identique* à elle-même pendant toute la durée de la vie. Tout concourt donc à démontrer que des deux éléments que l'observateur découvre dans l'homme, la matière et la vie, c'est ce dernier qui est l'élément constitutif et celui par conséquent dans lequel l'homme réside et dans lequel il faut le chercher.

Reste à savoir en quoi consiste ce principe de la vie en qui l'homme réside, et si c'est une force simple ou multiple. Pour pénétrer le mystère de la nature de l'homme, et par conséquent le secret de la dualité entrevue par le sens commun dans cette nature, il faut aller jusque là.

S'il en était du principe de la vie comme des autres causes qui animent la nature, et que nous ne pussions le connaître que par ses effets, il nous serait impossible de résoudre cette double question. En effet, nous ne savons rien de la nature de ces causes, et tout ce que nous disons de leur nombre est purement hypothétique, et nous avons l'habitude de supposer à une même cause les phénomènes semblables que nous observons, et à des causes distinctes les phénomènes différents. Mais cette double supposition n'a rien de certain; des phénomènes semblables peuvent suivre de plusieurs causes, des phénomènes différents d'une seule. Il serait possible même que tous les phénomènes de la nature fussent immédiatement produits par Dieu, et dérivassent ainsi d'une seule cause. Le même doute planerait sur les causes des phénomènes de la vie, si nous ne connaissions d'elles que la vie qui en émane; nous ignorerions complétement leur nature, et, loin de pouvoir décider si ces causes sont diverses ou se réduisent à une seule, nous serions hors d'état de savoir même si la vie n'est pas un effet immédiat de la cause divine, et si ce n'est pas Dieu qui en produit directement les phénomènes.

Mais l'observation assure qu'il n'en est pas ainsi, et que parmi les causes qui agissent dans l'homme il en est une au moins que nous saisissons en elle-même. La comparaison de ce qui se passe en nous quand certains phénomènes de la vie s'y produisent, et de ce qui s'y passe à la vue d'un phénomène extérieur, suffit pour le prouver. Une pierre tombe, voilà un phénomène extérieur; ce phénomène a une cause, voilà la conclusion que tire notre intelligence : quelle est cette cause? on l'ignore, et ce n'est que par hypothèse qu'on la distingue, sous le nom de gravitation, de toute autre. Je me souviens, voilà un autre phénomène, et ce phénomène a une cause, sans nul doute : quelle est cette cause? je réponds *moi*. Mais que signifie ce mot? n'est-il, comme celui de *gravitation*, qu'un nom par lequel je représente la cause inconnue d'un fait connu? Loin de là: car, au moment ou le phénomène s'est produit, j'ai eu conscience de la cause qui le produisait et de l'opération par laquelle il se produisait; car avant ce phénomène j'avais déjà conscience de ma cause, et après son accomplissement je continue à la sentir et à sentir en elle la puissance de la produire de nouveau. Ainsi, au lieu que dans tous les autres cas je ne connais que l'effet et suppose la cause, en voici un dans lequel je saisis et l'effet et la cause, et l'opération par laquelle la cause produit l'effet. La cause que j'appelle *moi* et qui produit le phénomène de la vie que j'appelle *souvenir* ne m'échappe donc pas comme toutes les autres causes. Je ne la conclus pas, je l'atteins; je ne la suppose pas, elle est, et je la connais.

La raison pour laquelle cette cause échappe ainsi à la loi commune qui me dérobe toutes les autres est révélée par le nom même que je lui donne. En effet, je l'appelle *moi*, c'est-à-dire que je me reconnais dans cette cause, c'est-à-dire qu'elle est moi et que je suis elle. Or, si elle est moi, comment m'échapperait-elle? il faudrait pour cela que je ne fusse pas intelligent, ou que, l'étant, je n'eusse pas conscience de moi-même, ce qui est impossible. On voit donc pourquoi j'atteins cette cause, et il n'est pas moins facile de démêler pourquoi je n'en atteins aucune autre. En effet, excepté moi, je ne connais rien que par l'intermédiaire des sens; or rien n'est perceptible aux sens que ce qui est matériel, et les causes ne le sont pas; qu'on essaie de se représenter une cause sans quelqu'une des qualités de la matière, et on en sera convaincu. Ce qui arrive doit donc arriver. Il est tout simple que j'atteigne la cause qui est moi; il est impossible que j'en atteigne aucune autre.

Nous n'en sommes donc pas réduits à de pures hypothèses sur le principe des phénomènes de la vie. Au delà de ces phénomènes, nous saisissons une cause d'où plusieurs de ces phénomènes suivent; reste à savoir si tous en suivent, c'est-à-dire si la cause qui est nous est le principe unique de la vie, ou si la vie en a plusieurs.

La manière même dont la cause *moi* se connaît offre un moyen simple de résoudre la question. En effet, elle a conscience d'elle-même; elle doit donc avoir conscience de tout ce qu'elle fait; aucun de ces actes ne peut lui échapper; c'est donc à elle de dire si parmi les phénomènes de la vie il y en a dont elle ne se sente pas le principe, ou si elle les sent tous émaner d'elle. Or le moi répond qu'il se sent distinctement la cause de plusieurs phénomènes de la vie, de la pensée, de la volition, du souvenir par exemple, mais qu'il en est d'autres, comme la circulation du sang, la sécrétion de la bile, la digestion, à la production desquels il se sent absolument étranger, et qui arrivent non seulement sans qu'il ait la conscience de les engendrer, mais sans qu'il en ait la moindre connaissance et soit même averti qu'ils se produisent. Cette réponse tranche la question, car il ne peut se faire que ces derniers phénomènes émanent de moi, et, s'ils n'en émanent pas, ils dérivent d'autres causes. Donc il y a dans ce que l'on appelle l'homme deux sources distinctes des phénomènes de la vie; moi d'abord, qui me sens le principe d'un certain nombre de ces phénomènes, et une autre force simple ou multiple que je ne connais pas, qui ne peut être Dieu, et dont émane le reste de ces phénomènes. La conscience est le moyen de distinguer ces deux classes de phénomènes : elle atteint ceux qui viennent de moi, parce qu'ils en viennent ; elle n'atteint pas les autres parce qu'ils n'en viennent pas, nous ne connaissons ceux-ci que par les sens, comme les phénomènes extérieurs.

La dualité de la matière et de la vie, que l'observation la plus superficielle saisit d'abord dans l'homme, n'est donc pas la seule qu'il présente ; une autre plus profonde s'y découvre dans les principes mêmes de la vie. Dans la seconde de ces deux dualités, on pourrait considérer l'homme comme une chose simple : car l'agrégation matérielle n'est qu'une sorte de vêtement que le principe vivant se compose et dont il s'enveloppe. Mais l'existence démontrée des deux principes vivants dans ce qu'on appelle l'homme en fait une chose complexe. Je ne puis être à la fois plusieurs causes ; la cause que je suis est certainement celle dont j'ai conscience, dans laquelle je me reconnais, et que pour cela j'appelle *moi*. Si donc il y a dans ce qu'on appelle l'homme une autre cause, il y a dans l'homme autre chose que moi, un principe vivant distinct du principe vivant que je suis. Or l'existence de cet autre principe y est démontrée par une foule de phénomènes que je ne sens pas émaner de moi, sur la production desquels je n'ai aucune influence, qui arrivent dans l'homme sans que je le sache, dont je puis mourir sans avoir la moindre notion, et que je ne parviens à connaître qu'à l'aide du scalpel et de la loupe, comme ceux qui se produisent dans le corps des chiens ou des poissons. Nous sommes donc deux dans l'homme, moi et ce principe inconnu, associés, dépendants peut-être, mais différents. En d'autres termes, il y a dans ce qu'on appelle l'homme la personne humaine, l'homme véritable, plus un autre principe qui ne s'y révèle que par son action, et que nous n'atteignons pas plus en lui-même qu'aucune autre des causes qui animent le monde. La dualité est donc incontestable; reste à savoir quel en est le sens, c'est-à-dire ce que fait dans l'homme cet autre principe que j'y trouve à côté de moi, et comment ce qu'il y fait se concilie avec ce que j'y fais, et tout à la fois s'en distingue. Or c'est ce qu'il est possible de découvrir en examinant les fonctions que remplissent dans l'homme les phénomènes qui émanent de ce principe, et en les rapprochant de celles des phénomènes qui me sont propres.

Si l'on sépare en effet, à l'aide du criterium de la conscience, les phénomènes de la vie en deux classes, ceux que le principe qui est moi produit ou éprouve, et ceux qu'on est obligé de rapporter à cet autre principe, on trouve que ces derniers constituent à eux seuls toutes les opérations par lesquels cette agrégation organisée de molécules matérielles qu'on appelle le corps est créée, conservée et reproduite, et qu'aucune de ces opérations ne vient se résoudre dans aucun des phénomènes dont nous avons conscience, c'est-à-dire dont le moi est le principe ou le sujet.

Il résulte de ce fait deux conséquences : la première, que les phénomènes qui, dans l'homme, sont étrangers au moi, composent à eux seuls la vie du corps, cette vie qu'on appelle vie physique ou animale, et que le principe mystérieux d'où ils émanent est le principe même qui fait vivre et conserve le corps, et qu'on nomme ordinairement dans la langue *force vitale* ou *animale*; la seconde, que les phénomènes qui, dans l'homme, appartiennent au moi, étant étrangers à la vie du corps, ont une autre fin, et composent une autre vie, qui peut être liée avec la vie physique et animale, mais qui en est distincte, et va à un autre but.

Si on cherche en effet quelle est la nature et la fin des phénomènes dont le moi serait le principe ou le sujet, on s'aperçoit, d'une part, qu'ils composent principalement cette vie qu'on appelle la vie intellectuelle et morale, et que personne ne confond avec la vie animale ou physique, et l'on reconnaît de l'autre que la fin à laquelle ils vont est la fin même de la personne humaine ou du moi, c'est-à-dire du principe d'où ils émanent. Ainsi, tandis que la digestion, la circulation du sang, et tous les autres phénomènes qui, dans l'homme, me sont étrangers, ont pour fin évidente et unique le bien du corps, il est clair que dans la vie intellectuelle et morale tout aspire, tout converge vers un même but, qui est le bien du moi, tel qu'il résulte de la nature et des tendances de ce principe. La distinction de ces deux fins est si réelle, que très souvent elles se trouvent en opposition, et qu'en allant à sa fin, le moi compromet le bien du corps, et, dans certains cas, le sacrifie. Personne n'ignore en effet que dans une foule de circonstances nous sacrifions le repos, le bien-être, la santé du corps, aux différentes fins auxquelles le moi aspire, et que quelquefois même ce sacrifice va jusqu'à la destruction du corps, que nous immolons ainsi à notre fin propre, tant sont distincts non seulement ces deux principes qui se rencontrent dans l'homme, mais encore les deux vies qui en émanent, et les deux buts de ces deux vies !

Mais si ces deux principes sont distincts dans l'homme, il ne s'ensuit pas qu'ils y soient indépendants, et, si les deux vies qui en émanent ont chacune leur fin, il n'en résulte nullement qu'elles soient étrangères l'une à l'autre. Tout annonce au contraire que, si la dualité est certaine, l'existence d'un lien entre les deux éléments de cette dualité ne l'est pas moins. C'est ce lien qui reste à déterminer pour achever d'éclaircir le mystère de la nature de l'homme.

Or l'observation annonce d'abord que l'intervention du moi est indispensable pour assurer la satisfaction des besoins du corps. Car, bien qu'aucune des opérations de la vie animale n'émane du moi, cette vie est soumise à certaines conditions extérieures que lui seul peut remplir. De cette manière la vie du corps, qui est la fin du principe vital, exige l'intervention du principe personnel, et se trouve par ce seul fait placée dans la dépendance de ce dernier principe. Les liens qui placent ce principe dans la dépendance du corps sont plus nombreux et ne sont pas moins évidents. D'une part, le corps est l'instrument sans lequel nous ne pourrions agir au dehors, et l'organe sans lequel la plupart de nos facultés ne pourraient se développer. Nous ne pouvons donc aller à notre fin si le corps est fatigué, malade, impuissant. D'une autre part, c'est par l'intermédiaire du corps que nous arrivent les sensations par lesquelles le monde extérieur se fait connaître à nous et agit sur nous. A ce titre donc aussi toutes nos relations avec le dehors dépendent de la santé du corps. Enfin notre corps ne peut souffrir sans qu'il en résulte pour le moi des sensations désagréables qui le détournent, le troublent et le rendent moins capable d'agir, et de cette troisième manière encore le bien du moi est lié à celui du corps et en dépend. Les choses sont donc arrangées de telle sorte que la force vitale ne saurait aller à sa fin sans l'intervention du moi, et que le moi à son tour, pour aller à la sienne, a besoin que la mission de la force vitale soit remplie. C'est ainsi qu'est opérée dans l'homme l'union de deux principes, l'association de deux vies, la conciliation de deux fins différentes. De là l'unité de ce qu'on appelle l'homme, et qui n'est que l'union, à certaines conditions, de deux choses distinctes : le corps ou l'animal d'une part, le moi ou l'homme véritable de l'autre.

L'unité de ce qu'on appelle l'homme serait-elle plus profonde, et les deux principes vivants qu'on y distingue ne se rattachent-ils point dans les profondeurs de la nature à une substance commune? C'est une hypothèse qu'il n'est point donné à la raison humaine de vérifier, et qui, alors même qu'elle le serait, ne changerait rien aux résultats qu'il lui est donné d'atteindre. En s'en tenant à ces résultats, seuls certains, la dualité de l'homme est constante, et son unité se borne à des liens de dépendance entre les deux éléments de cette dualité. Ces deux éléments, tels qu'ils nous apparaissent, sont : le corps d'une part, avec la force vitale qui l'a créé et qui l'entretient par une série de phénomènes qui ne viennent pas de moi et dont je n'ai aucune conscience, et la personne humaine de l'autre, dont la vie propre se compose de cette autre série de phénomènes dont j'ai conscience parce que j'en sais le principe ou le sujet, et qui vont à une fin étrangère au corps et qui est la mienne. Tel est le résultat définitif auquel l'étude de la nature de cet être complexe qu'on appelle l'homme conduit l'observateur.

Or il est évident que c'est précisément ce résultat qui se trouve exprimé dans la distinction vulgaire de deux choses dans l'homme, l'âme et le corps, et traduits dans la science par le dédoublement de l'étude de l'homme en deux études distinctes, la psychologie et la physiologie. En effet, qu'entend-on par phénomènes de l'âme? précisément ceux dont nous avons conscience; donc l'âme n'est autre chose que le moi. Et d'un autre côté que désigne le mot corps? précisément l'agrégation matérielle vivante, c'est-à-dire l'agrégation matérielle avec la vie qui l'anime et par laquelle elle est, et la force inconnue d'où émane cette vie. L'étude de l'âme ou la psychologie est donc l'étude du moi, de la personne humaine, de l'homme véritable, avec les phénomènes de la vie intellectuelle et morale, de la vie de relation, qui est sa vie. La science du corps ou la physiologie est donc la science de l'agrégation matérielle et de tous les phénomènes par laquelle la force vitale organise, conserve et reproduit cette agrégation, c'est-à-dire de tous les phénomènes qui composent la vie animale. Ainsi, ce que soutiennent les physiologistes est faux : il n'est pas vrai que la vie soit une, et que les différents groupes de phénomènes qui se manifestent dans l'homme ne soient que les fonctions diverses de cette vie, et les opérations variées du principe d'où elle émane. Il y a dans l'homme deux principes ou deux vies, et cette dualité, réclamée par le sens commun et consacrée par la science, n'est pas dans l'imagination, mais dans la réalité de la nature humaine. C'est là qu'elle a été sentie d'abord et prise ensuite. La voilà non seulement expliquée, mais justifiée.

En examinant les limites dans lesquelles la psychologie et la physiologie se sont naturellement partagé les phénomènes de la nature humaine, on est de plus en plus frappé de la justesse de cette explication. L'une et l'autre en effet s'occupent bien de certains phénomènes qui ne sont pas dans leurs attributions, la physiologie de phénomènes psychologiques, et la psychologie de phénomènes physiologiques; mais c'est que ces deux vies sont liées, encore que chacune implique certains phénomènes de l'autre; or ce sont précisément ces phénomènes que chacune des deux sciences va étudier dans le domaine de l'autre, et c'est précisément à ce titre qu'elle s'en occupe; et elle fait bien de s'en occuper, car autrement elle serait incomplète. Car ce n'est pas la vie psychologique ni la vie physiologique, telles qu'elles pourraient se développer si elles étaient isolées, que les deux sciences ont pour objet de connaître, mais chacune de ces deux vies, telle qu'elle s'accomplit dans l'homme, c'est-à-dire dépendante de l'autre, modifiée par l'autre, mutilée peut-être, peut-être agrandie par l'autre. C'est dans ce sens qu'il faut entendre l'objet de chacune de ces deux sciences et ses limites; et c'est pourquoi ces deux sciences ne doivent pas demeurer et n'ont jamais été étrangères l'une à l'autre. Elles doivent se prêter des secours mutuels, et s'il y a un reproche à leur faire, c'est de n'avoir pas été jusqu'ici aussi sœurs qu'il est nécessaire à chacune d'elles qu'elles le soient.

Mais si ces deux sciences sont liées comme les deux vies qu'elle contient, elles doivent rester distinctes comme ces deux vies, et la vieille prétention, maintenue ou élevée par les physiologistes, de les confondre en une seule, sera toujours impuissante, puisqu'elle est contraire à la nature des choses. La séparation de la psychologie et de la physiologie n'est pas seulement fondée sur l'existence distincte dans l'homme de deux principes et de deux vies; elle l'est encore, et d'une manière plus immédiate peut-être, sur la différence de nature des deux ordres de phénomènes et sur l'opposition des procédés par lesquels l'intelligence les atteint. En effet, les phénomènes physiologiques sont de même espèce que tous ceux que nous saisissons dans le monde extérieur; ils sont physiques et sensibles; tandis que les phénomènes psychologiques sont d'une nature qui n'appartient qu'à eux, et qui leur a valu le nom de phénomènes spirituels. D'un autre côté, ces phénomènes psychologiques sont saisis en nous immédiatement par la conscience; tandis que, pour saisir les autres, il faut que nous sortions de nous, et que, par des expériences détournées et difficiles sur le corps humain, nous rendions visible à nos sens cette vie animale qui n'est pas la nôtre, et dont notre conscience ne nous dit rien. Cette double diversité achève de jeter entre les deux sciences une séparation profonde; il est impossible que deux études qui ont des objets si différents, qui exigent des aptitudes et procèdent par des moyens si divers, s'identifient jamais. Leur essentielle diversité ne se fait jamais mieux sentir que dans les excursions obligées de chacune de ces sciences dans le domaine de l'autre. Quand il arrive à un physiologiste d'introduire sur la scène de la vie animale un phénomène psychologique, ou, réciproquement, à un psychologue sur la scène de la vie intellectuelle et morale un phénomène physiologique, dans les deux cas ce phénomène a l'air d'un étranger qu'on apporte d'un pays dont on ne connaît ni la langue ni les mœurs, et qu'on traite avec embarras. Il serait à souhaiter pour le progrès des deux sciences que cet embarras cessât d'exister; mais il prouve un fait qui ne saurait être aboli, la diversité profonde et naturelle des deux études.

Tels furent les résultats auxquels j'arrivai sur l'objet de la psychologie et le chemin par lequel j'y fus conduit. Cet élément de la dualité humaine, qui est l'homme même, et tous les phénomènes qui, émanant de lui ou le modifiant, composent sa vie propre, abstraction faite, et de l'autre élément, qui est le corps, et de la vie animale, qui est la vie du corps, mais non des conditions et des modifications que le voisinage et la société de cet autre élément leur font subir, tel demeure fixé pour moi dans ce qu'on appelle l'homme l'objet de cette science. Sa circonscription était visible et nette ; elle était donnée par la conscience, qui, dans l'homme, n'atteint que le moi, et les phénomènes qui en émanent ou le modifient ; il ne me restait donc, pour épuiser ces questions que je m'étais proposé de résoudre sur cette première science, qu'à en fixer la méthode, ce qui était très simple, et ne présentait aucune difficulté.

Il saute aux yeux, en effet, que la psychologie est une science d'observation, et qui, par conséquent, n'en présuppose aucune autre. Il est visible que l'instrument avec lequel cette science d'observation doit être faite est la conscience, car elle seule atteint le moi et les phénomènes de la vie intellectuelle et morale. Il ne l'est pas moins qu'on peut observer avec la conscience comme avec les sens et aussi sûrement : car nous connaissons à chaque instant par la conscience ce qui se passe en nous, comme avec les sens ce qui se passe au dehors, et avec une certitude et une netteté pour le moins aussi grandes. Il reste donc uniquement à examiner quel est le meilleur ordre à suivre dans cette étude possible du moi par lui-même, ce qui n'est plus qu'une question de bon sens, qu'un peu d'expérience des recherches scientifiques en général, et des recherches psychologiques en particulier, suffit pour résoudre.

Bien que nous ayons une conscience perpétuelle et immédiate du principe qui est nous, puisqu'à chaque instant nous le sentons éprouver et produire une foule de phénomènes, il est évident néanmoins que c'est par l'étude seule de ces nombreux phénomènes qu'il produit ou qu'il éprouve que nous pouvons acquérir une connaissance étendue et précise de sa nature. Nous sentons bien immédiatement qu'il est une cause, et, comme toute cause, une cause simple : car, à chaque instant, il agit. Mais pour savoir de quoi cette cause est capable, et par conséquent ce qui la distingue de toute autre, il est clair qu'il faut voir, distinguer et compter les différentes espèces d'actes qu'elle fait. Nous sentons bien immédiatement aussi que le moi, en même temps qu'il est le principe de beaucoup d'actes, est le sujet de diverses modifications : car, à chaque instant, il éprouve aussi bien qu'il agit ; mais pour savoir de quelles modifications il est susceptible, et par conséquent ce qui le distingue comme sujet de tout autre, il faut étudier et compter aussi ces diverses modifications. En un mot, la science du moi doit commencer d'abord par l'étude de la vie du moi, remonter de là aux différentes facultés et capacités que les phénomènes de cette vie impliquent en lui, et aboutir à la nature même du principe qui est doué de ces différentes facultés et capacités. Telle est la marche naturelle ; aucune autre ne peut être suivie par un homme de bon sens.

Or la vie psychologique est, comme celle du corps, une chose à la fois une et très complexe : une par sa fin, qui est celle du principe d'où elle émane ; complexe par la diversité des opérations dont elle se compose. Toutefois, comme toutes les choses complexes possibles, elle doit se résoudre dans un certain nombre de phénomènes élémentaires ; et ces phénomènes, à leur tour, émanent dans le moi d'un certain nombre de facultés ou de capacités distinctes, dont c'est la fonction de les produire, et qui sont ainsi les rouages de la vie, et les instruments par lesquels le moi va à sa fin. Cette vue indique au psychologue la marche qu'il doit suivre. Son premier effort doit être de démêler dans le spectacle de la conscience ces phénomènes élémentaires dont la vie se compose, et de remonter par eux aux facultés ou capacités distinctes qu'ils supposent dans le moi, et d'où cette vie émane. Ces facultés ou capacités déterminées, il reste à reconnaître la part ou le rôle de chacune dans la vie, et la loi constante selon laquelle chacune la remplit. Cela fait, il est évident que le mécanisme de cette vie, d'abord si confus pour la conscience, et sa fin, d'abord si mystérieuse pour l'intelligence, apparaîtront, et que, ce mécanisme et cette fin compris, tous les actes dont le moi est capable, toutes les modifications dont il est susceptible, se montreront à leur place, dans leur cercle et leur but, par rapport à l'âme, et par delà comme autant de ressorts, ayant chacun leur fonction régulière dans l'opération totale, toutes les capacités, toutes les facultés distinctes du moi, et le moi lui-même, avec sa nature, sa condition et sa fin, autant que l'intelligence claire de sa vie peut les révéler. Tels sont en très peu de mots les chemins de l'étude du moi. On me pardonnera d'avoir consacré ce peu de lignes à les indiquer. L'objet que j'avais en vue n'exigeait pas même que je les écrivisse ; il suffisait que j'eusse vu que la science psychologique est une science première, et qui n'en suppose aucune autre. Le reste était une question ultérieure, qui n'importait pas à la question de la nature et de l'organisation de la philosophie, la seule qui m'occupât. Je passai donc à une autre science philosophique, et je tournai mes regards vers la logique.

II. — LOGIQUE.

A s'en tenir à la définition commune de cette science, la logique aurait pour objet d'enseigner les méthodes à suivre et les précautions à prendre pour arriver de la manière la plus certaine et la plus prompte à la vérité. L'objet de la logique, d'après cette définition, serait donc de déterminer les règles d'un art, l'art de ne point se tromper et d'arriver en toutes espèces de recherches à la vérité. Mais quand on examine comment s'y prend la logique pour remplir cette tâche, on voit qu'elle s'occupe d'abord de rechercher en quoi consiste la vérité, et à quels caractères on peut la reconnaître, et qu'elle n'en vient à rechercher et à décrire les meilleures méthodes à suivre pour la découvrir qu'après avoir préalablement résolu ces deux questions. L'art de découvrir la vérité n'est donc pas le seul objet de la logique; elle s'occupe aussi de la vérité elle-même, et cherche à déterminer sa nature et ses caractères. Et il le faut bien, car la question des moyens d'arriver à la vérité présuppose celle de la nature et des caractères de la vérité ; pour tracer une route vers un but, il faut d'abord que ce but soit déterminé et connu. La logique a donc un double objet : d'une part elle cherche en quoi consiste la vérité et à quels signes on peut la reconnaître, et à ce titre la logique est une science, et cette science celle de la vérité; d'autre part, la nature et les caractères de la vérité étant déterminés, elle enseigne les procédés les plus sûrs et les plus prompts pour la découvrir, et à ce titre la logique est un art, et cet art est celui de la conduite de l'esprit dans la recherche de la vérité. La logique comprend donc et devait nécessairement comprendre deux recherches distinctes : l'une qui a pour objet la vérité, l'autre les moyens d'y arriver, et il n'est pas moins évident qu'en tant qu'elle s'occupe de la première, la logique est une *science*, et, en tant qu'elle s'occupe de la seconde, un *art*. Pour embrasser tout l'objet de la logique, il est donc évident qu'il faut successivement se rendre compte et de la partie du problème scientifique et de celle du problème d'art qu'elle pose. Et il n'est pas moins évident que, pour déterminer la méthode à suivre pour construire cette science, il faut successivement rechercher de quelle manière l'esprit humain doit s'y prendre pour résoudre chacun de ces problèmes. Ce fut ainsi que se décomposa pour moi la recherche que j'avais à faire sur la logique; et voici de quelle manière je la conduisis.

Le but général de la logique comme science est de déterminer en quoi consiste la vérité, et à quels caractères on peut la reconnaître. Mais une question préjudicielle s'élève, c'est celle de savoir s'il y a de la vérité pour l'homme, car le scepticisme l'a niée. Il faut donc avant tout vider cette question. Car, s'il n'existe point de vérité pour l'homme, il est inutile de chercher en quoi elle consiste et quels sont ses caractères. La première question logique est donc celle-ci : Y a-t-il pour l'homme de la vérité? la deuxième, en supposant que la première ait été résolue affirmativement, est de déterminer ce que c'est que la vérité; et la troisième, de déduire de la nature de la vérité les caractères certains par lesquels il est possible de la distinguer de l'erreur. Tel est le triple problème ou la dépendance rigoureuse dans lequel s'enchaînent les trois recherches qu'il renferme.

Or, s'il y a une chose évidente au monde, c'est que ces trois questions ou sont absolument insolubles, ou sont de simples questions de fait. Car si au lieu de demander : Y a-t-il de la vérité pour l'homme? on demande : La vérité humaine est-elle la vraie vérité? on pose un problème que l'homme ne peut décider. Pour le résoudre, en effet, il n'a que son intelligence, et on lui demande de décider si ce qui paraît vrai à cette intelligence est vrai en soi et absolument; question que cette intelligence ne peut évidemment résoudre sans se juger elle-même, ce dont elle est à jamais incapable. En posant donc ainsi la première question on la rend insoluble et par conséquent absurde, et il en est de même des autres si on les pose dans le même sens : car nous pouvons bien déterminer la nature de cette vérité, s'il y a pour nous de la vérité, mais non la nature de la vérité absolue, que nous ne connaissons pas. Et pareillement, nous pouvons bien constater à quels signes nous distinguons notre vérité de l'erreur, mais non à quels signes nous distinguons de l'erreur absolue l'absolue vérité, deux choses qui ne nous sont point visibles et dont par conséquent nous ne pouvons point connaître les caractères distinctifs. Entendre les trois questions que la science logique pose sur l'existence, la nature et les caractères de la vérité, non pas comme des questions de faits et dans lesquels il s'agit seulement de la vérité humaine, mais comme des questions spéculatives et dans lesquelles il s'agit de la vérité absolue, c'est donc faire de la logique une recherche sans objet, c'est-à-dire la détruire. Au-dessus de toutes les sciences humaines plane un doute, car il est possible que ce qui nous paraît vrai ne le soit pas. Mais faire de la solution de ce doute l'objet d'une science humaine, c'est se moquer, et les philosophes qui ont sérieusement poursuivi la solution de ce doute n'étaient pas dans leur bon sens.

Les trois questions que la science logique a pour objet de résoudre sont donc tout simplement des questions de faits. Il s'agit de savoir si en fait il y a quelque chose que l'intelligence humaine regarde comme vrai, quelle est en fait la nature de cette chose, et à quels signes en fait elle distingue cette chose de son contraire, qui est l'erreur? Or, si telles sont réellement les questions que la science logique a pour objet de résoudre, il est évident qu'elle n'en peut trouver la solution que dans la psychologie. Car que sont ces faits sur lesquels la logique interroge l'intelligence humaine, sinon des faits psychologiques? Où faut-il aller regarder pour savoir s'il y a de la vérité pour l'homme, sinon dans l'homme lui-même, qui croit et qui doute? et à qui faut-il demander quelle est pour l'homme la nature de la vérité, et à quels signes il la distingue de l'erreur, sinon à lui, qui tantôt l'affirme, et tantôt nie sa présence, et qui par conséquent doit s'en faire une idée, et reconnaître, à certains caractères, tantôt qu'elle est, tantôt qu'elle n'est pas? Et au moins il est clair que la méthode à suivre pour résoudre ces questions logiques, c'est d'observer l'intelligence humaine, qui ne fait autre chose que de chercher le vrai, et de constater 1° si elle croit le rencontrer quelquefois, 2° en quoi il consiste pour elle dans tous les cas où elle le rencontre, 3° par quelles circonstances diverses elle se sent contrainte dans ces différents cas de le reconnaître. Car la vérité peut se faire reconnaître de différentes manières dans les différents cas, et nous pouvons bien ne pas croire toujours au même titre. Telle est évidemment la recherche à suivre pour résoudre les questions logiques. D'où l'on voit que la science logique est une science d'induction qui présuppose la psychologie, et dont tous les problèmes viennent se résoudre, sans exception, dans une partie des faits de la nature humaine.

La même chose est vraie de la seconde recherche qu'embrasse la logique, et qui a pour objet de déterminer les règles de l'art d'arriver à la vérité. La nature de la vérité, et les caractères auxquels on la reconnaît dans tous les cas possibles, étant donnés, il s'agit de savoir comment il faut s'y prendre en toute espèce de recherches pour y arriver de la manière la plus certaine et la plus courte possible. Car deux choses peuvent arriver: la première, que l'intelligence se méprenne et croie apercevoir dans une connaissance les caractères de la vérité, sans que cette connaissance la possède réellement; la seconde, qu'elle ne prenne pas la route la plus directe possible pour arriver en chaque recherche à la connaissance vraie qu'elle poursuit. Or où l'intelligence pourra-t-elle apprendre les illusions qui peuvent lui faire prendre le faux pour le vrai, ou les écarts qu'elle peut faire en poursuivant celui-ci, sinon dans l'expérience de ses propres erreurs et de ses propres procédés dans la recherche de la vérité? Car l'intelligence humaine poursuit continuellement la vérité, et elle s'y prend naturellement d'une certaine manière pour l'atteindre, et souvent elle s'abuse et croit la posséder quand elle ne la possède pas. C'est donc en observant comment elle va naturellement et de quels écueils sa route est semée, que la réflexion pourra régulariser sa marche, la rendre aussi simple que possible, et, en reconnaissant les piéges dans lesquels elle peut tomber, les lui signaler, et lui apprendre par là à les éviter. L'art logique n'est donc, non plus que la science logique, qu'une induction raisonnée de la psychologie. Il la présuppose comme la conséquence présuppose son principe, et ses règles seraient impossibles à tracer pour qui ne connaîtrait pas et n'aurait pas profondément étudié la nature humaine.

Il me fut donc démontré que la logique tout

entière n'était qu'une induction de la psychologie, et que tous les problèmes de cette science venaient scientifiquement se résoudre dans quelques uns des faits de l'esprit humain.

III. — MORALE.

Les recherches que je fis sur la morale me conduisirent au même résultat.

Note de l'éditeur. — Quoique de plus de deux cents pages, ce morceau n'est cependant pas terminé, et il est évident que M. Jouffroy avait à faire pour la morale, l'esthétique, la religion naturelle, toutes les parties de la philosophie en un mot, ce qu'il avait fait pour la psychologie et la morale.

Le mémoire qui suit reproduit en plusieurs points le premier paragraphe de cette troisième partie ; mais c'est avec des développements et des accessoires qui en font une autre œuvre, que je n'ai par conséquent pas hésité à faire entrer dans ce volume à la suite du mémoire sur l'organisation des sciences, dont il est au reste une dépendance.

DE LA
LÉGITIMITÉ DE LA DISTINCTION
DE LA PSYCHOLOGIE
ET
DE LA PHYSIOLOGIE.

La division des sciences n'est point une chose arbitraire. En s'appliquant à l'unité du monde, l'intelligence y découvre des parties; en s'appliquant à chacune de ces parties, elle la voit se décomposer en d'autres parties qui elles-mêmes en contiennent. Toutes ces divisions sont réelles; l'intelligence les trouve, et ne les invente pas; elle les transporte dans la science, qui en cela comme en tout doit être une image de la réalité. C'est ainsi que la science, une au début, quand le monde n'était encore pour l'homme qu'une seule et grande énigme, s'est peu à peu décomposée en sciences particulières; nous assistons à un moment de ce long travail, qui ne sera jamais achevé, et qui, comme tout travail humain, n'avance qu'avec effort, et n'aboutit à un résultat qu'après l'avoir long-temps poursuivi.

En effet, ce n'est pas du premier coup que l'intelligence découvre les lignes vraies qui divisent l'unité de la création. Ces lignes existent dans la réalité; elles y marquent à l'avance les domaines futurs de toutes les sciences possibles; mais ces distinctions qui sont entre les choses ne se laissent voir que peu à peu. Les principales apparaissent d'abord, les autres ensuite dans le sein des premières, à mesure que la connaissance s'approfondit; et, à tous les degrés de cette décomposition, les divisions de la science sont long-temps flotttantes avant de rencontrer celles des choses. Des lignes non seulement incorrectes, mais fausses, sont tirées, en attendant que les véritables se révèlent; il en résulte des sciences, ou mal déterminées, qui ne coïncident qu'imparfaitement avec leur objet, ou tout à fait fausses, qui ne répondent à aucune unité vraie dans la nature. Le progrès de la connaissance rectifie celles-là peu à peu; mais il brise entièrement celles-ci, dont les lambeaux retournent aux sciences diverses auxquelles ils appartiennent. En effet, nulle science ne peut vivre qu'à la condition que son unité soit vraie. Affirmant dans la réalité, des rapports et des différences qui n'y sont pas, une science fausse est un mensonge, qui trompe tant qu'il dure, et qui ne peut manquer de s'évanouir le jour où il est dévoilé.

Ce ne sont donc pas de vaines disputes que celles qui roulent sur la division des sciences : en tant qu'elle aspire à représenter celles des choses, cette division est susceptible de vérité et de fausseté, et à ce titre peut être discutée. Ce ne sont pas non plus des disputes inutiles et stériles : car une fausse science a pour effet de faire supposer dans la nature une unité qui n'y existe pas, et d'y déguiser des unités qui y sont. Elle efface des distinctions réelles, elle crée des rapports factices ; elle introduit dans la connaissance humaine une double erreur, qui en engendre beaucoup d'autres.

Quand une science soulève de telles disputes, c'est un signe, ou que l'unité de son objet est fausse, ou qu'elle est vaguement déterminée. Il importe dans les deux cas que cette erreur ou cette indécision disparaisse, et toute recherche qui aboutit à ce résultat est éminemment utile.

On ne saurait douter que telle ne soit encore, jusqu'à un certain point, la condition de la psychologie. Que l'homme, cette créature éminente, doive être l'objet d'une science spéciale, on n'en disconvient pas ; mais que cette science puisse légitimement se subdiviser en deux autres, la physiologie et la psychologie, voilà ce que l'on conteste. En vain le sentiment d'une double nature dans l'homme apparaît-il sous une forme ou sous une autre dans les opinions de tous les peuples ; en vain ce sentiment, se faisant jour dans la science, y a-t-il introduit dès l'origine cette subdivision, et, plus puissant que toutes les objections, l'y a-t-il affermi ; en vain a-t-il reçu du christianisme la consécration de la foi, et des plus grands esprits qui aient étudié la nature humaine, celle de la science ; de nos jours encore, aux yeux de beaucoup d'hommes, ce sentiment n'est qu'une illusion, et la dualité qu'il affirme qu'une apparence. A les en croire, la nature humaine, étudiée de près, ne présente rien qui le justifie. On y trouve bien tous les phénomènes qu'on rapporte à l'âme ; mais rien n'autorise à les attribuer à un être particulier, et à y voir autre chose qu'une des fonctions de la vie. Car, dire qu'ils sont d'une nature spéciale, ce n'est rien avancer qui ne soit vrai des phénomènes de toute autre fonction, qui ont aussi leurs caractères propres. C'est de cette variété même que résulte la diversité des fonctions, qui n'en concourent pas moins toutes, chacune à sa façon, à une même fin. Au fond, la vie est une ; c'est un mécanisme dont les fonctions sont les rouages ; à ce titre toutes sont égales ; à ce titre elles ne sont toutes que les éléments d'une seule et même unité, qui, sous peine de n'être pas comprise, doit rester l'objet d'une seule et unique science, la science de la nature humaine. Les phénomènes qu'on rapporte à l'âme peuvent devenir l'objet d'une monographie; l'importance et la variété de ces phénomènes peuvent prêter à cette monographie un intérêt très grand ; mais il n'y a pas plus de raison de l'ériger en science particulière que celle de toute autre fonction. Le dédoublement de la science de l'homme en deux autres, la physiologie et la psychologie, peut donc trouver des prétextes, mais n'a point de fondement véritable dans la réalité; la psychologie, quoi qu'on fasse, n'est et ne sera jamais qu'un chapitre de la science de l'homme.

Je ne veux pas prêter à cette opinion plus d'autorité qu'elle n'en a : elle a contre elle ce grand fait, que, loin d'avoir gagné au progrès des lumières et à l'épreuve du temps, elle y a perdu, la distinction des deux sciences n'ayant fait que s'affermir à mesure que l'étude de l'homme s'est approfondie; mais nul doute qu'elle ne subsiste et qu'elle ne soit encore la foi d'un grand nombre d'esprits éclairés. Ce dissentiment prouve que les titres de la psychologie à une existence distincte sont encore couverts d'un nuage. C'est ce nuage que je voudrais dissiper, s'il est possible, en cherchant sur quels faits repose dans l'homme la distinction des deux sciences, et si ces faits sont de nature à la justifier. Pour y parvenir, je ne vois qu'un moyen, c'est de démêler successivement les divers éléments que l'observation rencontre dans l'homme, afin d'y découvrir la différence dont l'humanité a eu le sentiment, et qu'elle a traduite par l'opinion d'une double nature : car, suffisante ou non, et quelle qu'elle puisse être, cette différence existe, autrement la croyance du sens commun demeurerait inexplicable. Une fois que nous l'aurons saisie et reconnue, il nous restera à juger si elle est assez profonde pour justifier cette opinion et le dédoublement scientifique qui en a été la conséquence, ou si ce sont les physiologistes qui ont raison, et si l'âme n'est qu'une fonction. Dans la première hypothèse, nous partirons de notre découverte pour circonscrire d'une manière nette la psychologie, pour en définir avec précision l'objet et tracer la ligne vraie qui la sépare de la physiologie. Je n'ignore pas que ce que je vais tenter l'a été cent fois ; le sujet est vieux, et toutefois il n'est pas épuisé, puisque la question subsiste. C'est là mon excuse. Elle serait complète si on trouvait que je l'ai traitée avec quelque nouveauté et un peu plus de rigueur qu'on ne l'a fait jusqu'ici.

En prenant l'homme par le dehors et en cherchant de quoi il se compose, on y découvre du premier coup d'œil deux éléments : d'une part un certain nombre de molécules matérielles unies ensemble, et dont l'agrégation sous une certaine forme constitue ce corps que nous voyons ; et de l'autre une certaine force cachée, mais réelle, donc l'action anime cette agrégation et la fait durer ; en un mot, il y a dans ce composé deux choses, la *matière* et la *vie*.

L'événement de la mort met clairement en lumière l'existence distincte de ces deux éléments. En effet, quand vient la mort, ces deux éléments s'isolent ; la matière du corps reste, mais la vie disparaît ; les molécules qui composaient l'un subsistent, mais les phénomènes qui constituaient l'autre s'évanouissent. La mort fait davantage : elle nous enseigne d'une manière frappante le rôle que remplissait chacun de ces éléments. En effet, à peine la vie s'est-elle retirée, que les molécules qui composaient le corps, échappant aux liens qui les unissaient, se séparent, et retombent dans les lois générales auxquelles toute matière est soumise. L'agrégation n'était donc pas l'effet de ces lois générales, mais bien celui de la vie ou de cette force cachée qui s'est évanouie. Non seulement elle n'était pas l'effet de ces lois générales, mais elle subsistait malgré ces lois générales et en opposition à leur tendance, puisqu'elle se dissout aussitôt qu'elle retombe sous ces lois. Non seulement donc il y avait dans l'homme avant la mort une force ou un ensemble de forces que la mort en a fait disparaître, mais le corps ou l'agrégation matérielle ne subsistait que par la présence et l'action de ces forces, et parce que ces forces dérobaient les molécules du corps à leurs lois propres, aux lois générales de la matière.

Ainsi, des deux éléments que nous distinguons dans l'homme, l'un est l'effet de l'autre. Le corps, que nous voyons, est l'effet ; la vie, que nous ne voyons pas, est la cause ; et l'effet n'est produit et ne subsiste que par la lutte de la vie, dont il émane, contre les forces générales de la nature, auxquelles toute matière est habituellement soumise.

Si l'événement de la mort démontre avec évidence cette vérité, la manière dont le corps se forme et s'accroît la confirme. Si on examine les progrès lents qui conduisent le corps humain depuis le premier linéament du fœtus jusqu'à son entier développement, on verra qu'une puissance invisible, agissant dans le germe, attire à elle et s'assimile peu à peu une certaine quantité de molécules matérielles ; qu'en s'emparant de ces molécules elle les soustrait à leurs lois et les soumet aux siennes ; que c'est en vertu des siennes, qui sont spéciales, qu'elle les organise, et qu'une fois organisées elle les conserve et les gouverne ; en sorte que, si l'œuvre est créée, c'est par elle ; que, si elle subsiste, c'est par elle ; en sorte que le corps humain, dans un moment quelconque de sa formation et de sa durée, est un effet de cette force ou de cet ensemble de forces qu'on appelle la vitalité. Par où l'on voit encore que, des deux éléments qui entrent dans la composition du corps, les molécules matérielles ne sont que les matériaux qui servent à le composer, tandis que la vie est ce qui le compose, et par conséquent le constitue.

Mais il y a plus ; ces molécules, qui ne sont que les matériaux du corps, ne persistent pas même ; à chaque instant quelques unes s'en vont et sont remplacées par d'autres, en sorte que toute la matière du corps est renouvelée entièrement plusieurs fois dans la vie. Ainsi cette matière, dans laquelle une observation grossière serait tentée de mettre l'homme, n'est pas même constitutive du corps ; elle y est chassée et remplacée par l'action continuelle des forces vitales ; elle ne fait qu'y passer pour ainsi dire. Rien n'est permanent dans le corps que la vie, et la forme sous laquelle les lois permanentes de la vie y agrégent, à mesure qu'elles passent, les molécules mobiles de la matière : preuve la plus frappante de toutes que ce qu'il y a d'essentiel et de constitutif dans le composé, c'est l'élément vital, qui persiste, et nullement l'élément matériel, qui se renouvelle incessamment.

S'il y a dans ce qu'on appelle l'homme deux éléments distincts, la matière et la vie ; si, de ces deux éléments, l'un n'est que la matière première de l'ouvrage, tandis que l'autre le crée et le conserve ; si cette matière première enfin ne persiste pas même et se renouvelle incessamment sous l'action de la vie qui la rejette et la remplace, on ne sera pas tenté de chercher ce qui constitue l'homme dans cette agrégation mobile de molécules variables qui composent le corps ; on sentira qu'il faut le chercher dans les forces quelconques par lesquelles cette agrégation existe et subsiste. On le sentira surtout si on fait attention que chacun de nous a conscience d'être une cause, et une cause qui reste identique à elle-même pendant toute la durée de la vie, conscience que nous n'aurions pas si nous étions l'agrégation matérielle qui n'est qu'un effet, qui est multiple, et qui ne reste pas deux moments de suite identique à elle-même.

Reste à savoir en quoi consiste ce principe de la vie, en qui l'homme réside, et si c'est une force simple ou multiple. Pour pénétrer le mystère de la nature de l'homme, et par conséquent le secret de la dualité entrevue par le sens commun dans cette nature, il faut aller jusque là.

S'il en était du principe de la vie comme des autres causes qui animent la nature, et que nous ne pussions le connaître que par ses effets, il nous serait impossible de résoudre cette double question. Celles-ci, en effet, comme tout le monde le sait, échappent entièrement à notre observation. Là où nous voyons un phénomène, nous croyons qu'une cause le produit ; mais cette cause jamais nous ne la saisissons. Nous avons l'habitude de rapporter à une même cause les phénomènes semblables, et à des causes distinctes les phénomènes différents ; mais cette double supposition n'a rien de certain ; des phénomènes semblables peuvent dériver de plusieurs causes, des phénomènes différents d'une seule. Elle ne conduit pas même à des résultats constants : car, à chaque pas que font les sciences, quelque cause admise disparaît, ou quelque cause nouvelle est introduite. L'existence de ces causes auxquelles nous rattachons les différents ordres de phénomènes est donc purement hypothétique. Une seule chose est certaine, c'est que tout phénomène a une cause ; mais de savoir si un phénomène dérive d'une seule cause ou de plusieurs, si deux phénomènes différents dérivent de deux causes ou d'une seule, ou même s'il y a des causes intermédiaires entre le créateur et la création, voilà ce qui ne se peut pas. Il est possible à la rigueur que tous les phénomènes naturels soient produits par l'action immédiate de Dieu, agissant selon des lois différentes dans les différentes opérations de la nature. Rien au monde ne démontre le contraire. Toutes les causes que nous supposons, en tant que nous les distinguons et que nous leur assignons une existence individuelle, sont donc entièrement hypothétiques.

Il est donc évident que si nous ne connaissions de la vie que les phénomènes par lesquels elle se manifeste, et que les causes de ces phénomènes nous échappassent, quelque différence que nous pussions remarquer entre ces phénomènes, nous ne pourrions nous assurer, ni si ces phénomènes dérivent de plusieurs causes ou d'une seule, ni si cette cause est Dieu lui-même ou quelque cause distincte de Dieu. Nous en serions réduits à des suppositions sur tous ces points, et la question que nous avons posée tout à l'heure serait et demeurerait insoluble pour la science. En est-il ainsi, et notre ignorance de nous-mêmes va-t-elle jusque là? Ne connaissons-nous de la vie que les phénomènes par lesquels elle se manifeste en nous, ou bien pénétrons-nous plus avant, et saisissons-nous les causes qui les produisent? En un mot, l'existence de ces causes en nous est-elle pour nous un fait ou une hypothèse? Voilà la question.

Je n'hésite pas à la résoudre, et je réponds que parmi les causes qui produisent les phénomènes de la vie il en est une qui ne nous échappe pas et que nous saisissons en elle-même. L'expérience la plus simple suffit pour le démontrer.

Une pierre tombe, voilà un phénomène ; donc il a une cause, voilà la conséquence que l'intelligence en tire. Quelle est cette cause? Nous la nommons, mais nous ne la connaissons pas. Ce que nous savons, c'est qu'une cause a fait tomber la pierre ; mais cette cause est-elle Dieu ou une force distincte de Dieu ? est-elle la même que celle qui produit la foudre ou fait germer les plantes, ou en est-elle distincte ? nous l'ignorons. En l'appelant *gravitation*, nous ne faisons que représenter par un mot la cause inconnue d'un fait connu ; la *gravitation* n'est qu'une hypothèse.

L'arbre végète, voilà un autre phénomène. Que ce phénomène ait une cause, cela est incontestable, et nous appelons cette cause *force végétative*. Mais je n'entends exprimer par là que ce que je sais, c'est-à-dire que le phénomène a une cause ; quant à savoir si cette cause a une existence propre, ou si elle se confond avec d'autres, ou si elle est Dieu, je ne puis le dire, parce que je l'ignore. La force végétative, comme la gravitation, comme toutes les forces qui ont un nom dans la science de la nature, n'est qu'une hypothèse.

Je remue le bras, voilà un troisième phénomène ; ce phénomène a une cause, nul doute ; quelle est cette cause ? L'enfant même répond que cette cause c'est *moi*. Le mot *moi* n'est-il, comme le mot *gravitation*, qu'un signe représentant une cause inconnue ? Examinons.

Quand une pierre tombe, je vois le phénomène ; puis ma raison me force de croire qu'il a une cause, puis je donne un nom à cette cause, qui m'échappe : voilà tout. Quand je remue le bras, j'ai pareillement connaissance du mouvement de mon bras ; ma raison m'avertit pareillement que ce mouvement doit avoir une cause ; je puis pareillement donner un nom à cette cause. Mais est-ce là tout, et ne se passe-t-il rien de plus ? Il se passe autre chose assurément, et si vous voulez vous en convaincre, répétez l'expérience, et examinez attentivement ce qui se passe en vous. Vous trouverez qu'avant la production du mouvement vous aviez conscience d'une cause que vous appeliez *moi*, et que vous saviez capable de produire ce phénomène ; vous trouverez qu'au moment où le phénomène s'est produit vous avez eu conscience de l'action de cette cause et de l'énergie par laquelle elle l'a produit ; vous trouverez enfin qu'après la production du phénomène, vous continuez d'avoir conscience de cette cause et de sa capacité à le reproduire encore, s'il le fallait. Cette troisième expérience contient donc d'autres faits que les deux premières ; dans celles-ci je ne connaissais que le phénomène, la cause m'échappait ; dans le mouvement du bras, je connais également le phénomène, mais avant sa production je connaissais, pendant sa production j'ai connu, après sa production je continue de connaître la cause qui l'a mis au monde. Les cas ne sont donc pas identiques : là je ne saisis qu'un des termes du rapport, l'effet ; quant à la cause, elle me demeure inconnue ; seulement l'effet me l'annonce et je crée un mot pour la représenter. Ici les deux termes m'apparaissent ; je ne conclus pas la cause de l'effet ; je saisis l'un et l'autre, la cause d'abord, l'effet ensuite ; et non, seulement l'un et l'autre, mais la production de l'un par l'autre. L'effet est passager, il disparaît ; la cause est permanente, elle reste ; aussi je continue de sentir la cause après que l'effet s'est évanoui, comme j'avais commencé par la sentir avant que l'effet fût produit. La double perception des deux termes est amplement témoignée par toutes ces circonstances ; il est bien constant que ce n'est pas une illusion, et que, tandis que toutes les autres causes naturelles m'échappent, en voici une dont l'existence individuelle n'est pas comme la leur une hypothèse, mais un fait.

Mais cette extraordinaire exception d'où dérive-t-elle? d'où vient que cette cause échappe à la loi commune? d'où vient que je la connais, tandis que toutes les autres causes des phénomènes de la nature se dérobent invariablement à mon observation? Le secret de cette exception, le mot de cette énigme, n'est point difficile à trouver; le nom même que je donne à cette cause me le révèle. Cette cause du mouvement de son bras, l'enfant l'appelle *moi* sans hésiter. Qu'est-ce à dire? c'est-à-dire qu'il se reconnaît dans cette cause, qu'il la trouve identique à lui, qui la connaît; le mot *moi*, dont il la baptise, ne veut pas dire autre chose. Or, si cette cause est moi, il n'est pas étonnant qu'il m'arrive par rapport à elle ce qui ne m'arrive par rapport à aucune autre; il n'est pas étonnant que, tandis que toutes les autres m'échappent, elle seule ne se dérobe pas à mes regards. Elle peut bien avoir ce privilége. Que dis-je? Et comment ne l'aurait-elle pas, et comment m'échapperait-elle? Si je me connais et qu'elle soit moi, je la connais, et il faudrait, pour qu'elle me demeurât invisible, que je n'eusse pas ou que je perdisse la conscience de moi-même.

Je ne puis connaître ce qui est moi comme je connais les choses extérieures. Dans la connais-

sance de celles-ci, il y a deux termes différents :
l'objet connu, qui n'est pas moi, et le sujet intelligent, qui est moi. Mais, dans la connaissance de moi-même, ces deux termes se confondent : ce qui connaît est identique avec ce qui est connu ; ce qui connaît est moi, et ce qui est connu est encore moi. De là deux manières de connaître bien distinctes, et que les langues n'ont jamais confondues. J'ai le spectacle des choses extérieures, mais j'ai le sentiment de moi-même ; je les *vois*, je les *aperçois*, j'ai *conscience* de moi-même, je me *sens* ; il n'y a que lui que l'homme sente et ne puisse pas voir ; il doit voir le reste des choses, et ne saurait en avoir conscience.

Cette remarque explique pourquoi je n'atteins aucune autre cause que moi. En effet, excepté moi, je ne connais rien que par l'intermédiaire des sens. Or rien n'est perceptible aux sens que ce qui est matériel, et les causes ne le sont pas. Qu'on essaie de se représenter une cause sous quelqu'une des qualités de la matière, et on en sera convaincu. Ce qui arrive doit donc arriver : il est tout simple que j'atteigne la cause qui est moi ; il est impossible que j'en atteigne aucune autre.

Voilà donc une cause individuelle qui certainement existe ; celle-là n'est pas une hypothèse, elle est un fait que je saisis immédiatement, comme je saisis les effets des autres causes. Il y a donc bien réellement dans l'homme une cause véritable, et il est prouvé que tous les phénomènes de la vie ne dérivent pas de l'action de Dieu en lui, comme il est possible qu'en dérivent tous ceux que la nature extérieure nous présente. Reste à savoir si tous les phénomènes de la vie émanent de cette cause que je trouve en moi, qui est moi, et dont l'existence est incontestable : car il serait possible que quelques uns seulement en dérivassent, et non point tous.

Or nous avons dans la manière même dont la cause *moi* se saisit un moyen de résoudre cette question. En effet, qu'est-ce que la conscience ? C'est le sentiment que le moi a de lui-même ; or est-il possible que cette cause ait le sentiment d'elle-même, et n'ait pas le sentiment de ce qu'elle fait ? Cela est absolument impossible, car avoir conscience de soi-même et n'avoir pas conscience de ce qui se passe en soi sont deux faits contradictoires. Par cela donc que nous avons connaissance de nous-mêmes, et l'expérience nous apprend que cette connaissance est continue et n'est jamais suspendue un moment, nous avons nécessairement connaissance de tous nos actes. Il est donc impossible que certains effets, que certains phénomènes, dérivent de la cause qui est nous sans que nous le sachions, sans que nous ayons conscience qu'elle les produit. Que si donc nous avons conscience de produire tous les phénomènes de la vie, tous les phénomènes de la vie dérivent de la cause qui est nous; que si au contraire nous avons conscience d'en produire quelques uns, sans avoir conscience de produire les autres, parmi les phénomènes de la vie il y en a qui viennent de la cause qui est nous, et d'autres qui n'en viennent pas.

Or le *moi*, interrogé sur cette question, répond qu'il se sent distinctement la cause de plusieurs phénomènes de la vie, de la pensée, de la volition, du souvenir, par exemple; mais qu'il en est d'autres, comme la circulation du sang, la sécrétion de la bile, la digestion, à la production desquels il se sent absolument étranger, et qui arrivent non seulement sans qu'il ait conscience de les engendrer, mais sans qu'il en ait la moindre connaissance et soit même averti qu'ils se produisent. Cette réponse tranche la question : car il ne peut se faire que ces derniers phénomènes émanent de moi, et, s'ils n'en émanent pas, ils dérivent d'autres causes. Donc il y a dans ce qu'on appelle l'homme deux sources distinctes des phénomènes de la vie : moi d'abord, qui me sens le principe d'un certain nombre de ces phénomènes, et une autre force simple ou multiple, que je ne connais pas, qui est peut-être Dieu, et d'où émane le reste de ces phénomènes. La conscience est le moyen de séparer les phénomènes qui dérivent de ces deux sources : elle atteint ceux qui viennent de moi, parce qu'ils en viennent ; elle n'atteint pas les autres, parce qu'ils n'en viennent pas ; nous ne connaissons ceux-ci que par les sens, comme les phénomènes extérieurs.

La dualité de la matière et de la vie, que l'observation la plus superficielle saisit d'abord dans l'homme, n'est donc pas la seule qu'il présente ; une autre plus profonde s'y découvre dans les principes mêmes de la vie. Sans la seconde de ces deux dualités, on pourrait considérer l'homme comme une chose simple, car l'agrégation matérielle n'est qu'une sorte de vêtement que le principe vivant se compose et dont il s'enveloppe. Mais l'existence démontrée de deux principes vivants dans ce qu'on appelle l'homme en fait sans rémission une chose complexe. Je ne puis être à la fois plusieurs causes ; la cause que je suis est certainement celle dont j'ai conscience, dans laquelle je me reconnais, et que pour cela j'appelle *moi ;* si donc il y a dans ce qu'on appelle *l'homme* une autre cause, il y a dans l'homme autre chose que moi, un principe vivant distinct du principe vivant que je suis. Or l'existence de cet autre principe y est démontrée par cette foule de phénomènes que je ne sens pas émaner de moi, sur la production desquels je n'ai aucune influence, qui arrivent dans l'homme sans que je le sache, dont je puis mourir sans avoir la moindre notion, et que je ne parviens à connaître qu'à l'aide du scalpel et de la loupe, comme ceux qui se produisent dans le corps des chiens et des poissons. Nous sommes donc deux dans l'homme, moi et ce principe inconnu, associés, dépendants peut-être, mais différents. En d'autres termes, il y a, dans ce qu'on appelle l'homme, la personne humaine, l'homme véritable, plus un autre principe qui ne s'y révèle que par son action, et que nous n'atteignons pas plus en lui-même qu'aucune autre des causes qui animent le monde. La dualité est donc incontestable ; reste à savoir quel en est le sens, c'est-à-dire ce que fait dans l'homme cet autre principe que j'y trouve à côté de moi, et comment ce qu'il y fait se concilie avec ce que j'y fais, et tout à la fois s'en distingue. Or c'est ce qu'il est possible de découvrir en examinant les fonctions que remplissent dans l'homme les phénomènes qui émanent de ce principe, et en les rapprochant des phénomènes qui me sont propres.

Si l'on sépare, en effet, à l'aide du *criterium* de la conscience, les phénomènes de la vie en deux classes, ceux que le principe qui est moi produit ou éprouve, et ceux qu'on est obligé de rapporter à cet autre principe, on trouve que ces derniers constituent à eux seuls toutes les opérations par lesquelles cette agrégation organisée de molécules matérielles qu'on appelle le *corps*, est créée, conservée et reproduite, et qu'aucune de ces opérations ne vient se résoudre dans aucun des phénomènes dont nous avons conscience, c'est-à-dire dont le *moi* est le principe ou le sujet.

Il résulte de ce fait deux conséquences : la première, que les phénomènes qui dans l'homme sont étrangers au *moi* composent à eux seuls la vie du corps, cette vie qu'on appelle vie physique ou animale, et que le principe mystérieux d'où ils émanent est le principe même qui fait vivre et conserve le corps, et qu'on nomme ordinairement dans la langue *force vitale* ou *animale;* la seconde, que les phénomènes qui, dans l'homme, appartiennent au *moi*, étant étrangers à la vie du corps, ont une autre fin, et composent une autre vie qui peut être liée avec la vie physique et animale, mais qui en est distincte et va à un autre but.

Si on cherche en effet quelle est la nature et la fin des phénomènes dont le *moi* se sent le principe ou le sujet, on s'aperçoit, d'une part, qu'ils composent précisément cette vie qu'on appelle la vie intellectuelle et morale, et que personne ne confond avec la vie animale ou physique, et l'on reconnaît, de l'autre, que la fin à laquelle ils vont est la fin même de la personne humaine ou du *moi*, c'est-à-dire du principe d'où ils émanent. Ainsi, tandis que la digestion, la circulation du sang, et tous les autres phénomènes qui dans l'homme me sont étrangers, ont pour la fin évidente et unique le bien du corps, il est clair que, dans la vie intellectuelle et morale, tout aspire, tout converge vers un autre bien qui est le bien du *moi*, tel qu'il résulte de la nature et des tendances de ce principe. La distinction de ces deux fins est si réelle, que très souvent elles se trouvent en opposition, et qu'en allant à sa fin, le *moi* compromet le bien du corps, et, dans certains cas même, le sacrifie. Personne n'ignore, en effet, que dans une foule de circonstances nous sacrifions le repos, le bien-être, la santé du corps, aux différentes fins auxquelles le *moi* aspire, et que quelquefois même ce sacrifice va jusqu'à la destruction du corps, que nous immolons ainsi à notre fin propre (1) : tant sont distincts non seulement les deux principes qui se rencontrent dans l'homme, mais encore les deux vies qui en émanent et les buts de ces deux vies!

(1) *Suicide* est un mot mal fait ; ce qui tue n'est pas identique à ce qui est tué.

Mais si ces deux principes sont distincts dans l'homme, il ne s'ensuit pas qu'ils y soient indépendants, et si les deux vies qui en émanent ont chacune leur fin, il n'en résulte nullement qu'elles soient étrangères l'une à l'autre. Tout annonce, au contraire, que, si la dualité est certaine, l'existence d'un lien entre les deux éléments de cette dualité ne l'est pas moins. C'est ce lien qui reste à déterminer pour achever d'éclaircir le mystère de la nature de l'homme.

Or l'observation montre d'abord que l'intervention du *moi* est indispensable pour assurer la satisfaction des besoins du corps : car, bien qu'aucune des opérations de la vie animale n'émane du *moi*, cette vie est soumise à certaines conditions extérieures que lui seul peut remplir. De cette manière, la vie du corps, qui est la fin du principe vital, exige l'intervention du principe personnel, et se trouve, par ce seul fait, placée dans la dépendance de ce dernier principe. Les liens qui placent le principe personnel dans la dépendance du corps sont plus nombreux et ne sont pas moins évidents. D'une part, le corps est l'instrument sans lequel nous ne pourrions agir au dehors, et l'organe sans lequel la plupart de nos facultés ne pourraient se développer; nous ne pouvons donc aller à notre fin si le corps est fatigué, malade, impuissant. D'un autre côté, c'est par l'intermédiaire du corps que nous arrivent les sensations par lesquelles le monde extérieur se fait connaître à nous et agit sur nous ; à ce titre donc aussi, toutes nos relations avec le dehors dépendent de la santé du corps. Enfin notre corps ne peut souffrir sans qu'il en résulte pour le *moi* des sensations désagréables qui le détournent, le troublent et le rendent moins capable d'agir ; et, de cette troisième manière encore, le bien du *moi* est lié à celui du corps et en dépend. Les choses sont donc arrangées de telle sorte que la force vitale ne saurait aller à sa fin sans l'intervention du *moi*, et que le *moi*, à son tour, pour aller à la sienne, a besoin que la mission de la force vitale soit remplie. C'est ainsi qu'est opérée dans l'homme l'union de deux principes, l'association de deux vies, la conciliation de deux fins différentes. De là l'unité de ce qu'on appelle l'*homme*, et qui n'est que l'union à certaines conditions de deux choses distinctes, le corps ou l'animal d'une part, le *moi* ou l'homme véritable de l'autre.

L'unité de ce qu'on appelle l'homme serait-elle plus intime, et les deux principes vivants qu'on distingue en lui ne se rattacheraient-ils point, dans les profondeurs de sa nature, à une substance commune ? C'est une hypothèse qu'il n'est point donné à la science humaine de vérifier, et qui, alors même qu'elle le serait, ne changerait rien aux résultats qu'il lui est donné d'atteindre. En s'en tenant à ces résultats, seuls certains, la dualité de l'homme est incontestable, et son unité se borne à des liens de dépendance entre les deux éléments de cette dualité. Ces deux éléments, tels qu'ils nous apparaissent, sont : le *corps* d'une part, avec la force vitale qui l'a créé, et qui l'entretient par une série de phénomènes qui ne viennent pas de moi et dont je n'ai aucune conscience, et la personne humaine de l'autre, dont la vie propre se compose de cette autre série de phénomènes dont j'ai conscience, parce que j'en suis le principe ou le sujet, et qui vont à une fin étrangère au corps, et qui est la mienne. Tel est le résultat définitif auquel l'étude de la nature de cet être complexe qu'on appelle l'homme conduit l'observateur.

Or il est évident que c'est précisément ce résultat qui se trouve exprimé dans la distinction vulgaire de deux choses dans l'homme, l'*âme* et le *corps*, et traduit dans la science par le dédoublement de l'étude de l'homme en deux études distinctes, la psychologie et la physiologie. En effet, qu'entend-on par phénomènes de l'âme ? précisément ceux dont nous avons conscience : donc l'âme n'est autre chose que le *moi*. Et, d'un autre côté, que désigne le mot *corps* ? précisément l'agrégation matérielle vivante, c'est-à-dire l'agrégation matérielle avec la vie qui l'anime et par laquelle elle est, et la force inconnue d'où émane cette vie. L'étude de l'âme ou la psychologie est donc l'étude du *moi*, de la personne humaine, de l'homme véritable, avec les phénomènes de la vie intellectuelle et morale, de la vie de relation, qui est sa vie. La science du corps ou la physiologie est donc la science de l'agrégation matérielle et de tous les phénomènes par lesquels la force vitale organise, conserve et reproduit cette agrégation, c'est-à-dire de tous les phénomènes qui composent la vie animale. Ainsi, ce que soutiennent les physiologistes est faux : il n'est pas vrai que la vie soit une, et que les différents groupes de phénomènes qui se manifestent dans l'homme ne soient que les fonctions diverses de cette vie et les opérations variées du principe d'où elle émane; il y a dans l'homme deux principes et deux vies, et cette dualité, réclamée par le sens commun et consacrée par la science, n'est pas dans l'imagination, mais dans la réalité de la nature humaine; c'est là qu'elle a été sentie d'abord et prise ensuite; la voilà non seulement expliquée, mais justifiée.

En examinant les limites dans lesquelles la psychologie et la physiologie se sont naturellement partagé les phénomènes de la nature humaine, on est de plus en plus frappé de la justesse de cette explication. L'une et l'autre, en effet, s'occupent bien de certains phénomènes qui ne sont pas dans leurs attributions, la physiologie de phénomènes psychologiques, et la psychologie de phénomènes physiologiques ; mais c'est que les deux vies sont liées, en sorte que chacune implique certains phénomènes de l'autre ; or ce sont précisément ces phénomènes que chacune des deux sciences va étudier dans le domaine de l'autre, et c'est précisément à ce titre qu'elle s'en occupe. Et elle fait bien de s'en occuper, autrement elle serait incomplète : car ce n'est pas la vie psychologique ni la vie physiologique, telles qu'elles pourraient se développer si elles étaient isolées, que les deux sciences ont pour objet de connaître, mais chacune de ces deux vies, telle qu'elle s'accomplit dans l'homme, c'est-à-dire dépendante de l'autre, modifiée par l'autre, mutilée peut-être, peut-être agrandie par l'autre. C'est dans ce sens qu'il faut entendre l'objet de chacune de ces deux sciences et ses limites ; et c'est pourquoi ces deux sciences ne doivent pas demeurer et n'ont jamais été étrangères l'une à l'autre. Elles doivent se prêter des secours mutuels, et, s'il y a un reproche à leur faire, c'est de n'avoir pas été jusqu'ici aussi sœurs qu'il est nécessaire à chacune d'elles qu'elles le soient.

Mais si ces deux sciences sont liées comme les deux vies qu'elles étudient, elles doivent rester distinctes comme ces deux vies, et la vieille prétention, maintenue par les physiologistes, de les confondre en une seule, sera toujours impuissante, parce qu'elle est contraire à la nature des choses. La séparation de la psychologie et de la physiologie n'est pas seulement fondée sur l'existence distincte dans l'homme de deux principes et de deux vies ; elle l'est encore, et d'une manière plus immédiate peut-être, sur la différence de nature des deux ordres de phénomènes et sur l'opposition des procédés par lesquels l'intelligence les atteint. En effet, les phénomènes physiologiques sont de même espèce que tous ceux que nous saisissons dans le monde extérieur, ils sont physiques et sensibles ; tandis que les phénomènes psychologiques sont d'une nature qui n'appartient qu'à eux, et qui leur a valu le nom de phénomènes spirituels. D'un autre côté, les phénomènes psychologiques sont saisis en nous immédiatement par la conscience, tandis que, pour saisir les autres, il faut que nous sortions de nous, et que, par des expériences détournées et difficiles sur le corps humain ou sur celui des animaux, nous rendions visible à nos sens cette vie qui n'est pas la nôtre, et dont notre conscience ne nous dit rien. Cette double diversité achève de jeter entre les deux sciences une séparation profonde ; il est impossible que deux études qui ont des objets si différents, qui exigent des aptitudes et procèdent par des moyens si divers, s'identifient jamais. Leur essentielle diversité ne se fait jamais mieux sentir que dans les excursions obligées de chacune de ces sciences dans le domaine de l'autre. Quand il arrive à un physiologiste d'introduire sur la scène de la vie animale un phénomène psychologique, ou réciproquement à un psychologue sur la scène de la vie intellectuelle et morale un phénomène physiologique, dans les deux cas ce phénomène a l'air d'un étranger qu'on appelle d'un pays dont on ne connaît ni la langue ni les mœurs, et qu'on traite avec embarras. Il serait à souhaiter, pour le progrès des deux sciences, que cet embarras disparût ; mais il prouve un fait qui ne sauroit être aboli, la diversité profonde et naturelle des deux études.

Je ne sais si je m'abuse, mais il me semble qu'après ce que je viens de dire, il ne doit rester aucun doute sur la question que ce mémoire avait pour but de résoudre. On ne peut contester la légitimité du dédoublement de l'étude de l'homme en deux sciences qu'en soutenant que la vie est une, et que tous les phénomènes qui se produisent dans l'homme émanent du même principe et concourent à la même fin ; telle est, en effet, la thèse des physiologistes. Or je crois avoir détruit cette opinion dans toutes ses parties, et l'avoir détruite par les faits. Loin que tous les phénomènes de la vie dérivent d'un seul principe et aillent à un seul but, il est démontré qu'ils dérivent de deux principes et vont à deux buts; loin qu'ils ne composent qu'une seule et même vie, il est démontré qu'ils en forment deux parfaitement distinctes, quoiqu'elles soient liées. Il était impossible que ces deux vies, émanant de deux principes et allant à deux fins, composées d'ailleurs de phénomènes d'une nature différente, et qui ne se révèlent pas de la même manière à l'observation, ne devinssent pas l'objet de deux recherches distinctes. C'est ce qui est arrivé presque dès l'origine, et ce qui n'a cessé depuis de subsister. Le sens commun, qui affirme la dualité de la nature humaine, et la science, qui la reconnaît en divisant l'étude de l'homme, sont donc justifiés. La dualité que l'un a proclamée est réelle; la distinction que l'autre a consacrée est légitime.

La ligne qui sépare les deux sciences est parfaitement nette, et ne laisse aucun doute, ni sur le véritable objet de la psychologie, ni sur ses limites. Cet élément de la dualité humaine qui est l'homme même, et tous les phénomènes qui, émanant de lui ou le modifiant, composent sa vie propre, abstraction faite de l'autre élément, qui est le corps, et de la vie animale, qui est la vie du corps, mais non des conditions et des modifications que le voisinage et la société de cet autre élément leur font subir, tel demeure fixé dans ce qu'on appelle l'homme l'objet de cette science. Quant à sa circonscription, elle est donnée par la conscience, qui dans l'homme n'atteint que le moi, et les phénomènes dont il est le sujet ou la cause. Les limites de la conscience sont celles de la psychologie : tout ce qu'elle ne saisit pas en nous est du domaine de la physiologie.

Je terminerais ici ce mémoire, si, après avoir démontré d'une manière que je crois rigoureuse la dualité humaine, il ne me paraissait utile d'indiquer la différence qui existe entre cette démonstration et les preuves dont on s'était contenté jusqu'à présent. Peut-être l'examen de ces preuves semblera-t-il un complément curieux de ce qui précède. Je dirai donc les doutes qu'elles m'ont toujours laissés, et qui m'ont engagé à en chercher de meilleures. On pourra ne pas partager ces doutes ; mais, quelque opinion qu'on s'en forme, ils donneront du moins à penser ; et, à tout événement, le résultat de la première partie de ce mémoire, résultat positif, et le seul auquel je tienne, n'en pourra être affaibli.

Le raisonnement vulgairement employé pour démontrer la dualité humaine est le suivant : Il y a en nous des phénomènes de deux sortes, les phénomènes physiologiques et les phénomènes psychologiques ; donc ils dérivent de deux causes et appartiennent à deux êtres différents. On ne peut rapporter la digestion au même principe que la pensée, la volonté ou le désir à la même source que la circulation du sang.

Il n'est pas étonnant que ce raisonnement n'ait pas convaincu : car, pour être consacré, il n'en est pas moins radicalement vicieux.

D'abord rien n'est moins certain que le principe sur lequel il se fonde, à savoir que des phénomènes différents ne peuvent dériver d'une même cause. Notre propre cause produit des effets très différents ; les phénomènes physiologiques sont très différents l'un de l'autre, ce qui n'a jamais fait considérer comme absurde l'hypothèse qui les rapporte tous à un seul principe inconnu, qui est la force vitale ; enfin la raison humaine rattache à la cause première, qui est Dieu, la création tout entière, c'est-à-dire tous les phénomènes imaginables, si divers et si opposés qu'ils puissent être. Elle n'éprouve donc aucune répugnance à admettre qu'une même cause puisse produire des effets différents ; elle le conçoit au contraire très bien, et ne trouve Dieu qu'à la condition de le concevoir. Dire qu'il y a en nous deux principes ou deux êtres, parce qu'il y a en nous deux espèces de phénomènes, c'est donc mal raisonner. Cet argument est sans force, à ce premier titre que son principe est évidemment faux.

Mais il est sans force par une autre raison encore, que voici : on ne remarque pas qu'en comparant les phénomènes psychologiques et les phénomènes physiologiques, on met en parallèle, non des choses de même ordre, et qui puissent être légitimement comparées, mais des choses d'ordres tout différents, et qui ne peuvent avoir entre elles aucune ressemblance, soit qu'elles dérivent ou ne dérivent pas d'une même cause. Que sont en effet les phénomènes psychologiques ? Ce sont les actes, les opérations même d'une certaine cause : cette cause étant nous, nous pouvons avoir et nous avons connaissance de ces actes. En est-il de même de ces autres faits que nous appelons phénomènes physiologiques ? Prenons l'un de ces faits pour exemple : le sang circule, qu'est-ce à dire ? C'est-à-dire que les molécules qui le composent sont transportées d'un point à un autre. Ce mouvement est assurément produit par une cause ; mais est-il l'acte même de cette cause ? évidemment non ; il n'est que le résultat matériel de cet acte, lequel nous échappe, parce qu'il s'accomplit dans le sein de la cause qui le produit, et qu'il faudrait que nous fussions cette cause même pour en avoir connaissance. Ce qui est vrai de la circulation du sang, l'est sans exception de tous les phénomènes physiologiques; ces phénomènes ne sont tous que les effets matériels de la cause qui les produit, et non les actes mêmes de cette cause; tandis que les phénomènes psychologiques sont au contraire les actes mêmes de la cause qui est en nous. Or, je le demande, quelle comparaison peut-on légitimement établir entre les opérations d'une cause et les résultats matériels des opérations d'une cause? Nécessairement les modifications matérielles produites par une cause doivent être des phénomènes matériels, c'est-à-dire des compositions et des décompositions, des mouvements, des changements de forme, d'étendue, de couleur, de saveur, etc.; et, nécessairement encore, de tels phénomènes ne peuvent ressembler aux actes d'une cause, lesquels sont de leur nature essentiellement immatériels. Si je comparais l'acte volontaire par lequel je produis le mouvement de mon bras avec ce mouvement même qui est l'effet matériel de cet acte, je trouverais entre ces deux faits les mêmes différences qui séparent les phénomènes psychologiques et les phénomènes physiologiques, et par les mêmes raisons; et cependant l'acte volontaire et le mouvement du bras dérivent de la même cause. Pour établir une comparaison légitime entre les phénomènes psychologiques et les phénomènes physiologiques, il faudrait qu'on pût atteindre les actes mêmes de la cause qui produit ces derniers. Si entre ces actes et les phénomènes psychologiques, qui sont aussi des actes, on trouvait une différence de nature, alors je concevrais la mineure du raisonnement que je réfute, et on pourrait dire dans un sens vrai qu'il y a en nous deux espèces de phénomènes. Mais aussi long-temps qu'on ne fera que comparer certains phénomènes qui sont les effets matériels des actes d'une cause avec certains autres phénomènes qui sont les actes mêmes d'une cause, c'est vainement qu'on constatera entre ces phénomènes une différence de nature qui ne peut pas ne pas y être; cette différence ne prouvera absolument rien.

Ainsi, majeure et mineure, tout chancelle dans le raisonnement par lequel on a coutume de prouver la dualité humaine. Je le répète, il n'est pas surprenant qu'un tel argument n'ait pas convaincu.

On en met un autre en avant qui n'est pas moins radicalement vicieux; on dit : Toutes les opérations, tous les phénomènes de la vie psychologique, attestent l'unité et la simplicité du principe qui en est la source; ce principe ne peut donc être ni le corps ni un organe du corps ; il y a donc en nous deux êtres : le corps, être composé, principe des phénomènes physiologiques, et l'âme, être simple, principe des phénomènes psychologiques.

La démonstration de la dualité humaine repose dans ce raisonnement sur deux assertions : l'une, que le principe des phénomènes physiologiques est le corps; l'autre, que le principe des phénomènes psychologiques, étant nécessairement un et simple, ne peut pas être le corps, qui est composé. La dualité humaine serait en effet démontrée si ces deux propositions étaient vraies. En est-il ainsi ? C'est ce qu'il s'agit d'examiner.

L'unité et la simplicité du principe des phénomènes psychologiques sont incontestables, et je ne fais aucune difficulté à les admettre; mais la preuve qu'on en donne renferme au moins deux erreurs.

La première consiste à supposer que ce sont les phénomènes psychologiques qui nous révèlent l'unité du principe qui les produit. Rien n'est en fait plus inexact. Si je crois que ces phénomènes ne dérivent pas de plusieurs causes, mais d'une seule, c'est que je les sens tous émaner de la cause qui est *moi*. C'est ainsi que je découvre l'unité du principe de ces phénomènes, et c'est à ce titre que j'y crois. L'induction n'a que faire là où l'observation s'applique immédiatement.

La seconde erreur renfermée dans la preuve dont il s'agit consiste à supposer que la simplicité du principe psychologique a, comme son unité, besoin d'être démontrée. La simplicité d'aucune cause n'a besoin d'être démontrée, parce que pour nous l'idée de cause exclut l'idée de composition, et implique celle de simplicité. Si vous essayez en effet de concevoir des parties dans une cause, ou vous ne prêtez l'énergie productive qu'à l'une de ces parties, et alors celle-là est à elle seule la cause aux yeux de votre raison, ou vous l'attribuez à toutes, et alors il y a pour elle autant de causes distinctes que de parties : dans les deux cas, la simplicité reste l'attribut inhérent, nécessaire, inséparable, de la causalité. Nous remontons donc encore moins de la nature des phénomènes psychologiques à la simplicité du principe qui les produit qu'à son unité; nous croyons que ce principe est un, parce que nous le sentons tel; nous croyons qu'il est simple, parce que toute cause l'est.

Suit-il de là que, si ce principe se dérobait à notre observation, la nature des phénomènes psychologiques ne suffirait pas pour nous en révéler l'unité? Non sans doute, et peut-être la démontrerait-elle avec certitude; mais je n'oserais l'affirmer, et la raison en est que le sentiment du principe qui les produit est tellement mêlé à la conscience de ces phénomènes, qu'il est difficile de l'en abstraire et de voir nettement à quoi se réduiraient dans cette hypothèse les données du sens intime. Je ne voudrais donc pas condamner comme fausse la preuve de l'unité du *moi* par les phénomènes qui en émanent; je me borne à constater que nous ne passons point par cette preuve pour arriver à cette unité, et qu'elle nous est donnée immédiatement.

Quoi qu'il en soit, l'unité et la simplicité du principe des phénomènes psychologiques, et par conséquent l'impossibilité que ces phénomènes dérivent du corps ni d'aucun des organes du corps, sont des points constants, et qu'on ne saurait disputer dans le raisonnement que nous examinons. Ce raisonnement serait donc concluant, et démontrerait la dualité humaine, si la seconde proposition qu'il avance était vraie, c'est-à-dire s'il était aussi certain que les phénomènes physiologiques dérivent du corps qu'il est incontestable que les phénomènes psychologiques n'en dérivent pas. Qu'il en soit ainsi, c'est ce dont ne semblent nullement douter ceux qui se servent de ce raisonnement, car ils posent cette proposition comme une vérité évidente et qui n'a besoin d'aucune démonstration. Comment, à quel titre, sur quels fondements la jugent-ils si incontestable ? c'est ce qu'il faut chercher.

Et d'abord exprimerait-elle un fait donné immédiatement par l'observation ? Voyons-nous la vie physiologique émaner du corps, ou, ce qui revient au même, les différents phénomènes qui la composent émaner des organes au sein desquels ils se produisent ? En aucune manière. Ce que nous voyons pour quelques uns de ces phénomènes, et ce que nous croyons pour les autres, c'est que l'organe exerce une action dans la production de ces phénomènes. Mais ce que nous ne voyons pas, c'est que cette action émane des molécules mêmes qui composent l'organe ; cela nous échappe, et cependant c'est là ce qu'il faudrait voir pour décider si les phénomènes dérivent de l'organe, ou si l'organe n'est qu'un intermédiaire, un simple instrument d'une force extérieure et distincte qui le met en mouvement. Je me sers de mes jambes pour marcher, de ma main pour écrire, de ma langue pour parler, et cependant ces trois organes ne sont que des instruments dans la production de ces phénomènes ; la véritable cause est extérieure et supérieure à ces organes. Pourquoi le cœur, pourquoi l'estomac, pourquoi le poumon, ne seraient-ils pas aussi des instruments ? Si on peut penser le contraire, à tout le moins n'est-ce pas l'observation qui nous y autorise.

Elle ne nous apprend rien sur la question. Loin qu'elle saisisse les principes de la vie physiologique, cette vie elle-même lui échappe, car les phénomènes physiologiques n'en sont que les résultats matériels ; c'est dans les opérations mystérieuses qui produisent ces résultats qu'elle réside ; et ces opérations, aussi bien que les causes qui les accomplissent, nous sont et nous demeureront toujours invisibles.

Si ce n'est pas l'observation qui nous apprend que les phénomènes physiologiques dérivent du corps, il reste que nous le sachions par induction, c'est-à-dire que la nature des phénomènes physiologiques implique cette origine. En est-il ainsi ? Voyons encore.

Ces phénomènes sont matériels : ce sont des compositions et des décompositions, des mouvements, des changements de forme, de couleur, de saveur, etc. Voilà ce qui a frappé, et ce dont on a grossièrement conclu que de tels phénomènes dérivaient du corps. Mais quoi ! de ce qu'une cause produit des modifications matérielles, s'ensuit-il qu'elle soit matérielle elle-même ? Notre cause, qui est simple, ne produit-elle pas des effets matériels ? Dieu n'est-il pas simple, et répugne-t-il à la raison humaine d'admettre son action sur la matière ? Des phénomènes matériels peuvent donc dériver de causes simples. Il y a plus : ils en dérivent nécessairement, puisque toute cause est simple aux yeux de notre raison. On n'échappe pas à cette nécessité en admettant des causes matérielles. Car à quelle condition en admet-on? A la condition de concevoir les éléments de la matière comme animés, c'est-à-dire comme le siége d'autant de forces simples. Supposer que les phénomènes physiologiques dérivent des organes, ce n'est donc point éviter d'attribuer des phénomènes matériels à des causes simples, mais uniquement soutenir que ces causes simples résident dans les molécules intégrantes de ces organes; c'est soutenir en d'autres termes que dans la production des phénomènes, les organes ne sont pas les instruments d'une cause extérieure, mais la cause elle-même. La question de savoir si la nature des phénomènes physiologiques implique qu'ils dérivent du corps revient donc à celle de savoir si elle implique qu'ils dérivent de forces inhérentes aux molécules des organes. Or il est parfaitement évident, comme nous l'avons déjà montré, qu'il n'en est rien, et que les phénomènes physiologiques sont tout aussi bien expliqués par l'action d'une force agissant au moyen des organes que par l'action directe des molécules de ces organes. Il se peut donc que les phénomènes physiologiques émanent du corps; mais l'induction ne le démontre pas plus que l'observation ne le constate.

Et maintenant cette proposition, qui n'est ni démontrée ni démontrable, est-elle au moins vraisemblable? Je dis que non, et que, comme hypothèse, elle présente de graves difficultés.

Et d'abord, elle implique une chose, c'est que la vie physiologique dérive d'une multitude infinie de causes. Car dire qu'elle dérive des organes, c'est dire qu'elle résulte de l'action combinée de tous les éléments matériels dont ces organes sont composés. Or, si rien dans la vie physiologique ne répugne absolument à la supposition qu'elle émane du concours de plusieurs causes, il est impossible de ne pas reconnaître que l'unité et le concert qui s'y remarquent sont difficiles à concilier avec cette supposition, et à plus forte raison avec celle d'un nombre presque infini de causes. Et en admettant même le concours de plusieurs causes, encore faudrait-il toujours, pour expliquer cette unité, concevoir une cause supérieure, dont les autres ne seraient que les instruments, et qui aurait organisé et maintiendrait ce concert. On ne ferait donc que reporter dans cette cause supérieure l'unité qu'on n'aurait pas voulu admettre dans les causes immédiates. L'hypothèse que la vie physiologique émane de l'organisme a donc contre elle l'unité de cette vie, qu'elle ne saurait expliquer. Aussi le sens commun a-t-il toujours incliné vers l'hypothèse contraire, comme le témoigne l'opinion si ancienne et si persistante de la force vitale, qui la représente.

C'est là une première difficulté; mais ce n'est ni la seule ni la plus grave. En effet, on oublie une chose quand on dit que les phénomènes physiologiques sont produits par les organes, et que la vie physiologique émane du corps : c'est que le corps, c'est que les organes ont été produits par cette vie, et ne vivent que par elle ; c'est qu'il y a eu un moment où le corps, où les organes, n'existaient pas, et où cette vie existait déjà et travaillait à les former ; c'est qu'il en arrive un autre où le corps, où les organes, subsistent encore, et où cette vie a disparu ; c'est que cette vie est la seule chose qui persiste dans le corps, tandis que les molécules matérielles qui en seraient la source ne font qu'y passer, et s'y succèdent, et s'y renouvellent incessamment. Voilà ce que l'on oublie quand on prétend que la vie physiologique émane du corps. On ne s'aperçoit pas que, dans cette hypothèse, le corps et les organes seraient à la fois la cause et l'effet de la vie; que la vie les présupposerait, puisqu'ils en seraient la source, et qu'ils présupposeraient la vie; puisqu'elle les a formés; en sorte qu'ils se seraient produits avant d'être, ou auraient été avant de se produire : cercle vicieux inconcevable, décisif peut-être contre l'hypothèse que les organes sont le principe de la vie, mais qui doit pour le moins la rendre invraisemblable aux yeux de tout esprit impartial.

Ainsi, loin que la proposition que les phénomènes physiologiques émanent du corps soit prouvée, elle n'est même pas probable. Tout, au contraire, semble la repousser, comme difficile, pour ne pas dire impossible à concilier avec les faits.

Et cependant c'est sur cette proposition que repose entièrement le raisonnement que nous analysons : car, s'il n'est pas démontré que la vie physiologique dérive des organes, comme on n'a prouvé qu'une chose de la vie psychologique, à savoir qu'elle ne peut pas en dériver, rien n'établit que les sources de ces deux vies soient distinctes, et il reste possible qu'elles découlent d'un seul et même principe. Il n'y avait donc pas plus de raison de se laisser convaincre par ce second argument que par le premier que nous avons examiné. Aussi, quoique infatigablement reproduits depuis deux mille ans, ont-ils laissé indécise la question qu'ils avaient pour objet de résoudre.

Une chose est à remarquer dans ceux qui emploient ce dernier argument et qui y ont foi : c'est que des deux propositions dont il se compose, savoir, que les phénomènes physiologiques dérivent du corps, et que les phénomènes psychologiques ne peuvent pas en dériver, c'est précisément la première qui ne soulève dans leur esprit aucun doute. Ils la posent avec la plus entière confiance, comme un principe incontesté, à l'abri de toute objection, et qui n'a besoin que d'être énoncé pour être admis. Ce qu'ils sentent le besoin de démontrer, c'est uniquement que les phénomènes psychologiques font exception à la loi commune, et ne viennent pas des organes, comme les autres. Aussi est-ce à établir ce dernier point qu'ils mettent tout leur soin, persuadés que, cela fait, la dualité humaine sera hors de question et parfaitement prouvée. Qu'il y ait là une étrange illusion, c'est ce que nous venons de montrer, et ce qu'il faudrait être aveugle pour ne pas voir : car, ce qui est obscur dans l'homme, c'est précisément ce qui leur y paraît clair; et ce qui y est évident, c'est justement ce qui leur y semble douteux.

Et comment en serait-il autrement? Le principe de la vie psychologique étant nous, nous avons une connaissance complète de tous les mouvements, de toutes les opérations de cette vie.

Ces mouvements, ces opérations, c'est nous qui les produisons; nous les sentons émaner de nous; nous en pouvons observer tous les détails; nous savons comment, pourquoi, dans quel but, nous les accomplissons. En un mot, à partir du principe d'où elle découle jusqu'au but où elle aspire, nous embrassons la vie psychologique tout entière, dans tout son développement, dans toutes les fonctions qui la constituent, et cela perpétuellement, à chaque heure, à chaque minute de notre vie. Comment donc cette vie et son principe nous seraient-ils obscurs? Et avec quoi réglerions-nous nos actions, gouvernerions-nous notre conduite, s'ils nous l'étaient? Ces deux choses sont également impossibles. Aussi je ne crains pas de le dire, les hommes les plus vulgaires, ceux-là même qui jamais ne s'étudient, et qui n'ont de la vie psychologique qu'une connaissance involontaire, en savent cependant plus sur cette vie que le plus savant physiologue n'en saura jamais sur la vie physiologique.

Ce qui est vraiment et profondément obscur, et ce qui doit l'être dans l'homme, c'est cette dernière vie. En effet, les causes nous en échappent. Nous n'atteignons pas même les actes de ces causes. Tout ce que nous pouvons saisir, ce sont les effets matériels produits dans le corps par les actes inconnus des causes inconnues de la vie.

Encore n'est-ce que par surprise et avec mille peines que nous les saisissons; et non pas tous, mais seulement quelques uns : car qui sait si une foule de phénomènes physiologiques ne nous sont pas encore inconnus, ou plutôt qui en doute? Et cependant c'est sur cette vie si obscure, si couverte de ténèbres, que le raisonnement vulgaire que nous examinons n'hésite pas. Il en sait, à n'en pas douter, le principe qui nous échappe ; tandis qu'il doute sur celui de la vie psychologique, qui est nous, et dont nous avons une connaissance immédiate et perpétuelle. Il démontre quel doit être ce dernier ; il remonte à sa nature par les phénomènes qui en émanent. Pour l'autre, il le connaît à merveille ; il le proclame sans balancer : c'est le corps, ce sont les organes ; il ne saurait exister sur cela le moindre doute, la moindre hésitation. Etrange illusion, encore une fois, et qui montre combien nous remarquons peu ce que nous apprenons sans effort, ce que nous savons par cela seul que nous vivons, et combien, au contraire, l'attention continuelle que le monde physique force notre esprit à lui accorder nous exagère la connaissance que nous en avons.

Que prouve le double examen auquel nous venons de nous livrer ? une chose : c'est que la démonstration de la dualité humaine ne peut sortir de la nature comparée des phénomènes physiologiques et psychologiques. On aura beau tourmenter ces phénomènes, ils ne rendront pas la preuve qu'on y cherche. Ils ne sont pas de même ordre, et par conséquent les différences qui les séparent ne prouvent rien. Fussent-ils de même ordre, elles ne prouveraient rien encore, parce qu'une même cause peut produire des phénomènes très divers. Quant à dire que les uns révèlent une cause simple, et les autres non, c'est une absurdité, attendu que toute cause est nécessairement simple. Enfin, si l'on substitue l'unité à la simplicité, rien ne prouve que, tandis que la vie psychologique dérive certainement d'une seule cause, il en soit autrement de la vie physiologique; tout semble indiquer au contraire que le principe de la seconde est un comme celui de la première.

Le seul argument tiré de la comparaison des deux ordres de phénomènes qui présente une apparence spécieuse est celui qui se fonde sur la fin différente des deux vies physiologique et psychologique. En effet, chacune de ces vies a son but distinct, et souvent il y a opposition entre ces deux buts. Ne s'ensuit-il pas que ces deux vies appartiennent à deux êtres et sont le développement de deux causes différentes?

Je dis que rien ne répugne à le supposer, mais

je dis en même temps que rien ne le démontre, et que, si nous en étions réduits à cette preuve, la dualité humaine ne serait encore qu'une hypothèse. De même, en effet, qu'on peut concevoir une cause produisant des effets différents, de même il n'y a point de contradiction à en supposer une qui aspire à la fois à plusieurs fins, et qui produise, pour les atteindre, plusieurs séries de phénomènes. Sans remonter à Dieu, de qui cela est évident, nous en trouvons un exemple en nous-mêmes. La force qui est nous aspire à la fois à des buts très différents, le bonheur et la vertu, l'activité et le repos, la connaissance et la puissance, en sorte que qui ne saisirait dans le spectacle de la conscience que les phénomènes pourrait n'y voir que la lutte de plusieurs causes qui tendent chacune à leurs fins. Mais, indépendamment de tout exemple, quoi de plus admissible que l'hypothèse d'une cause s'enveloppant, par la volonté de Dieu, d'un corps destiné à devenir l'instrument de son action et l'organe de ses facultés, et forcée tout à la fois par sa nature à aller à sa fin propre, et par sa condition accidentelle à entretenir ce corps qu'elle a créé (1) ? Et, je le demande, qui pourrait soutenir que cette hypothèse n'est pas la vérité même, si nous

---

(1) Hypothèse de Stahl.

n'avions pas conscience de la cause qui est nous, et si cette conscience ne nous attestait pas que cette même cause n'est pour rien dans les opérations qui créent et conservent l'agrégation matérielle? Ainsi, même cet argument de la diversité des fins des deux vies, le moins mauvais de ceux qui peuvent être tirés de la comparaison des deux ordres de phénomènes, se montre insuffisant à la réflexion, et ne contient point la preuve cherchée de la dualité humaine.

Si l'homme est en possession de cette preuve, il ne le doit qu'à une seule circonstance : c'est qu'il a conscience en lui d'autre chose que les phénomènes, c'est qu'il atteint le principe qui les produit, la cause qui le constitue et qu'il appelle *moi;* c'est qu'en même temps qu'il a conscience de cette cause, il a conscience de tous les actes qui en émanent, et que, ces actes ne comprenant que les phénomènes psychologiques, et point du tout ceux qui produisent les phénomènes physiologiques, il lui est démontré par là d'une manière irréfragable que ces derniers phénomènes, qui vont au bien du corps et composent la vie animale, dérivent d'un autre principe qui coexiste dans l'homme avec le moi, et qu'ainsi il y a dualité de principes, comme de vies et de fins, dans la nature humaine.

Or cette preuve, la seule qui en soit une, la

seule par conséquent qui traduise et justifie la conscience confuse mais énergique que l'homme a toujours eue de sa dualité, cette preuve jusqu'ici n'avait pas été donnée. Aussi, malgré tant d'efforts pour établir dans la science la conviction de l'humanité, n'y était-on pas encore parvenu d'une manière définitive. Ce qui n'avait pas encore été fait, j'ai essayé de le faire ; c'est en cela que ce mémoire peut avoir quelque importance, et, après tant de volumes sur la question, n'être pas sans nouveauté.

Ce qui a si long-temps dérobé cette preuve à l'attention des philosophes, c'est la vieille opinion, enracinée dans les esprits, que la conscience n'atteint en nous que les actes et les modifications du principe personnel, et point du tout ce principe lui-même. Cette opinion a pris naissance à son tour dans la confusion perpétuellement faite du *moi* comme substance, et du *moi* comme cause. On a dit : Nous ne saisissons pas la substance du *moi*; nous ne le connaissons que par ses attributs, comme la matière; autrement nous aurions une idée claire de la nature de cette substance, tandis que nous n'en avons aucune idée. On a conclu de là que l'être *moi* nous échappait, et, sans faire attention qu'autre chose est la cause qui est nous, autre chose la substance à laquelle elle peut être attachée, on a enveloppé le *moi* cause dans l'axiome. Dès lors les phénomènes sont restés le seul élément du fait de conscience qui pût servir de base à la démonstration scientifique de la dualité humaine; c'est donc là seulement qu'on l'a cherchée, et, comme elle n'y est pas, on n'a pu l'y trouver.

Thèse singulière à soutenir que je ne saisis pas la cause qui est *moi*, que je sens ma pensée, ma volonté, ma sensation, mais que je ne me sens pas pensant, voulant, sentant! Mais d'où saurais-je alors que la pensée, la volonté, la sensation que je sens, sont miennes, qu'elles émanent de moi, et non pas d'une autre cause? Si ma conscience ne saisissait que la pensée, je pourrais bien concevoir que la pensée a une cause; mais rien ne m'apprendrait quelle est cette cause, ni si elle est *moi* ou toute autre. La pensée ne m'apparaîtrait donc pas comme *mienne*. Ce qui fait qu'elle m'apparaît comme mienne, c'est que je la sens émaner de moi; et ce qui fait que je la sens émaner de moi, c'est que je sens la cause qui la produit et que je me reconnais dans cette cause. Quand l'expérience de chaque instant ne serait pas là pour déposer que j'ai conscience de la cause qui pense, qui veut et qui sent, il serait démontré que j'ai cette conscience, par cela seul que j'appelle *moi* cette cause et *miens* les actes qui en dérivent : car, si je ne l'atteignais pas, elle serait pour moi une force inconnue, comme la gravitation ; je ne pourrais savoir si elle est identique à moi, qui ne ferais que la concevoir, ni par conséquent si les actes qui m'en révèleraient l'existence m'appartiennent.

Il faut donc rayer de la psychologie cette proposition consacrée : *L'âme ne nous est connue que par ses actes et ses modifications*. L'âme se sent comme cause dans chacun de ses actes, comme sujet dans chacune de ses modifications, et, comme elle ne cesse d'agir et de sentir, elle a d'elle-même une conscience perpétuelle. Et remarquons que ces deux états dans lesquels elle se sent ne sont que deux points de vue d'un seul. L'âme, en effet, n'éprouve des sensations, c'est-à-dire n'est modifiée que parce qu'elle est une cause, et une cause en action. Un être inerte ne saurait sentir, une cause seule le peut : car sentir est le fait d'une force contrariée ou secondée dans son développement, et qui en a conscience ; en sorte que, si l'âme cessait d'agir, elle deviendrait incapable de toute modification. Continuerait-elle d'avoir conscience d'elle-même dans cette hypothèse ? Cette question ne mérite pas de réponse : car, la conscience étant un acte, elle implique contradiction. Quant à la substance de l'âme, si par substance on entend ce qui est supposé par les modifications, l'âme se sent substance comme elle se sent cause. Mais si par substance on entend le *substratum* de la cause qui est nous, l'âme ne sent point un tel *substratum*, et il est permis de douter qu'une force en suppose un.

RAPPORT

FAIT AU NOM DE LA SECTION DE MORALE DE L'ACADÉMIE
DES SCIENCES MORALES ET POLITIQUES

SUR LE CONCOURS

RELATIF AUX ÉCOLES NORMALES PRIMAIRES.

(13 juin 1840.)

—

L'Académie, sur la proposition de sa section de morale, avait mis au concours, pour l'année 1838, la question suivante :

« Quels perfectionnements pourrait recevoir l'institution des écoles normales primaires, considérée dans ses rapports avec l'éducation morale de la jeunesse ? »

Un programme court, mais précis, ajouté à la question, déterminait d'une manière nette la pensée de l'Académie en indiquant les points sur lesquels l'attention des concurrents devait principalement se fixer, et les problèmes spéciaux qu'ils étaient invités à résoudre.

Dix mémoires répondirent à l'appel et aux espérances de l'Académie : quatre lui parurent dignes du concours et de la question ; et sur ces quatre deux auraient porté sans fléchir le poids de sa couronne. L'Académie toutefois s'abstint de la décerner. On avait compris la portée, la gravité, l'étendue de la question ; les hommes spéciaux s'étaient émus et lui avaient envoyé le tribut de leur expérience ; mais, d'une part, le temps leur avait manqué pour choisir entre leurs idées, pour en élaguer tout ce qui ne se rapportait pas au problème particulier soumis à leur examen, et pour concentrer le reste dans une rédaction méthodique et précise ; tous ou presque tous se plaignaient de cette précipitation obligée, et les deux mémoires placés au premier rang en portaient la trace évidente. Et, d'un autre côté, les hommes spéciaux avaient seuls répondu : évidemment les délais fixés par l'Académie avaient effrayé les autres ; moins préparés, ils avaient reculé devant une tâche si vaste et un temps si court. Quoique remarquable et plein d'enseignements, le concours n'avait donc pas porté tous ses fruits. On avait la déposition improvisée des hommes voués à l'instruction primaire : il fallait leur donner le temps de la revoir, de la méditer, de la circonscrire dans les limites déjà bien assez larges de la question proposée. On n'avait pas celle des hommes du dehors : il fallait l'obtenir en leur accordant un nouveau délai pour la donner. Le point de vue des hommes du métier a ses avantages ; il est des choses qu'eux seuls peuvent dire, parce qu'eux seuls les savent : embarqués sur le navire, ils en connaissent toute la manœuvre, ils en sentent tous les mouvements ; un sûr instinct les avertit des dangers qui le menacent ; ils ont en quelque sorte conscience de la vie qui l'anime et des vices secrets qui en troublent les fonctions. Mais, enfermé dans l'institution, il ne saurait leur être donné de la juger avec la même rectitude dans ses rapports avec les autres parties de l'organisation sociale. La place qu'elle y occupe, le rôle qu'elle y remplit, les défauts, les qualités même, par lesquels elle en trouble l'harmonie ou en blesse les conditions, tout cela est indépendant de la bonté absolue de l'institution, tout cela est relatif à l'ensemble dont l'institution est un élément, et ne saurait être bien apprécié du point de vue intérieur. Il y faut le coup d'œil du spectateur, et le secours de la perspective et de l'éloignement. Ce jugement du dehors, le concours ne l'avait pas obtenu ; l'enquête provoquée par l'Académie demeurait donc incomplète. Ces considérations la décidèrent. En rendant pleine justice aux concurrents, elle dut, dans le grand intérêt social qui lui avait fait poser la question, prolonger le concours. Et afin que ce second appel ne fût pas stérile, elle en fit clairement connaître les motifs et l'esprit. « L'Aca-

» démie a pensé, disais-je en son nom dans le
» rapport, qu'en remettant la question au con-
» cours et en accordant aux concurrents un délai
» assez long, des écrivains autrement placés
» pourraient aussi lui envoyer le tribut de leurs
» idées; et qu'en même temps les auteurs des mé-
» moires qni ont approché du but et l'ont presque
» touché, en complétant leur travail et en le ra-
» menant plus entièrement à la pensée de l'Aca-
» démie, parviendraient à le rendre tout à fait
» digne de ses suffrages. » L'Académie ne pouvait indiquer plus clairement son but et ses
espérances.

Ces espérances, Messieurs, n'ont pas été trom-
pées. Les lumières que l'Académie voulait et cherchait, le nouveau concours les lui apporte; toutes
les données fournies par le premier, le second les
lui rend plus précises et plus complètes, et il y
ajoute toutes celles que le premier avait laissé
désirer. Le nouveau concours accomplit ainsi
l'enquête que l'autre n'avait fait qu'ébaucher.
Nous avons aujourd'hui sur les écoles normales
primaires les deux avis que nous voulions, celui
des hommes du métier, puisé dans un sentiment
intime et dans une connaissance approfondie de
l'institution, et celui du spectateur désintéressé,
pris du point de vue extérieur, et principalement
inspiré par les rapports qu'elle soutient avec les

autres éléments de l'organisation sociale. Ce dernier avis qui nous manquait en 1838, un nouveau concurrent s'est chargé de nous le donner, et s'est acquitté de cette tâche avec une remarquable supériorité. L'autre se trouve consigné dans de nombreux mémoires, à la tête desquels reparaissent avec éclat les deux ouvrages que vous n'aviez pas sans regrets privés de la couronne en 1838. Ainsi, le double but que l'Académie s'était proposé se trouve pleinement atteint : nous avons voulu et nous avons dû le lui dire avant tout. Je vais maintenant m'acquitter de la mission difficile que la section de morale m'a confiée, en vous rendant compte de l'examen qu'elle a fait de ce concours remarquable et du jugement qu'elle en a porté.

De toutes les lois rendues depuis la révolution de juillet aucune ne confère à l'état un pouvoir plus redoutable que celle du 28 juin 1833. L'instruction secondaire n'atteint qu'une faible partie de la jeunesse ; l'instruction primaire la saisit tout entière, et à un âge où l'esprit et le cœur reçoivent des impressions ineffaçables. Maître de l'instruction primaire, un gouvernement l'est, en quelque sorte, des idées et des sentiments, des croyances et de la moralité des générations qui s'élèvent et composeront la nation dans un avenir très rapproché. Heureusement un tel empire est naturellement limité; sans que la loi s'en mêle, il est balancé par trois influences sur lesquelles l'état ne peut rien : celle de la religion, qui appartient au prêtre; celle de la famille, qui s'exerce par l'exemple; et celle des mœurs et des idées de la société, qui enveloppe toutes les autres et domine l'état lui-même. Mais, malgré ce triple contre-poids, ce pouvoir serait encore immense, si l'état le possédait tout entier. C'est ce que n'a pas voulu la loi de 1833. En le livrant à l'état, elle l'a laissé en présence de deux droits qu'elle n'a pas consenti à lui sacrifier : celui du père de famille, de choisir le maître de ses enfants ou de ne leur en donner aucun, et celui de tout citoyen, de créer une école, et d'y donner, à sa façon, l'instruction primaire. En un mot, la loi n'a pas rendu l'instruction primaire obligatoire, et elle a respecté la liberté d'enseignement. Ainsi affaibli par la nature des choses et les défiances ou les timidités de la loi, le pouvoir conféré à l'état sur l'instruction primaire est encore considérable et la responsabilité qui s'y attache effrayante. On ne doit donc point s'étonner si une mission si redoutable le préoccupe, et si la manière dont il la remplira inquiète la société. Des deux côtés ce souci est légitime, et tous les esprits élevés le partagent. Heureusement aucune défiance politique ne s'y mêle et ne vient com-

pliquer une question déjà si grave en elle-même.
Émané du pays, le gouvernement ne saurait songer à tourner contre lui la puissance qu'il en a reçue, et le pays, qui sent le gouvernement dans sa main, ne redoute nullement de la part de l'état une semblable tentative. Ils ont foi l'un dans l'autre, et une parfaite sympathie unit leurs sollicitudes. C'est avec les mêmes craintes et les mêmes espérances qu'ils envisagent cet avenir obscur sur lequel il leur est donné d'agir, et cette puissante institution par laquelle ils le peuvent, et c'est dans le même intérêt, celui de la patrie et de l'humanité, qu'ils invoquent les lumières et les conseils sur la meilleure exécution de la loi de 1833. Ainsi dégagé de tout nuage politique, le problème n'en a que plus de grandeur; il se dessine avec plus de majesté dans la pure atmosphère de 1840, qu'il ne faisait dans le ciel couvert et orageux de la restauration; il s'y montre dans sa dignité de problème social, et l'union consacrée du pouvoir et du pays permet à la science de l'aborder librement et de l'examiner dans le seul intérêt du bien public et de la vérité. Rendu de la sorte à sa propre nature et soustrait aux circonstances qui en altéraient le caractère et en passionnaient la discussion, il tombait naturellement dans la compétence de l'Académie. C'est sa mission glorieuse de dégager des débats éphémè-

res et aveugles de la politique les grandes questions sociales qui y sont mêlées, et de les éclairer au profit de la science et du pays. C'est par cette mission qu'elle est elle-même une institution aussi sociale que scientifique, et que ses concours ont une éminente utilité. La loi de 1833 soulevait une de ces questions vitales; les sollicitudes du gouvernement et du pays la signalaient à sa vigilante attention; elle devait la poser, et elle l'a fait. L'Académie, Messieurs, peut s'en applaudir. La question ne sortira point de son concours comme elle y est est entrée. Les mémoires qu'il a suscités l'ont fouillée dans tous ses replis, étudiée sous toutes ses faces, éclairée sous tous ses aspects. Ils renferment un des débats les plus approfondis et les plus étendue que l'expérience, inspirée par le patriotisme, puisse rendre sur une question où tant de graves intérêts sont engagés. Le pays, les chambres, le gouvernement, y puiseront les renseignements les plus utiles sur les effets de la loi de 1833, les vues les plus élevées et les plus pratiques tout à la fois sur les réformes qu'appelle, qu'exige peut-être la grande institution qu'elle a fondée.

L'Académie, Messieurs, a rendu un premier service par la manière dont elle a posé la question. Du premier coup elle en a dégagé tout ce qui importait et éliminé tout ce qui n'était que secondaire ou indifférent. L'action de l'état sur la jeunesse s'exerce par les maîtres; ces maîtres se forment dans les écoles normales : les écoles normales sont donc le ressort qui imprime le mouvement à l'institution. Dans leur organisation se résume toute la puissance, toute l'influence de l'état; là se détermine la nature, là se mesure d'avance l'énergie et l'étendue de son action. Mais cette action elle-même est double : elle s'exerce sur l'intelligence de l'enfant par l'instruction; elle s'exerce sur son cœur par l'éducation. La première est facile à assurer et à régler : il y a des moyens infaillibles de communiquer l'instruction, et dans l'exacte mesure qu'on souhaite. Faire des maîtres qui enseignent bien certaines choses, et seulement certaines choses, est un problème aisé à résoudre; la vraie difficulté est d'en former qui donnent à la patrie des enfants moraux et religieux, qui l'aiment et la servent, qui l'honorent et la rendent heureuse et forte par leurs sentiments et leur conduite. Or cette partie vraiment difficile de la tâche est en même temps celle qu'il importe le plus de remplir : car ce qui importe à l'état et au pays, c'est bien moins ce que saura l'enfant que ce qu'il croira, que ce qu'il aimera, que ce qu'il voudra; et même ils ne prennent souci de ce qu'il saura que parce que les connaissances influent sur l'âme et concourent à diriger et à déterminer la volonté. L'éducation résume donc la mission de l'état sur la jeunesse, comme les écoles normales résument les moyens mis entre ses mains pour l'accomplir. C'est ce que l'Académie n'a point laissé dans le doute; c'est ce qu'elle a décidé et formulé avec autorité, dans les termes mêmes du problème mis au concours, et du programme par lequel elle l'a développé. En posant ainsi la question, elle faisait plus que la dégager et la préciser, elle l'avançait. Elle n'excluait aucune recherche, elle ne repoussait aucune vue : car tout, dans l'instruction primaire, se rattache aux écoles normales comme moyen, à l'éducation comme fin ; mais elle posait en principe que, l'éducation étant la fin définitive, et l'école normale le moyen capital, le reste n'était que secondaire, et ne devait être considéré que subsidiairement. Par là elle marquait aux concurrents un but si haut à la fois et si compréhensif, que toutes leurs idées, toutes leurs recherches, pouvaient s'y rallier avec mesure, et, par une heureuse violence, elle imposait en quelque sorte à leurs compositions l'unité et les proportions.

Vous ne l'avez pas oublié, Messieurs, cette conception si élevée et si sage de la question n'avait pas été parfaitement comprise dans le concours de 1838. Dans le trouble où l'imprévu du problème et la brièveté des délais les avaient jetés. plusieurs des concurrents, mettant la main à l'œuvre avant de l'avoir bien méditée, avaient écrit des traités généraux sur l'instruction primaire, traités dont l'éducation n'était qu'un chapitre, au lieu de rallier à l'éducation, par les écoles normales primaires, toute la matière et toutes les questions. L'Académie, en remettant le problème au concours, signala cette méprise, et reproduisit avec plus de clarté et de force sa pensée et son but. Doublement avertis cette fois, les concurrents se sont fidèlement conformés à votre programme, et ceux-là même qui avaient embrassé avec le plus de compréhension tout le sujet de l'instruction primaire ont pu s'apercevoir que, pour être ainsi ramenée à son but suprême, la recherche n'en était pas amoindrie, et qu'elle gagnait en unité sans rien perdre en étendue.

Pour peu que l'on veuille y réfléchir, en effet, on reconnaîtra que de toutes les questions qui se rattachent à l'instruction primaire il n'en est pas une, théorique ou pratique, générale ou particulière, qui ne tienne de près ou de loin au problème fondamental posé par l'Académie, et qu'un bon esprit ne puisse légitimement, ne doive même peut-être agiter pour la résoudre. Au premier coup d'œil, le champ paraît limité ; l'enceinte de l'école normale semble l'enfermer.

Là, en effet, se présentent en foule les questions les plus intimes au sujet, c'est-à-dire celles qui se rapportent à l'organisation intérieure et matérielle, au choix des maîtres et des élèves, à la nature et à l'étendue de l'enseignement, au régime et à la discipline de ces séminaires laïques où l'état forme l'instituteur. Ces questions vont si directement au but ; de la bonne solution de toutes dépend si évidemment l'éducation morale des maîtres futurs de la jeunesse, qu'on croirait qu'elles sont la recherche même et qu'elles la contiennent tout entière. Et cependant il n'en est rien : car essayez de les aborder, et vous verrez bientôt qu'il n'en est aucune qui n'implique et ne présuppose une foule de questions supérieures qui sont ainsi attirées et invinciblement engagés dans le cercle de la discussion. Au fond, Messieurs, l'école normale n'est qu'un moyen, et l'organisation de ce moyen doit être relative au but qu'on veut atteindre. Déterminez ce but, arrêtez-en l'idée avec précision, et vous pourrez après agiter toutes les questions qui se rapportent à l'organisation des écoles ; mais auparavant vous ne le pouvez pas. Au dessus de ces questions il y en a donc une qui les domine, celle du but, c'est-à-dire qu'il faut, avant tout, s'entendre sur l'éducation qu'on veut donner aux maîtres, et par les maîtres à la jeunesse. Or cette éducation n'est pas une éducation abstraite et quelconque dont on puisse spéculativement déterminer l'idée, comme un philosophe déterminerait celle de la poésie ou du syllogisme; c'est une certaine éducation dont la nature, l'étendue, le caractère, doivent être relatifs à une foule de circonstances avec lesquelles il est nécessaire qu'elle soit en harmonie. Et quelles sont ces circonstances, Messieurs? Vous le savez, et votre programme même en avertissait les concurrents : ce ne sont pas seulement la condition et les mœurs des classes de la société auxquelles elle est particulièrement destinée, l'humble culture qu'apportent à l'école et la plus humble destinée que trouveront, en la quittant, les maîtres chargés de la transmettre, l'intérêt politique de l'état qui la donne, les dispositions, les restrictions et les respects de la loi qui la prescrit; ce ne sont pas seulement, en un mot, tous ces faits qu'un rapport immédiat unit à la question, et que le plus simple bon sens indique; ce sont encore, de près ou de loin, à des degrés différents et à des distances inégales, tous les éléments constitutifs de notre société, notre ordre social tout entier, tel que l'ont fait les siècles, les événements et les desseins de la Providence sur notre patrie. En effet, l'ordre social est le milieu au sein duquel l'instituteur agira, et vous devez l'approprier à ce milieu, sous peine de n'en faire qu'un instrument impuissant ou funeste. C'est donc une grande, une immense question, que celle de l'éducation de l'instituteur; pour la résoudre, il faut songer à tout, aux plus grandes choses comme aux plus petites, aux plus prochaines comme aux plus éloignées : car il n'est rien dans le pays qu'elle n'atteigne et n'intéresse, et c'est en présence de tous les faits qu'elle intéresse et qu'elle atteint qu'elle doit être examinée, si on veut en trouver une solution sage et pratique. Voilà, Messieurs, le voyage qu'il faut entreprendre, l'ample cercle de considérations et de faits qu'il faut décrire, avant d'arriver à l'organisation des écoles normales primaires : car c'est en vue de cette éducation, dont le caractère et la mesure sont si difficiles à fixer, que toutes les questions relatives à cette organisation peuvent seulement et doivent être résolues. La recherche que vous avez provoquée a donc son centre dans les écoles normales; mais elle rayonne au loin et dans tous les sens, et embrasse un vaste champ. Nous avons pensé qu'il n'était pas inutile peut-être de le rappeler au début de ce rapport : car ce champ, vous l'aviez ouvert aux concurrents, et le concours l'a parcouru.

Il l'a parcouru en ce sens, Messieurs, qu'il n'est point de partie de la recherche, point d'aspect du problème, point d'élément de la solution qui lui ait échappé, et qui ne se trouve envisagé et saisi dans l'un ou l'autre des mémoires qui le composent. Sous ce rapport, ainsi que nous vous le disions tout à l'heure, l'enquête que vous aviez provoquée est complète et laisse bien peu à désirer. Mais, comme il arrive toujours, le sujet n'est entièrement embrassé dans aucun. L'un voit davantage, l'autre moins ; celui-ci est préoccupé de certaines faces de la question que celui-là néglige pour d'autres qui le frappent exclusivement. Aucun ne saisit tout, ni ne saisit de la même manière les mêmes choses. Ces diversités ne viennent pas seulement de la portée d'esprit des concurrents; elles viennent aussi de leur position et du point de vue où elle les place. Parmi ces points de vue, il en est trois fort distincts : celui du simple instituteur, celui du directeur d'école normale et de l'inspecteur de l'instruction primaire, celui enfin de l'administrateur et de l'homme politique. Ces trois hommes se devinent aisément aux choses qui les préoccupent et à l'horizon qu'ils embrassent. Ainsi, ce qui touche l'instituteur, ce à quoi il revient sans cesse, c'est la position du maître vis-à-vis des comités, du conseil municipal, du curé, des parents; ce sont les ennuis, la dépendance, les difficultés de sa situation, mis en regard de l'indépendance et des priviléges des frères ; c'est sontraitement modique, c'est son avancement, c'est sa retraite. Tout le mal est là pour lui; c'est là que portent ses réformes. On croirait ces humbles détails bien loin de la question ou bien insignifiants ; ils en sont très près et ils importent, et l'instituteur pouvait seul les donner, car ils échappent ou sont moins visibles aux fonctionnaires supérieurs de l'instruction primaire, dont l'horizon est beaucoup plus large, et qui, de leur position spéciale, voient à leur tour une foule de choses que saisit moins bien ou qu'ignore tout à fait l'homme politique, dont le regard embrasse mieux les grands rapports qui unissent l'instruction primaire à tous les éléments de l'ordre social. Vous reconnaîtrez ces points de vue et leurs avantages respectifs dans l'idée sommmaire que nous allons vous donner des différents mémoires envoyés au concours, et vous ne serez pas étonnés si entre des ouvrages également remarquables, mais rédigés dans des points de vue qui les rendent diversement utiles et diversement compréhensifs, votre section de morale a hésité, et voudrait avoir plus d'une couronne à décerner.

Mais avant d'arriver à cette analyse des mémoires soumis à son jugement, qu'il me soit permis de signaler encore un caractère qui leur est commun et qui les honore également. Ce caractère, Messieurs, c'est une moralité profonde et sincère.

Des esprits de portées très différentes ont écrit ces ouvrages; en plus d'un endroit l'intelligence défaille et le jugement dévie : jamais la volonté, jamais l'intention. Les plus faibles de ces compositions comme les plus distinguées sont écrites dans un sentiment élevé de la fin morale de l'homme et de la société, dans un respect profond de tous les principes et de toutes les institutions qui concourent à les y conduire, dans un ardent désir de servir cette noble cause en éclairant une des questions où elle est le plus engagée, celle de l'éducation des enfants. On ne trouverait pas dans tous ces mémoires un mot suspect, une épithète légère sur aucune des choses qui méritent le respect des hommes, et qu'une opinion naguère encore toute-puissante avait trouvé du plaisir à abaisser. Le sentiment religieux s'y montre diversement compris, mais toujours sincère et vrai. Il n'y a qu'une voix dans le concours pour proclamer que sans la religion il n'y a pas d'éducation morale possible, et qu'elle doit être l'âme des écoles normales. Ce sont là, Messieurs, des symptômes doublement rassurants, en ce qu'ils indiquent dans la société tout entière un retour et dans le sein de l'instruction primaire en particulier un attachement ferme aux saines doctrines et aux saines idées. Votre section a été vivement touchée de cette unanimité de bons sentiments et d'intentions élevées. Votre rapporteur y a trouvé des motifs de rendre justice même aux efforts impuissants des concurrents les plus faibles. Comment ne pas accueillir, comment ne pas honorer par des paroles bienveillantes le tribut du pauvre aussi bien que celui du riche, quand l'un et l'autre l'ont payé avec le même amour du vrai et du bien?

Neuf mémoires, Messieurs, ont été envoyés au concours de 1840. C'est un de moins qu'en 1838. Ces neuf mémoires forment ensemble deux mille cinq cents pages in-folio ou in-quarto, et composeraient au moins huit forts volumes in-octavo. Votre section les a tous lus avec attention, et son rapporteur presque tous deux fois. C'était une mission laborieuse, mais qu'il fallait remplir en conscience, pour assurer le jugement de l'Académie. Je vais vous entretenir de ces neuf mémoires, en commençant par les plus faibles. Je ne vous en donnerai pas l'analyse exacte; la tâche serait infinie et le résultat fastidieux; mais je chercherai à signaler le caractère spécial de chaque ouvrage, les faces de la question qui y sont particulièrement étudiées, et les points sur lesquels il présente des renseignements précieux et mérite d'être consulté.

Le premier et le plus faible de tous a été inscrit sous le n° 2; il se compose de trente-quatre pages in-quarto et ne porte point d'épigraphe. L'auteur semble avoir pris l'éducation dans le sens où on l'entend quand on dit d'un homme grossier qu'il en manque et d'un homme poli qu'il en a. Ce qui le frappe surtout dans les instituteurs primaires et dans leurs élèves, c'est la rudesse des manières et le défaut d'élévation dans les sentiments. A ce mal, qui le préoccupe, il ne voit qu'un remède : c'est de former dans les écoles normales des maîtres qui n'aient point ces défauts; les policer, leur élever le cœur, voilà le grand but qu'on doit avoir en vue. Il propose, pour l'atteindre, différentes réformes dans l'institution. Il voudrait que les élèves y entrassent plus jeunes et y séjournassent plus long-temps. Il indique les moyens que présentent les diverses parties de l'enseignement pour élargir les idées et émouvoir l'âme des futurs instituteurs. Mais ces moyens sont trop bornés, et il en imagine de nouveaux, parmi lesquels on distingue la philosophie de l'histoire, des leçons de rhétorique, des drames que les élèves joueraient, une tribune où ils s'exerceraient à la parole. Son but est de faire vibrer dans le peuple, je me sers de ses expressions, la triple corde de la religion, de la nationalité et de l'honneur, qui y sommeille. Aussi regrette-t-il les fêtes civiques et en demande-t-il le rétablissement. Cet ouvrage, dont le style est exagéré, vague, ambitieux comme les idées, nous aurait moins arrêté s'il n'était rempli des sentiments les plus honorables, et ne contenait cà et là des renseignements utiles sur l'état des écoles primaires dans les campagnes. L'auteur est évidemment un instituteur; il oublie même parfois la question et rentre dans son métier en enseignant comment on doit enseigner. Il a le sentiment de son insuffisance; mais il en démêle mal la nature et prend la forme pour le fond. Ce qui manque avant tout à son intelligence comme à son mémoire, c'est la rectitude de jugement.

Le même défaut s'associe à une culture d'esprit beaucoup plus grande et à un talent plus distingué dans le mémoire inscrit sous le n° 5, et qui porte pour épigraphe cette phrase de l'Évangile : *Laissez venir à moi les petits enfants*. Cet ouvrage, composé de cent cinquante-six pages in-folio. et divisé en cinq longs chapitres, commence par un coup d'œil sur l'humanité, continue par un autre sur l'éducation, et aboutit aux écoles normales en passant par les salles d'asile et les écoles primaires. L'auteur est un philosophe, ami de l'humanité et de l'ordre, religieux, plein d'un zèle ardent et des meilleures intentions. Il embrasse dans son travail tout notre système d'éducation publique, et le trouve mauvais, pour ne pas dire absurde, dans toutes ses parties. Nos salles d'asile et nos écoles primaires sont des *étouffoirs :* on y enseigne des mots ; on y fait des perroquets et des marionnettes ; tout y est mécanique et mort, enfants et maîtres ; les écoles normales couronnent dignement l'édifice : on y fabrique des machines pour en faire d'autres. Ce n'est pas que l'auteur condamne ces trois institutions ; loin de là, il les aime et les honore : il veut des salles d'asile, il veut des écoles primaires, il veut des écoles normales ; mais il les comprend tout autres que nous ne les avons. C'est au milieu des champs, en présence de la nature, au sein de la liberté et d'une douce gaîté, parmi les jeux et les danses, et aux accords de la musique, qu'il commence, qu'il continue et qu'il achève l'éducation des enfants de la patrie, et celle des maîtres chargés de la donner. Il trace des peintures animées et quelquefois séduisantes de la salle d'asile et de l'école primaire qu'il imagine. Ses écoles normales seraient d'immenses établissements. Elles comprendraient une salle d'asile, des écoles primaires des deux degrés, une école d'adultes, une école d'application pour les ouvriers, des ateliers pour l'apprentissage, un jardin, un corps de ferme. Les élèves jouiraient d'une pleine liberté ; l'enseignement serait une perpétuelle promenade et une continuelle conversation. Les sciences naturelles, l'anthropologie, le droit naturel, l'instruction civique, y tiendraient une grande place et descendraient de là dans les écoles. Dieu serait toujours présent, et sa puissance et sa bonté ne cesseraient d'être révélées et démontrées. Un grand nombre d'écrivains, et particulièrement Montaigne et Rousseau, viennent en aide à l'auteur dans cette magnifique conception, qui n'est au fond que celle de l'*Émile* appliquée à l'éducation en commun. Pour la réaliser, il met largement la puissance publique à contribution. Il veut que l'état s'empare de l'éducation; c'est son droit et son devoir, car il existe entre lui et tout enfant qui vient au monde un contrat synallagmatique. L'instruction donnée par lui doit donc être obligatoire, et la liberté d'enseignement abolie. Elle doit de plus être gratuite; c'est à la société à en faire les frais, car elle est son plus grand intérêt et décide de son avenir. Nous n'en dirons pas davantage sur ce mémoire, dont l'Académie peut juger l'esprit et la tendance. Il émane directement des théories moitié antiques, moitié chrétiennes, et généralement inapplicables, de la fin du dix-huitième siècle. Le style, moins l'art et la mesure, est de la même école: le talent n'y manque pas, et il y a des pages heureuses; mais habituellement il obéit à l'exagération des idées et des sentiments, se répand en exclamations et en interrogations, et, dans sa marche ardente et impétueuse, se grossit d'une profusion de mots qui semblent se placer au hasard dans les cadres de la phrase. L'auteur ne semble pas appartenir à l'instruction primaire. Il paraît vivre dans la solitude. La sagesse, la mesure, l'esprit pratique, sont les qualités qui se laissent le plus désirer dans son travail. Mais, dans son exagération même, la critique qu'il dirige contre le mécanisme de nos écoles offre des vues justes et tout à fait dignes des excellentes intentions de l'écrivain ; elles recommandent ce mémoire, que la section n'a pas relégué sans regret dans un rang si rapproché du dernier.

Les deux mémoires dont je viens d'entretenir l'Académie sont les seuls où l'absence d'un jugement parfaitement droit se fasse sentir. Cette précieuse qualité apparaît, pour ne plus nous abandonner, dans le mémoire, en quarante-quatre pages in folio, inscrit sous le n° 1, et qui porte pour épigraphe cette sentence latine: *Maxima puero debetur reverentia*. Tout dans le précédent mémoire était idéal, tout dans celui-ci est essentiellement pratique. L'auteur, qui est du métier, va droit au but, et, sans spéculation aucune, propose, en dix paragraphes, qui se suivent sans s'enchaîner, dix modifications au régime actuel des écoles normales. Parmi ces améliorations, quelques unes sont contestables ; les autres sont judicieuses, mais ne présentent rien de neuf. Ainsi, quand l'auteur condamne la multiplication exagérée des écoles normales, et pense qu'il suffirait d'en établir une par académie; quand il critique comme insignifiantes les épreuves pour l'admission des élèves, et en propose de plus sérieuses; quand il réserve au directeur le droit de renvoyer ultérieurement les élèves admis; quand il blâme la manière dont les bourses sont distribuées; quand il regrette le peu de part attribué dans le classement des élèves à l'instruction religieuse; quand il insiste sur la perfection qu'on doit s'attacher à donner à l'école annexe, et sur la nécessité d'en faire un modèle accompli sous tous les rapports, il énonce des idées qu'on est bien près de partager, et que nous retrouverons dans presque tous les mémoires subséquents. Mais lorsqu'il propose une certaine fusion des fonctionnaires de l'instruction primaire et de l'instruction secondaire, et émet le vœu que les places de l'une soient montrées en perspective et accordées en récompense aux fonctionnaires de l'autre; mais lorsqu'il demande que le cours des écoles normales soit porté à trois années, et le programme des études encore élargi, on regrette que l'auteur n'ait pas aperçu les inconvénients graves qui résulteraient de ces innovations, ou n'en ait pas assez démontré les avantages. Toutes ces réformes, d'ailleurs, sont purement matérielles : elles peuvent être utiles ; mais, pour en juger, il faudrait qu'elles se liassent à une pensée générale. Or cette pensée, à la lumière de laquelle on en apprécierait la valeur, manque absolument. Tout ce que dit l'auteur peut intéresser l'éducation morale de la jeunesse ; mais le lecteur n'en sait rien ni lui non plus. C'est là le vice capital de ce mémoire, ouvrage d'un esprit sage sans doute, mais qui ne pénètre pas et n'a pas saisi la question. On y trouve cependant des détails utiles, et les sentiments en sont parfaits. Le style est sain comme la pensée ; mais il manque absolument comme elle d'élévation et d'originalité.

Les trois ouvrages que nous venons de caractériser forment une catégorie à part dans le concours. Malgré quelques vues utiles et quelques renseignements curieux, il y a peu à y prendre. On change en quelque sorte de sphère en passant au mémoire suivant. Ici commencent véritablement les compositions sérieuses, celles qui sont dignes du concours, et contiennent l'enquête provoquée par l'Académie.

Ce mémoire, le moins considérable des six qui nous restent à parcourir, a été inscrit sous le n° 3. Il a pour épigraphe cette phrase menaçante de notre confrère lord Brougham : *The school master is abroad ; le maître d'école est en campagne*, et se compose de quatre-vingt-deux pages in-4. C'est l'ouvrage d'un esprit fin et distingué, dirigé par un jugement droit, sous l'inspiration d'une âme parfaitement honnête. A l'allure du style, toujours rapide et naturel, souvent spirituel, quelquefois élégant, on jugerait que l'auteur est un homme du monde. Ce qu'il y a de mieux dans son travail, ce sont les préliminaires. Après avoir fait l'éloge de la loi et en avoir montré la perfectibilité, l'auteur pose on ne peut mieux la question mise au concours, et discute les deux systèmes opposés, dont l'un considère l'instruction comme fatale à la moralité, et dont l'autre envisage au contrainte la moralité comme une conséquence nécessaire de l'instruction, et croit avoir assez fait en assurant celle-ci. L'auteur réfute avec esprit ces deux théories, et montre combien il serait dangereux, dans notre époque et dans notre pays, de se fier à la seconde, qui est tout au plus soutenable en instruction secondaire, mais qui ne l'est nullement en instruction primaire. Il est donc indispensable de s'occuper de l'éducation et d'y pourvoir. En Hollande et en Allemagne, la solution du problème est facile : les ministres de la religion la donnent. Mais en France le clergé s'isole; il est partout défiant, sur plus d'un point hostile : on n'a pu lui confier l'instruction primaire. S'il reste le précepteur religieux de la jeunesse, il faut que l'instituteur laïque en soit le précepteur moral. Mais que de choses il faudrait à celui-ci et qu'il n'a pas pour le devenir réellement! Il manque de lumières suffisantes; il manque de mission; il manque surtout d'autorité. Telles sont les difficultés à surmonter. L'auteur, après les avoir dégagées, cherche les moyens, sinon de les vaincre, du moins de les atténuer. Comme ces moyens doivent produire un résultat précis et fixé d'avance, on peut en apprécier la valeur, et l'ouvrage a cette unité et produit cette lumière que nous regrettions dans le mémoire précédent. Le premier de ces moyens est extérieur aux écoles normales et relatif aux instituteurs, dont l'auteur demande qu'on relève la position. L'abaissement de ces fonctionnaires produit un double mal : on ne les respecte pas, et on ne recherche leurs fonctions que comme un pis-aller. Les autres réformes affectent les écoles normales même, et sont au nombre de cinq. En premier lieu, la loi a été faite dans un esprit de décentralisation déplorable. Aujourd'hui une réaction utile se fait sentir : la création des inspecteurs primaires en a été le premier effet. Une autre est désirable : c'est qu'il n'y ait qu'une école par académie, et qu'elle soit sous la surveillance du recteur. Outre que les recteurs seuls sont dignes de cette immense responsabilité, toute l'école est dans le directeur, et il est plus facile d'en trouver vingt-sept que quatre-vingt-seize. Cette mesure aura un grand effet pour l'amélioration des écoles normales primaires. En second lieu, il faut donner de l'autorité aux instituteurs : car pour enseigner la morale, c'est l'autorité qui leur manque. Ils en auront s'ils sont supérieurs aux hommes au milieu desquels ils vivront, et le moyen qu'ils le soient, c'est de faire des instituteurs de campagne des agronomes distingués, et de ceux de ville de bons dessinateurs et de bons géomètres pratiques. L'auteur demande, en troisième lieu, que l'externat soit partout supprimé; et, en quatrième lieu, que le cours soit de trois ans. Toutes ces réformes sont précises et peuvent être opérées par la loi ou le règlement; il n'en est pas de même, et il l'avoue, des vues qu'il émet sur l'enseignement moral, lequel, dans ses idées, doit embrasser quatre points : l'instruction religieuse, la morale politique et sociale, la morale privée et la politesse. Les réflexions de l'auteur sur cet enseignement, dont une partie pourrait être confiée à un prêtre raisonnable, et les autres au directeur, méritent d'être lues, car elles sont en général justes et constamment ingénieuses. Il en est de même de ce qu'il dit de la concurrence du clergé, et de la seule manière de la soutenir, qui est de faire mieux. L'auteur termine en retournant dans un sens conservateur le mot révolutionnaire de lord Brougham qu'il a pris pour épigraphe. Tel est ce mémoire, dont nous avons, sans y penser, tracé une analyse complète. Bref et substantiel, il est remarquable par l'enchaînement des idées et l'unité de la composition. La question y est bien posée, mais faiblement résolue; elle n'y est d'ailleurs considérée que par une de ses faces. Bien d'autres aspects, qui se révéleront à nous dans les mémoires suivants, sont entièrement négligés. Mais celui que l'auteur a saisi est important, et, en revoyant son travail sans en étendre le plan, l'impression en serait sans contredit utile.

D'autres qualités distinguent le mémoire inscrit sous le n° 8, portant pour épigraphe le mot *Conabor*, et composé de deux cent quarante-huit pages grand in-folio. Ici les qualités fines de l'esprit, l'art dans le style, l'habileté dans la composition, tout ce qui révélait dans le mémoire précédent un homme du monde et une culture perfectionnée, disparait. Nous sommes en face d'un homme simple, d'un esprit sain et droit, qui ne songe pas à composer, et qui écrit comme il pense, directement et sans artifice. Il est d'abord embarrassé en commençant; il ne sait comment s'y prendre : il voudrait faire une manière d'exorde pour entrer en relation avec ses juges,

Or un exorde n'est pas dans ses habitudes : aussi voit-on sa pensée hésiter, se tourmenter, tomber à faux; et qui ne lirait que son introduction porterait de lui un jugement peu favorable. Mais, une fois ce mauvais pas franchi, l'auteur, aux prises avec son sujet et rendu à sa nature, se relève. Il est entièrement du métier; il en sait à fond la pratique, les détails, les plaies secrètes, les joies et les douleurs intimes; il en parle avec une passion calme, qui ne cesse un peu de se contenir que quand il rencontre sur son chemin les hommes et les choses qui rendent la vie dure à l'instituteur, et qui sont comme ses ennemis naturels. Alors sa pensée et sa phrase s'animent; les arguments, les faits, les souvenirs, se pressent en foule, et les congrégations religieuses, les inspecteurs, les maires, les comités, les règlements, la loi, ont fort à faire entre ses mains. Si l'auteur de ce mémoire n'est pas actuellement instituteur, il nous semble impossible qu'il ne l'ait pas été. Ce qu'il y a de sûr, c'est que son long mémoire est entièrement écrit du point de vue de l'instituteur, et c'est là ce qui le rend précieux. Nous n'essaierons pas d'en donner l'analyse; il est tout de détails, et nous n'en finirions pas. Nous nous bornerons à en indiquer le plan et à signaler les vues qui le recommandent.

Le plan est bien simple : il prend l'instituteur

à l'école primaire, quand il n'est encore qu'un enfant, mais un enfant qu'on prépare déjà à sa vocation future ; il le suit à l'école normale, où cette éducation s'achève ; il l'accompagne dans la commune où il devient maître à son tour, et ne le quitte que dans la retraite, quand, après une vie laborieuse et utile, il lui a assuré une vieillesse paisible et honorée. Bien qu'au premier coup d'œil un tel plan semble s'écarter de la question mise au concours, il est dans les idées de l'auteur le plus propre à la résoudre. Selon lui, la moralité des élèves découle de la moralité du maître, de la considération et de l'autorité que lui donnent ses mœurs, sa conduite, ses connaissances, l'indépendance et la fixité de sa position. Toute la question est donc dans l'instituteur ; on ne saurait s'y prendre trop tôt pour le former ; on ne saurait consacrer trop de soins à le préparer, à l'armer, à le fortifier pour la vie difficile et la délicate mission qui l'attendent ; et le jour où il a mis la main à l'œuvre, on ne saurait prendre trop de mesures pour simplifier sa position, la rendre bonne, indépendante, honorable, et assurer du repos et du pain à sa vieillesse. Embrasser la vie entière de l'instituteur, voir ce qu'elle devrait être et ce qu'elle est, et de cette comparaison induire les réformes que le régime actuel doit subir, tel est donc tout le but de l'auteur et toute la pensée de son mémoire. L'idée sur laquelle repose la première partie, à savoir, qu'admettre aux écoles normales le premier venu qui satisfait à l'examen et présente un certificat de moralité, c'est les recruter au hasard, sans véritable préparation et sans garantie de vocation, mérite la plus sérieuse attention ; il en est de même de la méthode toute différente que l'auteur indique. La recherche par les maîtres, dans le sein des écoles primaires, des enfants qui par leur intelligence solide plutôt que brillante, leurs inclinations, l'honnêteté de leurs parents et quelques ressources de fortune, semblent propres à l'état d'instituteur ; les moyens à prendre à l'égard de la famille et de l'enfant lui-même pour les déterminer ; les soins particuliers que le maître doit donner à cet enfant devenu son disciple, et toute la préparation morale et intellectuelle par laquelle il doit le faire passer jusqu'au jour où il le présentera à l'école normale, composent un ensemble de vues à la fois originales et sensées qui donnent beaucoup de prix à cette partie du mémoire. La seconde, qui embrasse la suite de cette éducation dans le sein de l'école, est beaucoup moins remarquable ; et toutefois les objections de l'auteur contre le choix des directeurs et des maîtres parmi les fonctionnaires de l'instruction secondaire ; ses réflexions sur la nécessité de fixer les rapports du directeur avec l'inspecteur et les comités, de restreindre l'autorité des comités, d'augmenter celle du directeur, de rendre le directeur et l'inspecteur moins mobiles; ses vues sur la direction à donner à l'enseignement, et principalement à l'enseignement religieux et moral; mais surtout ses idées sur la manière de préparer les maîtres, d'armer leur volonté et leur conscience pour la situation difficile, les relations délicates, la vie pénible qui les attendent, ne sont point indignes d'être lues et méditées.

L'auteur reprend ses avantages en arrivant avec l'instituteur dans la commune. C'est là son véritable terrain. On ne saurait peindre avec plus de vérité toute la position actuelle du malheureux maître d'école entre le maire, le curé, les parents, le comité local, les comités d'arrondissement où il est obligé de se rendre tous les mois en habit noir pour conférences inutiles, l'inspecteur qui passe, les écoles des frères qui lui font concurrence, les caisses d'épargne où il est forcé de mettre, les livres qui sont autorisés et qu'on lui impose. Sa polémique contre tout cela est vive, presque toujours instructive; selon lui, tout le progrès depuis 1833 a eu pour résultat de multiplier les écoles et les instituteurs. Mais l'influence morale de l'autorité sur les maîtres et des maîtres sur les élèves a baissé, et la position des instituteurs est devenue plus mauvaise ; jamais ils n'ont été plus mécontents, jamais la désertion n'a été plus grande parmi eux. Les priviléges des corporations religieuses enseignantes, exemptes de toutes charges, de toutes tracasseries, et autorisées à recevoir des legs, l'indignent particulièrement. Et cependant quand, après toute cette colère, il trace la conduite que doit tenir l'instituteur et les sentiments qui doivent l'inspirer, on s'aperçoit qu'il n'y a point d'aigreur dans son âme, car ses conseils sont aussi pacifiques que raisonnables. Son plan de réforme se compose de détails et ne saurait entrer dans ce rapport. Ce qui y domine, c'est la substitution aux comités locaux, qui sont incapables et passionnés, et aux comités d'arrondissement, qui sont insouciants et impuissants, de comités de cercle comme on en a établi dans Seine-et-Oise, au sein desquels siégerait un instituteur, et qui auraient chacun un inspecteur, ancien instituteur, qui visiterait trois fois par an chaque école. Quant aux instituteurs, il veut qu'ils passent par le grade de sous-maître, qu'ils ne puissent diriger une école avant vingt ans ; qu'une fois qu'ils en sont chargés, le temps qu'ils doivent à la commune soit réglé ; que le surplus leur appartienne et soit employé par eux à l'exercice d'une industrie, garantie de moralité, d'aisance et d'indépendance. Vieux, enfin, il veut que l'état leur accorde une retraite proportionnée à leurs services, sans préjudice des caisses locales de prévoyance alimentées par les souscriptions des maîtres d'un même pays, et qui pourraient recevoir des legs. Telles sont les principales vues de ce grand travail, que l'auteur regrette de n'avoir pas eu le temps de revoir, mais qui, comme il est, avec ses incorrections et ses erreurs, mériterait à coup sûr, par l'abondance des détails qu'il contient et l'expérience des faits qui l'a dicté, de voir le jour.

Nous serons beaucoup plus court sur le mémoire en cent quatre-vingt-quatre pages in-folio inscrit sous le n° 9, et portant pour épigraphe cette pensée de Kant : *L'homme est tout par l'éducation*, car il est infiniment plus facile à résumer. Ce mémoire est divisé en quatre chapitres, qui correspondent aux quatre paragraphes du programme publié par l'Académie. L'auteur cherche, dans le premier, quelle action l'instituteur peut exercer sur l'éducation morale de la jeunesse. Cette action est bornée par des obstacles de deux espèces : les uns naturels, et qui sont l'éducation première de la famille et les mœurs de la classe de la société à laquelle l'enfant appartient : les salles d'asile peuvent seules les affaiblir; les autres accidentels, et qui sont dans le maître, lequel manque d'autorité morale. Ce défaut d'autorité a quatre causes : la position du maître : il faut l'améliorer en augmentant son salaire, et en substituant l'autorité de l'état à celle des pouvoirs locaux, sous laquelle il est placé ; l'instruction du maître : elle n'est pas assez étendue, il faut la fortifier ; son ignorance dans l'art de tenir une école : il faut y pourvoir par un bon enseignement pédagogique; enfin et surtout son éducation morale, que le régime actuel de nos écoles normales laisse extrêmement imparfaite, et qui n'imprime à son caractère et à sa conduite ni la dignité ni la fermeté convenables. L'auteur est ainsi amené au sujet de son second chapitre, qui est d'examiner comment nos écoles normales s'y prennent pour assurer l'éducation morale des instituteurs. Il trouve qu'elles s'y prennent fort mal, et il dirige contre le système établi cinq reproches principaux : le premier, d'admettre les élèves sans garanties et sans préparation ; le second, de prétendre élever en deux ans un jeune homme ainsi admis, et qui souvent n'entre là que pour échapper au recrutement ou acquérir des connaissances ; le troisième, de placer à la tête de ces établissements des hommes que rien n'a préparés à cette mission difficile, et qui ignorent complétement et l'art de l'éducation et celui de la pédagogie ; le quatrième, de ne songer qu'à instruire les élèves sans s'inquiéter de les élever, et de les préparer à la vie et aux fonctions qui les attendent; le cinquième, enfin, d'en admettre un nombre trop grand pour que chacun d'eux puisse être soigné convenablement, et de n'avoir pour les exercer qu'une seule école pratique, qui ne saurait suffire. Dans le troisième chapitre, l'auteur examine, sous le même rapport, les écoles normales étrangères. Elles ne le satisfont pas davantage; si des maîtres religieux et moraux en sortent, cela tient aux mœurs générales du pays, et nullement à la bonté et au régime de l'institution. Cependant il y rencontre certains détails qui lui semblent bons à imiter et qu'il recueille en passant. Arrive enfin le quatrième chapitre, celui où l'auteur indique les perfectionnements à introduire dans le système français. Ces améliorations sont au nombre de seize, dont la principale porte sur le mode de préparation des élèves destinés aux écoles normales. Ses idées à cet égard coïncident parfaitement avec celles que nous avons signalées dans le mémoire précédent; mais elles se présentent ici beaucoup plus développées, et c'est par elles que ce mémoire a particulièrement mérité le rang que votre section lui accorde dans le concours. Quand l'instituteur a découvert dans sa classe un enfant qui lui paraît réunir les qualités convenables, il le signale à l'inspecteur. L'inspecteur et le maître font ensemble auprès des parents les démarches convenables. Dès lors l'élève est soumis à des soins et à une surveillance spéciale, pendant un temps déterminé, au terme duquel il reçoit le titre d'*apprenti instituteur*. Son éducation se poursuit, et, après un nouveau délai et un examen, l'inspecteur le nomme *élève-maître;* à ce titre il seconde l'instituteur dans ses fonctions, jusqu'à ce que, ce second degré du noviciat étant épuisé, il soit présenté par ses deux patrons au concours pour l'école normale, concours où il peut échouer et d'où il peut être renvoyé à une nouvelle année de noviciat. Quand il entre enfin, ce n'est pas, comme à présent, un jeune homme étranger à ceux qui l'admettent et dont on ne sait rien que l'école reçoit dans ses murs; depuis long-temps ses supérieurs ont les yeux sur lui : toutes ses aptitudes, toutes ses inclinations, tous ses défauts, tout son passé, sont exactement connus. De plus, son éducation, son instruction, sont avancées; sa vocation n'est pas incertaine, elle a été mise à l'épreuve ; déjà il s'est essayé à l'enseignement; déjà il a pu démêler les difficultés de la tâche, les inconvénients et les avantages de sa future profession. Ainsi préparé, toutes les leçons de l'école normale lui seront profitables, et l'œuvre de ces écoles, si difficile dans le régime actuel, est infiniment simplifiée. L'auteur a ingénieusement combiné cette innovation avec un système d'avancement et de hiérarchie pour les instituteurs, dans lequel le mérite d'avoir fourni un élève à l'école normale leur est compté pour beaucoup. Cette partie des idées de l'auteur que nous venons de développer suffit pour faire apprécier à l'Académie la valeur de ce mémoire, et nous dispensera de signaler les autres améliorations qu'il propose, et dont la plupart coïncident soit avec des idées que nous avons déjà notées, soit avec celles que nous offriront les mémoires suivants. Quand de bons esprits s'appliquent à une même question, évidemment ils doivent souvent se rencontrer, et si nous nous condamnions à présenter complétement les vues de chaque concurrent, nous tomberions dans d'insupportables répétitions. Le mémoire n° 9 est d'un esprit beaucoup plus cultivé que le précédent; le style en est plus correct, et atteint même par moments à l'élégance. Il est l'œuvre d'un homme qui connaît bien la matière, dont le jugement est droit, et les sentiments élevés. C'est en tout, moins l'originalité, un ouvrage mieux fait et dont la publication ne serait pas moins utile.

Nous voici parvenu, Messieurs, aux trois mémoires qui ont particulièrement fixé l'attention de votre section, et balancé ses suffrages. Sur ces trois mémoires, deux avaient déjà obtenu le premier rang dans le concours de 1838 ; le troisième est un nouveau venu qui entre dans la lice plein de vigueur et la parcourt avec éclat. Entre ces trois mémoires et les meilleurs de ceux dont nous vous avons entretenus, la distance est considérable. Jusqu'ici nous avons vu la question envisagée sous quelques uns de ses côtés seulement, et spécialement dans ses éléments matériels et techniques. Les trois mémoires dont il me reste à vous parler l'embrassent de plus haut et d'une manière plus compréhensive ; ils nous en montrent toute la portée, et nous en révèlent les faces religieuse, politique et sociale. Toutes les vues éparses dans les dix premiers mémoires se retrouvent dans ceux-ci, mais en compagnie de beaucoup d'autres qui les complètent, les élèvent, les systématisent. Les résultats étendus annoncés à l'Académie au commencement de ce rapport se rencontrent véritablement dans ces trois mémoires, dont deux se distinguent en outre par un talent de rédaction très remarquable.

Le premier dont nous l'entretiendrons a été inscrit sous le n° 6, et a pour épigraphe cette phrase de Leibnitz : *J'ai toujours pensé qu'on réformerait le genre humain si l'on réformait l'éducation morale de la jeunesse.* C'est le même qui avait été présenté en 1838 sous n° 5. Il n'avait alors que 713 pages in-quarto; il en a cette année 950. Il est divisé en deux livres, dont le premier, divisé en quatre parties, est nouveau, et dont le second, divisé en trois parties, n'est guère que la reproduction du mémoire de 1838. Des documents, des appendices, des tables, accompagnent ce grand travail, qui formerait à lui seul trois volumes in-8° ordinaires.

L'auteur appartient évidemment à l'instruction primaire; il en sait à fond toute l'organisation et tous les détails. Il connaît bien l'état de nos écoles normales, et parle en homme qui les a étudiées des écoles normales étrangères, parmi lesquelles les écoles suisses semblent avoir attiré particulièrement son attention. Ainsi il sait parfaitement les faits. Mais ce qu'il sait encore mieux, s'il est possible, ce sont les livres qu'on a écrits sur l'éducation en général et sur l'instruction primaire en particulier. Il en est peu qu'il n'ait lus et qu'il n'invoque chemin faisant. Il doit à cette double connaissance des faits et des livres une vue étendue et intelligente de la matière. Toutes les questions qu'elle soulève lui sont présentes; chacune est à sa place dans la table qu'il s'en est formée, et il sait sur chacune tout ce qui a été pensé, soutenu, écrit : ce qui fait d'abord qu'il n'en omet aucune, ensuite qu'il n'omet sur aucune les diverses opinions qui ont été émises, enfin qu'il ne donne la sienne qu'après avoir discuté toutes les autres. Cette érudition et cette méthode vous expliquent la longueur du mémoire qu'il a soumis à l'Académie ; elles vous en révèlent en même temps le caractère. Assurément l'auteur pense par lui-même; c'est un très bon esprit, qui démêle bien le vrai parmi cette foule d'opinions qu'il discute, et qui s'arrête ordinairement à la plus sage. Mais ce bagage d'opinions étrangères surcharge un peu son intelligence et en affaiblit le ressort; en venant toujours à la suite de celle des autres, sa pensée pénètre moins avant et s'élève moins haut; elle aurait plus d'originalité si elle était moins savante. D'un autre côté, chaque question, se grossissant ainsi de tout ce qu'on en a dit, devient la matière d'un traité. Il en résulte que, quelque bien ordonné qu'il soit au fond, son ouvrage ressemble à une suite de traités où chaque chose est à sa place, il est vrai, mais où manquent des proportions et où ne se fait pas continuellement sentir la pensée supérieure qui guide l'auteur. Cette pensée, si elle était présente, abrégerait certaines considérations qui lui importent moins, donnerait à d'autres qui la touchent davantage plus de développement, et mesurerait à chaque idée sa place dans l'ensemble, qu'elle organiserait et vivifierait ainsi dans toutes ses parties. Tels sont les défauts de ce long travail. C'est une encyclopédie méthodique des questions sur l'éducation et sur l'instruction primaire, ordonnée en vue du problème spécial posé par l'Académie, plutôt qu'un mémoire sur ce problème. Une foule de chapitres, parfaitement bons et vrais en eux-mêmes, impatientent par leur longueur, parce que le sujet, en tant qu'il importait à la question, aurait dû être traité en quelques lignes. Il ne faut pas non plus dire toutes choses à l'Académie. Il y a des vérités qui sont à l'état de lieux communs et qu'il est inutile de lui démontrer. Ce tact manque aussi à l'auteur et aggrave le défaut que nous reprochons à son ouvrage.

Cet ouvrage n'en a pas moins un grand mérite, et, à coup sûr, il arrivera à l'Académie d'en couronner de moins dignes de ses suffrages. Ce spicilége raisonné de tout ce qu'on a pensé sur l'éducation comme but, et sur les écoles normales comme moyen, fait par un homme compétent, éclairé par l'expérience et doué d'un esprit sage, est très utile, et la section désire vivement que l'auteur le livre à l'impression. Le style, quoique un peu lâche et un peu diffus, est cependant sain et correct. Ce qui lui manque, c'est l'originalité. Il reflète, ce qui arrive toujours, les qualités et les défauts de la pensée qu'il exprime.

Nous ne quitterons pas ce grand travail sans

donner à l'Académie au moins une idée sommaire du cadre qu'il embrasse. Il est divisé, comme nous l'avons dit, en deux livres, dont le premier est un traité sur l'éducation, et le second un traité sur les écoles normales primaires. Le traité sur l'éducation est divisé en quatre parties, dont la première débute par une histoire rapide de l'éducation, étudie son influence, détermine ses rapports avec la société, qu'elle doit suivre dans ses modifications, et trace le tableau de l'état actuel de notre société. Dans la seconde partie, l'auteur cherche le but de l'éducation, qui est de diriger l'homme vers sa destinée, discute les théories philosophiques sur la destinée de l'homme, montre que la plus parfaite solution du problème est dans la religion chrétienne, adopte cette solution, et, le but de l'éducation ainsi posé, en déduit les principes qui doivent présider à l'organisation d'un système d'éducation publique. La troisième partie, spécialement consacrée à l'éducation morale, en détermine les éléments et les mobiles. Dans la quatrième, enfin, l'auteur traite de l'instruction dans ses rapports avec l'éducation, et agite toutes les questions qui se rattachent à ce thème fécond, sans oublier jamais dans ses solutions l'état présent de notre société, auquel il a soin de les approprier.

Le traité sur les écoles normales primaires embrasse avec un détail infini tout ce vaste sujet. Il est subdivisé en trois parties, dont la première traite de l'utilité des écoles normales, des caractères qu'elles doivent avoir, et pose le double principe qui doit les animer, à savoir l'esprit religieux et l'esprit pédagogique. L'organisation des écoles normales remplit la seconde partie, qui est très longue; et c'est ici que comparaissent les écoles étrangères, que l'auteur fait amplement connaître. La troisième, enfin, s'occupe des examens des maîtres à leur sortie, de leur placement, et de la surveillance qu'il est utile d'exercer sur eux après leur institution.

Tel est le cadre exact de ce mémoire important. On voit combien de choses il embrasse, et cependant, en lui disant adieu, il n'est que juste d'observer que, s'il épuise les faces philosophique, administrative et pédagogique, du sujet, il omet ou ne touche qu'indirectement les questions politiques qui y sont engagées : c'est qu'au fond l'ouvrage est écrit du point de vue intérieur, et, si compréhensive que soit la méthode de l'auteur, elle n'a pu prévaloir sur l'influence décisive de sa position.

Nous arrivons enfin, Messieurs, aux deux derniers mémoires dont il nous reste à vous entretenir, et qui couronnent l'édifice de ce concours. L'originalité de la pensée, cette qualité qui ne s'acquiert pas, et qui, malgré cela ou peut-être pour cela, passe avant toutes les autres, place incontestablement ces deux ouvrages au dessus du précédent. C'est un point sur lequel, malgré toute son estime pour ce dernier, votre section de morale n'a pu hésiter. Mais sa détermination n'a pas été si facile et n'a pu être si prompte quand elle a dû choisir entre ces deux compositions d'un mérite également éminent, mais dans des genres si opposés, que toute comparaison entre elles était en quelque sorte impossible.

Le premier de ces mémoires, inscrit sous le n° 7, porte pour épigraphe cette phrase de la loi prussienne : *Le but principal des écoles normales primaires doit être de former des hommes sains d'esprit et de corps, et d'inculquer à leurs élèves le sentiment religieux, et l'esprit pédagogique, qui s'y rattache étroitement.* Ce mémoire est le même qui avait paru au concours de 1838 sous le n° 3. Il vous revient agrandi et retouché. Il n'avait alors que 242 pages in-folio, il en compte aujourd'hui 301. Il a gardé le haut mérite que vous lui aviez reconnu et qui lui avait assigné le premier rang dans le concours.

Le second mémoire a été inscrit sous le n° 4. Il se compose de 503 pages in-4°, et porte pour épigraphe cette phrase de saint Augustin : *Laudent te opera tua ut amemus te.* Il n'avait point paru au concours de 1838. Il se présente pour la première fois à vos suffrages, qui hésiteront comme les nôtres entre ce nouveau venu et son remarquable concurrent.

Le temps manque à votre rapporteur, Messieurs, pour vous donner une convenable idée de ces deux mémoires, et ses forces épuisées l'abandonnent au point le plus important de sa tâche. Et toutefois, il se serait fait un devoir de vous présenter une analyse rapide de ces ouvrages, si la certitude qu'ils seront imprimés ne l'avait en quelque sorte invité à se dispenser de cet effort. Qu'il lui suffise de marquer le caractère de ces compositions éminentes, d'en faire comprendre l'esprit et la portée, et d'expliquer assez les motifs du jugement de la section pour que l'Académie puisse, sans trop compromettre sa responsabilité, l'ériger en arrêt définitif.

Un même contraste frappe et préoccupe les auteurs de ces deux mémoires: c'est celui qui existe entre l'importance, la grandeur morale de la mission du maître, et l'humilité, les labeurs, la pauvreté de la condition matérielle que vous lui faites et que vous ne pouvez pas ne pas lui faire. D'un côté, c'est l'âme des enfants, c'est l'avenir du pays, ce sont les destinées de la France, et par elle peut-être de l'humanité, que vous remettez en ses mains, que vous lui confiez, que vous lui demandez de préparer. Quoi de plus grand, quoi de plus auguste, quoi de plus magnifique que cette tâche ! Quelle confiance de votre part ! quel rôle pour le maître ! Regardez cependant, et cherchez comment va vivre ce missionnaire de l'humanité et de la civilisation ! Embrassez sa destinée : qu'y voyez-vous ? Un pauvre village, une pauvre maison ; des fonctions pénibles, rebutantes même ; des relations difficiles ; aucune gloire, aucun éclat ; tout au plus une obscure considération, renfermée dans les limites les plus étroites ; et en dédommagement, en compensation, à peine les gages du domestique le plus mal payé, à peine du pain ! Ah ! ce contraste doit vous faire trembler, car il contient un redoutable dilemme ; et ce dilemme, il faut que vous le résolviez ; il le faut pour la garantie de l'avenir, il le faut pour la sûreté du présent. De deux choses l'une : ou vos maîtres comprendront la grandeur de cette mission, et alors, les yeux ouverts, éclairés par vous, ils comprendront aussi la bassesse du sort que vous leur faites, et ils s'en indigneront, et ils haïront la société qui les traite aussi injustement ; et vous aurez en eux autant d'ennemis secrets, dévoués, implacables ; et quels ennemis ! des ennemis qui tiennent entre leurs mains vos enfants, les enfants des classes les plus nombreuses et les plus pauvres, l'avenir, la destinée du pays : voilà une des branches du dilemme ; ou ils ne comprendront pas leur mission, et alors comment voulez-vous qu'ils la remplissent ? Ces enfants que vous leur livrez pour qu'ils en fassent des enfants moraux et religieux, pour qu'ils préparent en eux de bons citoyens, amis de l'ordre et des lois, pour qu'à côté de l'instruction, qui est une arme, ils déposent dans leurs cœurs de bons sentiments qui leur apprennent à en faire un bon usage, comment voulez-vous qu'ils les réforment, qu'ils les façonnent, qu'ils les créent selon vos intentions, si vous ne les initiez pas à vos vues, s'ils ne savent ce que c'est que religion, morale, ordre, lois, société, si, en un mot, gardant votre secret et ne le livrant pas, vous leur cachez le but en leur disant d'y marcher, et leur demandez l'éducation sans leur en donner l'intelligence? Voilà l'autre branche du dilemme. Ainsi, ou vous refuserez aux maîtres la lumière, et alors ils pourront avoir l'humilité de leur condition, mais ils n'auront pas la capacité de leur tâche ; ou vous la leur donnerez, et alors vous aurez créé en eux du même coup la capacité et la révolte. Terrible problème, Messieurs, qui se résout avant d'avoir été discuté dans l'obscure enceinte des écoles normales; problème qui inquiète quiconque pense en France, qui préoccupe l'état et la société, qui a été la secrète pensée de votre programme, qui est au fond de toutes les questions qu'il soulève, et qu'ont admirablement compris et énergiquement posé les deux concurrents qui se disputent aujourd'hui votre couronne.

Or, à ce problème, Messieurs, à ce problème peut-être sans issue, on ne conçoit que deux solutions possibles : l'une plus parfaite, le dévoûment avec beaucoup de lumières; l'autre plus pratique, le contentement avec très peu. La première est celle du mémoire n° 7 ; la seconde est celle du mémoire n° 4. Vous avoir dit cela, Messieurs, c'est vous avoir révélé en quatre mots toute la direction, tout le système, tout le génie de chacun de ces deux ouvrages, et le parfait contraste qu'ils présentent sous tous les rapports imaginables.

Tous deux se rencontrent cependant sur un point préalable de la plus haute importance : c'est que le prêtre, qui contient en lui la solution naturelle de la question, ne peut malheureusement pas la fournir, dans l'état d'isolement, de défiance, et quelquefois d'hostilité où deux siècles d'idées et un demi-siècle d'événements l'ont fatalement placé. Loin de résoudre la question, le prêtre la complique : car avec lui la religion semble délaisser la morale, qui cependant manque d'autorité sans elle ; car sous son patronage et sous sa direction se multiplie, se répand, s'étend un enseignement différent de celui de l'état, tout près de lui être hostile, déjà maître des villes, et qu'un léger changement dans le règlement de la corporation qui le donne suffirait à rendre maître des campagnes, ravissant ainsi à l'état l'instruction primaire en vertu de la loi qui la lui confie. L'auteur du mémoire n° 4 surtout traite à fond et en homme politique la question de cette redoutable concurrence qui menace l'état dans son droit le plus précieux, et trouve dans cette menace, et dans les seuls moyens qui existent de la conjurer, de nouveaux appuis à sa solution. Ainsi le prêtre, qui demeure l'instituteur religieux du peuple, ne peut pas en être le seul instituteur moral : voilà un premier fait sur lequel nos deux auteurs s'accordent. Mais, la religion étant la base de la morale, le succès de l'instituteur moral exige non seulement la neutralité, mais la bienveillance, et s'il se peut l'appui, et s'il se peut le concours du prêtre ; il faut donc ramener celui-ci, et pour cela créer un instituteur qui lui convienne en même temps qu'il convient à l'état : voilà un second point sur lequel ils s'entendent également. Ainsi, avec cette justesse d'esprit qui les distingue l'un et l'autre, ils saisissent d'une même vue le vrai problème, qui est celui que nous avons posé, ses vraies complications politiques et religieuses, qui sont la concurrence engendrée par la liberté d'enseignement et l'éloignement du clergé produit par le passé tout entier. Les voilà donc en face de la même difficulté ; ils la comprennent, ils la mesurent, ils la jugent de la même manière. Mais, arrivés là, ils se séparent pour ne plus se rejoindre. A cette immense difficulté ils ont conçu chacun une solution, une des deux seules qu'on puisse imaginer ; chacun a pris celle qui convenait à sa disposition, à sa vie : à sa disposition rêveuse ou positive, à sa vie spéculative ou pratique. De ces solutions opposées vont sortir deux systèmes parfaitement contraires, deux ouvrages où tout diffère, idées, sentiments, esprit, style, et qui n'ont de commun que le talent et l'élévation.

L'humble vie qui attend l'instituteur offre le contraste le plus étrange avec la grandeur de la mission qu'on lui confie, cela est vrai, mais il acceptera l'une s'il aime l'autre, s'il l'aime avec passion : car alors il se dévouera, et le dévoûment trouve des forces précisément dans l'étendue des sacrifices qu'il s'impose. Or le moyen qu'il l'aime ainsi, c'est qu'il la comprenne entièrement et qu'il soit chrétien. Ne lui fermez donc pas les yeux sur sa mission, ouvrez-les-lui au contraire; mais ouvrez-les-lui au point de vue chrétien, le seul d'où elle puisse être comprise dans toute sa grandeur et dans toute sa sainteté, parce qu'il est le seul d'où elle puisse apparaître ce qu'elle est véritablement, une association glorieuse à l'œuvre de Dieu, aux desseins de sa providence sur l'humanité, et dans l'humanité sur un peuple qui semble marcher à sa tête, et porter dans ses propres destinées une partie des siennes.

Figurez-vous, Messieurs, un chrétien d'une âme tendre et élevée, d'un esprit contemplatif et étendu, un chrétien aux yeux duquel l'*Histoire universelle* de Bossuet, non tout à fait telle qu'elle est, mais telle que Bossuet l'aurait écrite au dix-neuvième siècle, est la véritable histoire de l'humanité; qui ne voit dans cette humanité qu'une famille que Dieu élève, dans le christianisme que cette éducation même, mais une éducation d'une profondeur inépuisable, qui s'est faite petite quand il le fallait, qui s'est développée à mesure que par elle se développaient les sociétés, qui a grandi avec elles, toujours constante dans son but, mais ne le dévoilant que successivement, contenant en elle non seulement la solution des problèmes et la satisfaction des besoins du passé, auxquels elle a suffi, mais la solution des problèmes et la satisfaction des besoins du présent et de l'avenir, les uns si nouveaux, les autres si inconnus, et auxquels seule elle peut suffire; figurez-vous ce chrétien, comprenant l'humanité et tout dans l'humanité de ce point de vue, voyant dans tous ses mouvements autant de progrès, dans tous ses progrès, même dans ceux des sciences, même dans ceux de la liberté, même dans ceux de l'industrie, autant de développements nouveaux du christianisme, autant de degrés de cette éducation du genre humain faite par Dieu lui-même; figurez-vous ce chrétien, laissant tomber ses regards sur le pauvre maître d'école de village, découvrant en lui le plus humble, mais le plus puissant, le plus direct instrument de l'œuvre de Dieu sur les hommes; s'éprenant alors, comme Gerson dans sa vieillesse, de cette obscure et sainte mission qui associe le maître d'école à la providence de Dieu; s'en éprenant d'autant plus qu'elle est plus cachée, plus laborieuse, moins rémunérée; puis avec ces grandes vues, cette puissante conviction d'une part et cet amour passionné de la mission de l'instituteur de l'autre, entrant dans une école normale, y annonçant sa foi et son amour, y organisant tout, y réformant tout, maîtres, élèves, enseignement, discipline, dans l'esprit de cet amour et de cette foi, pénétrant l'institution de toutes ces hautes idées, et de la puissante synthèse qui les simplifie, et, à force de lumières, transformant tous ces élèves en autant de serviteurs de Dieu et de la civilisation, en autant d'amis de l'humanité et des enfants, en autant de prêtres, si j'osais le dire, passionnément dévoués à cette vie obscure et laborieuse que vous redoutiez; figurez-vous tout cela, Messieurs, et vous aurez une idée vraie et complète du noble mémoire inscrit sous le n° 7, et je serai entièrement dispensé de vous en donner une froide analyse qui en flétrirait les beautés. Je ne connais point de philosophie plus élevée que celle qui a inspiré et qui anime toutes les lignes de ce mémoire; je n'imagine pas de meilleur livre à mettre entre les mains des fonctionnaires supérieurs de l'instruction primaire et surtout des directeurs d'école normale; et j'ai à peine le courage de dire que, pour que cette solution si élevée du problème fût applicable, il faudrait tout au moins trouver autant d'hommes semblables à l'auteur que nous avons d'écoles normales, et que de tels hommes, rares en tout pays, le sont particulièrement dans le nôtre.

L'auteur du mémoire n° 4, Messieurs, est à mille lieues de la noble confiance qui remplit son concurrent, et les espérances de celui-ci ne seraient à ses yeux que de chimériques illusions. Le sens politique et pratique, la maturité du jugement, une sagesse d'esprit et une sûreté de vues qui ne se démentent jamais un moment, sont les qualités qui le distinguent éminemment. Son style est digne de ces hautes qualités; il est simple et ferme; la phrase, serrée et rapide, va droit à la pensée, qu'elle exprime toujours avec énergie, souvent avec un bonheur de tour et d'expressions qui n'est jamais recherché. L'auteur pense et écrit en homme d'état, et c'est aux hommes d'état que son mémoire s'adresse. Il prend les faits comme ils sont, s'arrêtant aux grands et négligeant les détails. Il accepte la charte, la loi, la société, et dans la société la position du gouvernement, la situation du clergé, les sentiments de la population, comme ils sont. Il tient compte de tout, et apprécie avec un sens parfait les complications qui en dérivent dans la solution du problème. Ce problème, il le pose avec une singulière et effrayante énergie, déduisant une à une et comptant toutes les menaces, tous les périls dont il est plein. Et c'est alors, quand il a ainsi tout exposé, tout apprécié dans les faits, que se mettant en présence des dangers et des nécessités qu'il a signalés : en présence du danger dont menace la société la demi-science orgueilleuse, l'ambition éveillée et trompée de cette nuée d'instituteurs, imprudemment initiés dans nos écoles normales à une instruction trop haute et à des habitudes trop raffinées ; en présence de l'hostilité du clergé, des défiances des familles et des communes, fortifiées ou suscitées par de tels maîtres et les repoussant ; en présence des congrégations religieuses offrant à meilleur marché dans les grandes communes, et bientôt peut-être dans les petites, une éducation aimée du clergé, recommandée par lui, et qui semble présenter toutes les garanties qui manquent à l'autre; en présence de l'immense intérêt de l'état à n'être pas vaincu dans cette concurrence, et à conserver entre ses mains la direction et l'enseignement des écoles communales; en présence enfin du seul moyen d'y réussir compatible avec la charte et la loi, qui est de faire préférer ses maîtres, but qu'il ne peut atteindre qu'en les formant comme ils doivent l'être pour rallier la confiance du clergé, celle des familles et des communes, et ne point imposer à celles-ci des charges trop onéreuses; c'est alors, dis-je, qu'en présence de ces périls, de ces nécessités, et de beaucoup d'autres que je supprime, l'auteur proclame le seul remède qu'il aperçoive, le seul dont il conçoive la possibilité pratique et l'efficacité, à un état de choses aussi menaçant. Ce remède, Messieurs, c'est de ramener les écoles normales au véritable but de leur institution, dont elles commencent visiblement à s'écarter, et qui est de former des instituteurs pour les campagnes; des instituteurs qui trouvent très beau d'arriver à une si belle position, qui non seulement s'en contentent, mais s'en félicitent; des instituteurs, par conséquent, qui n'aient rien de commun avec ces demi-savants, vains et vides, pleins de mots et d'orgueil, que se font gloire de former certaines écoles normales, mais qui, sachant à peu près ce qu'ils enseigneront aux enfants, n'ayant rien perdu dans les écoles normales ni des habitudes simples des classes de la société au sein desquelles on les aura choisis avec soin et où ils retourneront vivre, ni des sentiments de piété et des mœurs pures, moins rares qu'on ne le prétend dans les honnêtes familles de nos campagnes, le régime simple et austère de l'école normale ayant, au contraire, fortifié tous ces bons germes, seront accueillis avec confiance par le clergé, à la mission duquel ils s'associeront avec joie, par les familles et les communes, que leurs manières et leurs prétentions n'effaroucheront pas, et pourront se contenter de l'humble traitement et de l'humble vie auxquels la nature de leur profession et la pauvreté des communes les condamnent invinciblement. C'est au nom de cette solution et de ces vues fortement et simplement développées que l'auteur, entrant comme son concurrent dans l'école normale, et y opérant en quelque sorte en sens inverse, crie anathème contre toutes les superfluités, tout le luxe matériel et intellectuel qu'il y rencontre, supprime, efface jusqu'au dernier vestige de ce luxe, et, nouvel abbé de Rancé, en écrit l'austère réforme d'une main ferme et inflexible. Ce que cette réforme a de bon, c'est qu'elle est pratique, c'est qu'elle tient compte de tout ce qu'il est impossible de changer, et se résout en articles de règlement ou de loi qu'on peut écrire aujourd'hui et appliquer demain ; c'est, en un mot, qu'elle porte le cachet dont tout l'ouvrage est empreint, celui de l'administrateur et de l'homme politique. Il ne fallait rien moins, Messieurs, que ces qualités solides pour balancer aux yeux de votre section celles d'un autre ordre que j'ai signalées dans le mémoire précédent. Mais, au degré où elles sont portées, elles les valent si elles ne les surpassent. L'unité de cette composition est aussi forte que celle de l'autre, et toutes les vues en découlent avec la même conséquence et la même harmonie d'une seule idée. Comme composition, le mémoire n° 4 est même supérieur par la rapidité du mouvement et la juste proportion des parties. L'auteur du n° 7 rêve un peu, et parfois s'oublie dans ses rêves ; celui du n° 4, jamais. Son but lui est continuellement présent, et il y marche sans relâche, sans détour, d'un pas égal et prompt, toujours sûr et toujours direct. Son mémoire mérite ce rare éloge, qu'on en peut dire qu'il est un livre bien fait.

Si votre rapporteur voulait résumer en deux mots l'idée qu'il a cherché à donner à l'Académie de ces deux ouvrages, qui honorent tant son concours, il lui dirait : Mettez le n° 4 sous enveloppe, et envoyez-le au ministre de l'instruction publique; tirez le n° 7 à mille exemplaires, et faites-le parvenir à tous les fonctionnaires supérieurs de l'instruction primaire. Le premier, en effet, s'adresse à l'homme d'état : il lui indique le mal et le remède. Le second pourrait devenir l'évangile des directeurs d'école normale : ils y puiseraient l'intelligence et l'amour de leur haute mission. Au fond, les deux solutions si habilement formulées dans les deux mémoires ne s'excluent pas, et toute la rigueur de l'une peut se concilier avec toute l'élévation de l'autre.

Votre section de morale, Messieurs, n'a pu se résigner à partager entre des ouvrages si distingués la faible somme de 1,500 fr., et, forcée de choisir, elle s'est décidée pour le plus utile, c'est-à-dire pour le mémoire inscrit sous le n° 4. Elle vous propose donc de lui décerner le prix ; mais elle vous propose en même temps d'accorder sur les fonds libres de l'Académie une médaille d'or d'égale valeur à l'auteur du mémoire n° 7.

Elle vous propose enfin d'accorder une *mention très honorable* à l'auteur du mémoire n° 6, qui a bien mérité de l'Académie par le grand et utile travail qu'il lui a adressé.

DISCOURS

PRONONCÉ

A LA DISTRIBUTION DES PRIX

DU COLLÉGE CHARLEMAGNE.

(Août 1840.)

Quand le ministre m'a désigné pour présider à cette solennité, je ne savais pas, jeunes élèves, à quels succès éclatants il m'associait. Je ne connaissais du collége Charlemagne que sa vieille renommée, les noms illustres qu'il a donnés à la patrie, l'infatigable activité de son chef, l'habileté et la science de ses maîtres, la célébrité des grandes institutions qui lui envoient leurs élèves, et je me sentais honoré de ma mission. Après la journée d'hier, j'en suis glorieux. Par vous toutes les gloires de votre collége ont été renouvelées, tous ses lauriers rajeunis. Je vous en remercie au nom de l'Université, qui aime ce grand établissement, au nom du ministre qui en est sorti, au nom de ce quartier industrieux et populeux dont vous êtes les enfants et l'espérance, et dont vous soutiendrez, dans les carrières qui vous attendent, la vieille réputation d'activité et de patriotisme.

Continuez comme vous avez commencé, jeunes enfants dont cette année a vu les premiers efforts; achevez de parcourir, avec honneur pour vous, avec gloire pour votre drapeau, la carrière dont vous apercevez le terme à des distances inégales, élèves plus avancés dans le cours de vos études. Vous reverrez des jours semblables à celui-ci ; vous y entendrez des voix plus éloquentes que la mienne. L'Université ne vous dit point adieu. Elle vous aime ; mais elle ressent, s'il est possible, quelque chose de plus tendre pour ceux qu'elle a si long-temps nourris dans son sein et qui la quittent; à ceux-là qui vont mettre à la voile de ses paisibles ports pour les mers orageuses du monde, à ceux-là laissez-moi, en son nom, adresser quelques paroles sérieuses et quelques derniers conseils.

Il y a aujourd'hui vingt-sept ans qu'à la veille de m'en éloigner comme eux, mon cœur battait pour la dernière fois dans une enceinte semblable à celle-ci. J'en sortis chargé de couronnes pour entrer dans la vie. Cette vie, je l'ai en grande partie parcourue; j'en connais les promesses, les réalités, les déceptions : vous pourriez me rappeler comment on l'imagine, je veux vous dire comment on la trouve, non pour briser la fleur de vos nobles espérances (la vie est parfaitement bonne à qui en connaît le but), mais pour prévenir des méprises sur ce but même, et pour vous apprendre, en vous révélant ce qu'elle peut donner, ce que vous avez à lui demander et de quelle manière vous devez vous en servir.

On la croit longue, jeunes élèves ; elle est très courte : car la jeunesse n'en est que la lente préparation, et la vieillesse que la plus lente destruction. Dans sept à huit ans, vous aurez entrevu toutes les idées fécondes dont vous êtes capables, et il ne vous restera qu'une vingtaine d'années de véritable force pour les réaliser. Vingt années! c'est-à-dire une éternité pour vous, et en réalité un moment! Croyez-en ceux pour qui ces vingt années ne sont plus : elles passent comme une ombre, et il n'en reste que les œuvres dont on les a remplies. Apprenez donc le prix du temps, employez-le avec une infatigable, avec une jalouse activité. Vous aurez beau faire, ces années qui se déroulent devant vous comme une perspective sans fin n'accompliront jamais qu'une faible partie des pensées de votre jeunesse ; les autres demeureront des germes inutiles, sur lesquels le rapide été de la vie aura passé sans les faire éclore, et qui s'éteindront sans fruit dans les glaces de la vieillesse.

Votre âge se trompe encore d'une autre façon sur la vie, jeunes élèves : il y rêve le bonheur, et ce qu'il y rêve n'y est pas. Ce qui rend la jeunesse si belle et qui fait qu'on la regrette quand elle est passée, c'est cette double illusion qui recule l'horizon de la vie et qui la dore. Ces nobles instincts qui parlent en vous, et qui vont à des buts si hauts; ces puissants désirs qui vous agitent et qui vous appellent, comment ne pas croire que Dieu les a mis en vous pour les contenter, et que cette promesse, la vie la tiendra? Oui, c'est une promesse, jeunes élèves, c'est la promesse d'une grande et heureuse destinée, et toute l'attente qu'elle excite en votre âme sera remplie; mais si vous comptez qu'elle le sera en ce monde, vous vous méprenez. Ce monde est borné, et les désirs de votre nature sont infinis. Quand chacun de vous saisirait à lui seul tous les biens qu'il contient, ces biens jetés dans cet abîme ne le combleraient pas; et ces biens sont disputés, on n'en obtient une part qu'au prix de cette lutte ardente qu'on vous décrivait hier éloquemment, et la fortune n'accorde pas toujours la meilleure au plus digne. Voilà ce que la vie nous apprend; voilà ce qui l'attriste et la décourage; voilà ce qui fait qu'on l'accuse, et avec elle la Providence qui nous l'a donnée. Aucune autre époque ne fut plus heureuse que la nôtre, aucune n'a ouvert plus libéralement à tous l'accès aux bonheurs de la vie, et cependant elle retentit de cette accusation; on s'en prend à tout de n'être pas heureux, à Dieu et aux hommes, à la société et à ceux qui la gouvernent. Que votre voix ne se mêle pas un jour à cette folle accusation, jeunes élèves; que votre âme ne tombe point à son tour dans ce misérable découragement; et pour cela, apprenez de bonne heure à voir la vie comme elle est, et à ne point lui demander ce qu'elle ne renferme pas. Ce n'est ni la Providence ni elle qui vous trompent; c'est nous qui nous trompons sur les desseins de l'une et sur le but de l'autre. C'est en méconnaissant ce but qu'on blasphème et qu'on est malheureux; c'est en le comprenant ou en l'acceptant qu'on est homme. Ecoutez-moi, jeunes élèves, et laissez-moi vous dire la vérité.

Vous allez entrer dans le monde; des mille routes qu'il ouvre à l'activité humaine, chacun de vous en prendra une. La carrière des uns sera brillante, celle des autres obscure et cachée : la condition et la fortune de vos parents en décideront en grande partie. Que ceux qui auront la plus modeste part n'en murmurent point. D'un côté, la Providence est juste, et ce qui ne dépend point de nous ne saurait être un véritable bien ; de l'autre, la patrie vit du concours et du travail de tous ses enfants, et dans la mécanique de la société il n'y a point de ressort inutile. Entre le ministre qui gouverne l'état et l'artisan qui contribue à sa prospérité par le travail de ses mains il n'y a qu'une différence, c'est que la fonction de l'un est plus importante que celle de l'autre ; mais à les bien remplir, le mérite moral est le même. Que chacun de vous, jeunes élèves, se contente donc de la part qui lui sera échue. Quelle que soit sa carrière, elle lui donnera une mission, des devoirs, une certaine somme de bien à produire. Ce sera là sa tâche ; qu'il la remplisse avec courage et énergie, honnêtement et fidèlement, et il aura fait dans sa position tout ce qu'il est donné à l'homme de faire. Qu'il la remplisse aussi sans envie contre ses émules. Vous ne serez pas seuls dans votre chemin ; vous y marcherez avec d'autres appelés par la Providence à poursuivre le même but. Dans ce concours de la vie, ils pourront vous surpasser par le talent, ou devoir à la fortune un succès qui vous échappera. Ne leur en veuillez pas, et, si vous avez fait de votre mieux, ne vous en veuillez pas à vous-mêmes. Le succès n'est pas ce qui importe ; ce qui importe, c'est l'effort : car c'est là ce qui dépend de l'homme, ce qui l'élève, ce qui le rend content de lui-même. L'accomplissement du devoir, voilà, jeunes élèves, et le véritable but de la vie et le véritable bien. Vous le reconnaissez à ce signe qu'il dépend uniquement de votre volonté de l'atteindre, et à cet autre qu'il est également à la portée de tous, du pauvre comme du riche, de l'ignorant comme du savant, du pâtre comme du roi, et qu'il permet à Dieu de nous jeter tous tant que nous sommes dans la même balance, et de nous peser avec les mêmes poids. C'est à sa suite que se produit dans l'âme le seul vrai bonheur de ce monde, et le seul aussi qui soit également accessible à tous et proportionné pour chacun à son mérite, le contentement de soi-même. Ainsi tout est juste, tout est conséquent, tout est bien ordonné dans la vie, quand on la comprend comme Dieu l'a faite, quand on la restitue à sa vraie destination.

Abordez la vie avec cette conviction, jeunes élèves, et vous n'y trouverez point de mécomptes. Dans quelque condition que le hasard vous y place, vous vous y sentirez toujours dans l'ordre, associés aux desseins de la Providence, y concourant librement par votre volonté, utiles à votre patrie autant qu'il vous a été donné de l'être, maîtres de vous-mêmes et de votre destinée, maîtres de votre bonheur, qui ne dépendra que de vous, et sur lequel la fortune ni les hommes ne pourront rien. Renversez cet ordre, abandonnez-vous aux ambitions de votre nature, et vous marcherez de déceptions en déceptions, et vous vous ferez une vie malheureuse pour vous, inutile aux autres. Qu'importe aux autres et à nous, quand nous quittons ce monde, les plaisirs et les peines que nous y avons éprouvés! Tout cela n'existe qu'au moment où il est senti ; la trace du vent dans les feuilles n'est pas plus fugitive. Nous n'emportons de cette vie que la perfection que nous avons donnée à notre âme ; nous n'y laissons que le bien que nous avons fait.

Pardonnez-moi, jeunes élèves, dans un jour si plein de joie pour vous, d'avoir arrêté votre pensée sur des idées si austères. C'est notre rôle à nous, à qui l'expérience a révélé la vraie vérité sur les choses de ce monde, de vous le dire. Le sommet de la vie vous en dérobe le déclin ; de ses deux pentes vous n'en connaissez qu'une, celle que vous montez. Elle est riante, elle est belle, elle est parfumée comme le printemps. Il ne vous est pas donné, comme à nous, de contempler l'autre avec ses aspects mélancoliques, le pâle soleil qui l'éclaire et le rivage glacé qui la termine. Si nous avons le front triste, c'est que nous la voyons. Vivez, jeunes élèves, avec la pensée de cette pente que vous descendrez comme nous. Faites en sorte qu'alors vous soyez contents de vous-mêmes. Faites en sorte surtout de ne point laisser s'éteindre dans votre âme cette espérance que nous y avons nourrie, cette espérance que la foi et la philosophie allument, et qui rend visible, par delà les ombres du dernier rivage, l'aurore d'une vie immortelle.

OUVERTURE

DU

COURS D'HISTOIRE DE LA PHILOSOPHIE ANCIENNE

A LA FACULTÉ DES LETTRES

EN 1828.

Première leçon.

Messieurs,

Ce n'est pas sans une vive émotion que je me trouve dans cette enceinte, en présence de ce vaste auditoire auquel ni mes yeux ni ma parole ne sont accoutumés. Je crains de vous paraître bien peu digne et de la tâche difficile que la destination de cette enceinte m'impose, et de la confiance du savant et vénérable professeur qui m'a chargé de le remplacer auprès de vous. Mais ce que je redoute le plus, Messieurs, ce sont vos habitudes. Trois hommes dont je m'honore de partager les principes et les intentions, et que je puis avec une égale vérité appeler mes maîtres et mes amis, vous ont accoutumés à une supériorité que vous pourriez être tentés d'imposer comme une obligation à celui qui vient s'asseoir à leur place. Epargnez-moi, Messieurs, je vous en conjure, une comparaison si périlleuse; prenez-moi pour ce que je suis, pour un homme qui, après avoir consumé sa vie à l'étude de la philosophie, vient vous entretenir de ce qu'il croit savoir, et qui s'estimera heureux s'il peut le faire avec quelque clarté. La clarté, Messieurs, et l'amour de la science, voilà tout ce que je puis vous promettre et tout ce que vous trouverez dans ces leçons. Si de loin en loin vous rencontrez autre chose, remerciez-en la fortune, et non pas moi.

Le but de cette première leçon est de déterminer d'une manière précise quel sera l'objet de ce cours.

La destination de cette chaire me prescrit de vous enseigner l'histoire de la philosophie ancienne. Nous devons donc examiner d'abord ce que c'est que l'histoire de la philosophie, comment on peut la faire, et quelle instruction on peut y trouver.

La philosophie étant une science, l'histoire de la philosophie est l'histoire d'une science. Qu'est-ce donc que l'histoire d'une science? et d'abord, qu'est-ce qu'une science?

Personne ne l'ignore, une science est l'étude d'un certain objet déterminé : ainsi l'astronomie est l'étude des mouvements des corps célestes, la géométrie celle des propriétés de l'étendue, la physique celle des forces générales de la nature; et chacune de ces études a pour fin la connaissance complète de l'objet auquel elle s'applique.

Mais cette connaissance ne s'acquiert pas tout d'un coup. L'esprit humain n'avance que pas à pas dans cette carrière. Il découvre successivement différentes vérités, et telle est sa faiblesse, que ses découvertes n'épuisent jamais l'objet qu'il étudie. Il y a des sciences commencées, il n'y en a point et probablement il n'y en aura jamais d'achevées.

Il y a donc des moments divers dans le développement d'une science, et c'est pour cela que toute science a une histoire. Les événements de cette histoire sont les découvertes successives des différentes vérités qui la composent. D'où il suit que l'histoire d'une science n'est autre chose que l'histoire même de ces découvertes.

Cette définition serait complète si les hommes qui étudient une science ne rencontraient jamais que des vérités; mais il est loin d'en être ainsi, et l'histoire de toutes les sciences est là pour attester qu'ils commettent bien des méprises et rencontrent l'erreur aussi souvent que la vérité. Dans les premiers temps surtout, l'objet de la science étant mal circonscrit, les problèmes mal posés, les méthodes encore incertaines, l'impatience de la curiosité grande et l'expérience de l'erreur faible, on prend facilement le faux pour le vrai, et surtout la vérité incomplète pour la vérité complète ; et de là beaucoup d'opinions dont les unes sont entièrement hypothétiques et dont les autres présentent, dans des proportions diverses, un mélange de vérité et d'erreur.

Or les erreurs sont aussi des événements dans l'histoire d'une science et des événements importants, car ils exercent une grande influence sur la découverte de la vérité.

Il est vrai que rien de ce qui est faux ne demeure dans la science. Les opinions dénuées de fondement disparaissent à la longue, et de celles qui contiennent une portion d'erreur et une portion de vérité il ne reste que la portion vraie. Mais les erreurs n'en exercent pas moins une action puissante sur le développement de la science, les unes retardant la découverte de la vérité, les autres la préparant, les autres la causant, toutes s'y rattachant de quelque manière ; en sorte que l'histoire des erreurs entre comme élément essentiel dans celle de la découverte des vérités, et qu'on ne pourrait omettre la première sans mutiler et sans obscurcir l'histoire même de la science.

L'histoire d'une science n'est donc pas seulement l'histoire des vérités successivement découvertes sur l'objet de cette science, c'est encore l'histoire des erreurs qui se sont mêlées à ces vérités. En sorte qu'en généralisant nous devons définir l'histoire d'une science l'histoire des opinions successivement émises sur l'objet de cette science depuis l'origine jusqu'à nos jours.

Examinons maintenant de quels éléments se compose nécessairement l'histoire d'une science et à quelles conditions on peut la faire.

L'histoire d'une science doit nécessairement comprendre l'exposition des opinions : car les opinions sont les événements de cette sorte d'histoire, et sans ces événements elle n'existerait pas. Mais est-ce tout, Messieurs, et l'histoire d'une science doit-elle et peut-elle s'en tenir là? Non, Messieurs, un autre élément est indispensable, c'est la critique de ces opinions. Que signifierait l'histoire d'événements que nous ne comprendrions pas, et dont nous ne pourrions pas apprécier la valeur et le caractère? Une pareille histoire ne serait qu'une longue énigme. Or telle serait celle des opinions qui ont signalé le développement d'une science, si elle ne comprenait pas l'appréciation, ou, ce qui revient au même, la critique de ces opinions. Cette histoire ferait passer sous nos yeux des événements que nous ne comprendrions pas, et par conséquent l'histoire de ces événements serait elle-même inintelligible.

On ne peut point appliquer à l'histoire d'une science la théorie qu'on a souvent et tout récemment encore appliquée à l'histoire proprement dite. Les événements qui sont l'objet de l'histoire proprement dite sont tels que tout lecteur est capable de les comprendre et presque toujours de les apprécier. En effet, le lecteur étant homme, et les événements dont il s'agit étant des actions humaines inspirées par les mobiles ordinaires de nos déterminations, chacun porte en soi une clef pour comprendre et un tribunal pour juger ce que l'historien se contente de raconter. Mais dans l'histoire d'une science il n'en est pas ainsi : les événements étant des opinions sur des matières étrangères au sens commun, ces événements et l'histoire elle-même seraient inintelligibles si l'historien abdiquait la critique et se renfermait dans l'exposition. La critique est donc un élément nécessaire de l'histoire d'une science.

C'est l'érudition, Messieurs, qui donne les opinions que l'historien d'une science doit exposer. Mais où puise-t-il la critique de ces opinions? il ne peut la puiser que dans la connaissance de la vérité que ces opinions vraies ou fausses ont toutes la prétention d'exprimer. Car, s'il ne sait pas la vérité, comment pourra-t-il juger que telle opinion est vraie, que telle autre est fausse, que telle autre est un mélange de vérité et d'erreur? Il faut donc qu'il connaisse la vérité sur l'objet de la science. Or qu'est-ce que la vérité sur l'objet d'une science? c'est la science elle-même. D'où il suit que la critique, élément indispensable de l'histoire de toute science, présuppose que la science elle-même est faite, c'est-à-dire que la vérité est trouvée, du moins en partie, sur l'objet de cette science.

Voyez, en effet, comment Bailly procède dans sa belle histoire de l'astronomie. Il ne se contente pas d'exposer dans leur ordre chronologique les différentes opinions qui ont été émises sur les procédés astronomiques. Il apprécie chacune de ces opinions. Il signale les unes comme de simples hypothèses, il voit poindre dans les autres un commencement de vérité; ce germe se développe dans les systèmes postérieurs, et enfin la vérité se dévoile et s'accroît dans la pensée d'un homme de génie. Avec quel criterium Bailly démêle-t-il ainsi le vrai du faux, les opinions erronées des opinions exactes? avec les vérités astronomiques démontrées de son temps; avec la science astronomique telle qu'elle était à l'époque où il écrivait. Si rien de certain n'avait été constaté en astronomie à la fin du dix-huitième siècle, toute critique des opinions astronomiques eût été impossible, et par conséquent l'histoire de l'astronomie elle-même l'eût été. Donc, encore une fois, la critique présuppose la science ; sans la science elle est impossible.

L'exposition des opinions, et la critique de ces opinions, tels sont donc les deux éléments de l'histoire de toute science. L'érudition et la science elle-même, telles sont les sources où l'historien puise et ne peut pas ne pas puiser ces deux éléments.

Il nous reste à rechercher dans quel but on fait l'histoire d'une science, ou, ce qui revient au même, quelle instruction l'esprit humain peut y trouver.

Ce but me semble double, Messieurs. L'esprit humain, revenant sur ses traces, reconnaît dans l'histoire d'une science, et comment il s'est égaré dans la recherche de la vérité, et par quels procédés il est parvenu à la découvrir. Ce double spectacle est pour lui une leçon de méthode. En second lieu, le développement d'une science n'est autre chose que le développement même de l'esprit humain sur un des grands problèmes que cet univers présente à sa curiosité. L'histoire d'une science est donc une page de l'histoire de l'esprit humain. Là se révèlent, comme dans l'histoire proprement dite, mais d'une manière plus claire encore, les lois de son développement. Car, après tout, les événements matériels que celle-ci recherche ne sont que les conséquences extérieures des événements intérieurs dont l'intelligence humaine a été le théâtre ; et les événements qui se passent dans l'intelligence humaine ne sont à leur tour que des opinions successivement formées sur les grandes questions qui intéressent l'humanité. Il y a donc entre ces deux ordres d'événements le même rapport de l'effet à la cause. Ils marquent donc également les lois du développement de l'humanité, avec cette différence cependant que ces lois se révèlent en nous d'une manière bien plus nette dans la succession des événements intellectuels ou des idées que dans celle des événements matériels.

Telles sont, Messieurs, les deux espèces d'instruction qu'on peut chercher dans l'histoire d'une science. L'histoire d'une science est une leçon de méthode. L'histoire d'une science est un document important pour l'histoire de l'humanité. J'ajoute que ces deux résultats impliquent également la critique des opinions, et ne peuvent être donnés par la simple exposition. Car où serait la leçon de méthode si l'on n'avait point distingué les opinions vraies des opinions fausses ? Et quelle lumière jetterait l'exposition des opinions sur la marche de l'esprit humain, si ses faux pas n'étaient pas distingués de ses triomphes ?

Nous venons de déterminer, Messieurs, et les

résultats, et les conditions, et le but de l'histoire de toute science. Nous connaissons donc et les résultats, et les conditions, et le but de l'histoire de la philosophie.

L'histoire de la philosophie doit comprendre deux éléments : l'exposition des opinions, et la critique des opinions. Que suppose l'exposition des opinions? la connaissance de ces opinions. Que suppose la critique des opinions? la connaissance de la vérité sur les problèmes que ces opinions ont la prétention de résoudre.

La connaissance des opinions philosophiques est possible, Messieurs. Il suffit d'étudier les monuments originaux qui les contiennent, ou, quand ces monuments ont péri, les expositions que des écrivains postérieurs ou contemporains nous en ont conservées. De ce côté là donc, point d'obstacle insurmontable à l'histoire de la philosophie.

Mais en est-il de même de la critique? Non, Messieurs, et ici je suis obligé de vous faire part de la situation embarrassante dans laquelle je me trouve.

La philosophie, Messieurs, comprend un très grand nombre de problèmes différents qui ont été agités dans les temps anciens comme dans les temps modernes. Or, prenez un quelconque de ces problèmes, vous trouvez que ce problème est aussi peu résolu de nos jours qu'il l'était du temps de Platon et d'Aristote. Trois ou quatre grandes opinions se disputent l'honneur de la résoudre au dix-neuvième siècle comme dans l'antiquité. Mais entre ces opinions il n'y a rien de décidé. Laquelle est la vérité? L'une d'elles, même, est-elle la vérité? C'est ce qu'on ne sait pas. C'est ce que tous les efforts des philosophes n'ont pu déterminer encore. Elles se partagent les esprits, sans qu'aucune d'elles soit encore parvenue à les réunir. Voilà où en sont tous les problèmes philosophiques sans aucune exception.

Que suit-il de là, Messieurs? Il s'ensuit que sur aucun la vérité n'est trouvée. Et si la vérité n'est trouvée sur aucun, qu'en résulte-t-il? Qu'il n'y a aucune vérité reconnue en philosophie, ou, en d'autres termes, que la science philosophique n'existe pas encore. Mais la critique présuppose la connaissance de la vérité. La critique des opinions philosophiques est donc impossible. On peut donc exposer les opinions philosophiques, mais on ne saurait les apprécier.

En effet, Messieurs, avec quoi et au nom de quelle règle l'historien de la philosophie pourrait-il les apprécier? Ce ne serait pas au nom de la vérité, puisqu'elle n'est point connue. Ce ne pourrait donc être qu'au nom d'une des opinions qui ont la prétention de l'exprimer. Mais qu'arriverait-il s'il prenait pour base de ses jugements l'une de ces opinions? Qu'il se verrait forcé de déclarer vrai, au nom de cette opinion, ce qu'il aurait été forcé de déclarer faux s'il en avait adopté une autre. La critique dépendrait donc entièrement de la préférence qu'il aurait accordée à telle opinion sur toutes les autres. Mais quel titre pourrait avoir cette opinion à cette préférence? Aucun, puisque, la vérité n'étant point connue, la valeur de ces opinions ne peut être appréciée. Sa critique, reposant sur une base incertaine, serait donc incertaine comme elle ; elle n'aurait aucune autorité. Elle ne serait que la critique des systèmes par un système.

Confiez à Cabanis le soin de faire l'histoire de la philosophie, il déclarera vrai le système métaphysique d'Épicure, car ce système est le sien. Confiez à Kant la même tâche, il déclarera faux le même système, car ce système est le contraire du sien. Quelle autorité la critique de Cabanis aura-t-elle auprès de Kant, et celle de Kant aux yeux de Cabanis? aucune. Quelle autorité chacune de ces critiques aura-t-elle aux yeux du commun des hommes? aucune. Car le commun des hommes pourrait-il décider entre l'autorité de l'un de ces philosophes et l'autorité de l'autre?

Et si le système d'Épicure est à la fois une erreur pour Kant et la vérité même pour Cabanis, ne s'ensuivra-t-il pas qu'en découvrant ce système, l'esprit humain aura fait selon l'un un faux pas, selon l'autre une découverte immense? L'un fera donc reculer, l'autre avancer l'esprit humain à cette époque de notre histoire. La marche de l'esprit humain sera donc représentée d'une manière opposée dans les deux tableaux. Le but de l'histoire d'une science sera donc manqué dans l'une et dans l'autre : car, encore une fois à laquelle de ces deux versions le lecteur pourra-t-il s'en rapporter ?

Tant donc que la philosophie n'est pas faite, les histoires de la philosophie ne peuvent être que des systèmes. Aussi les différentes histoires de la philosophie, que nous avons, portent toutes le cachet des écoles diverses dont elles sont sorties. Les faits ou l'érudition restent les mêmes, les jugements ou la critique varient.

L'histoire de la philosophie suppose donc la philosophie faite. Entreprendre l'une avant l'autre, c'est vouloir la fin avant le moyen. C'est un cercle vicieux manifeste.

Telle est, Messieurs, la conclusion à laquelle la logique nous force d'aboutir. Maintenant que ferons-nous ? D'un côté, la logique exige que nous fassions la science, et que nous la fassions par l'histoire de la science. De l'autre, la destination de cette chaire veut que nous fassions l'histoire de la science, et non point la science. Quel parti prendre? Comment échapper aux inconvénients? L'historien de la philosophie pourrait-il les apprécier? Ce ne serait pas au nom de la vérité, puisque la vérité n'est pas connue. Ce ne pourrait donc être qu'au nom d'une opinion particulière. Mais qu'arriverait-il de là? qu'en jugeant au nom de cette opinion, il serait forcé de déclarer vrai ce qu'il aurait été forcé de déclarer faux s'il avait adopté pour base de ses jugements l'opinion contraire, qui n'a ni plus ni moins de titres à passer pour la vérité.

FAITS ET PENSÉES

SUR LES SIGNES [1].

Cette question des signes est extrêmement complexe. Elle contient une foule de problèmes et implique une grande variété de recherches. Si on ne veut pas s'égarer dans ce dédale, il faut avant tout en étudier et en démêler les détours, et pour cela n'y pénétrer que lentement, et, à chaque pas que l'on y fait, reconnaître avec soin les parties parcourues. De plus, cette question touche à beaucoup d'autres qui lui sont analogues ou qu'elle semble comprendre, et dont il est nécessaire de la distinguer, si on ne veut mêler des faits et des notions de natures différentes et tomber dans des confusions qui la rendraient insoluble. Enfin elle a dans plusieurs sens une portée dont il faut savoir se défendre : car, si on la

---

[1] *Note de l'éditeur.* — Ce morceau n'est pas terminé; mais cependant il est assez développé pour que la théorie entière de l'auteur puisse être saisie. C'est l'un des derniers qui soient sortis de sa plume. Il était écrit sur des fragments de lettres dont quelques unes portent la date de septembre 1841.

suivait dans toutes ses ramifications éloignées et qu'on se laissât entraîner à toutes les perspectives qu'elle ouvre, on sortirait de la théorie des signes proprement dits pour étudier une foule de questions qu'elle éclaire, il est vrai, mais qui lui sont extérieurs; en ne sachant pas se retenir et se borner, on irait à tout et on ne finirait rien. Il en est ainsi de toute grande question philosophique. Sa solution rayonne au loin et illumine des espaces immenses. Ces horizons doivent être montrés, mais non visités, autrement la philosophie n'aurait plus de limites et perdrait son propre caractère; sciences et arts, elle absorberait tout. L'entendre ainsi, ce serait chercher à lui ôter son plus grand charme, celui qu'elle tient de ces vastes perspectives qu'elle ouvre de tous côtés, de cette auréole de conséquences fécondes qui l'environne, et qui cesseraient d'être poétiques si elle y pénétrait.

Dégager peu à peu les nombreuses questions qu'enferme celle des signes, distinguer ces questions des problèmes que le voisinage et l'analogie tendent à y mêler, enfin trouver la limite où ces questions, qui sont philosophiques s'arrêtent, et au delà de laquelle s'ouvre le champ des applications qui ne le sont pas; telle est la triple tâche à laquelle doit s'appliquer d'abord tout esprit qui sait se conduire, et qui, ayant quelque idée de la complexité et des difficultés du sujet, a la volonté de la démêler et de l'éclaircir.

Cette tâche, nous allons l'aborder ; nous chercherons lentement et en apparence peut-être sans beaucoup d'ordre : semblable au voyageur qui reconnaît un pays inconnu, nous irons un peu à l'aventure, nous laissant conduire par les faits que nous rencontrerons, recueillant les indications, les problèmes, et les remarques de toute espèce qu'ils nous suggéreront. Mais peu à peu, nous l'espérons, la lumière sortira de toutes ces données, et l'ordre à sa suite. Nous verrons les questions se dégager, se subordonner, se classer, et la recherche entière s'organiser dans son ensemble. Sa circonscription et ses limites naturelles se dessineront. La carte du pays se dévoilera, sinon sans lacunes, du moins dans ses grands traits et dans ses points fondamentaux.

Des traités nombreux, de longs ouvrages même, existent sur la matière. Nous n'avons voulu ni les consulter ni les lire, non que nous les méprisions et que nous dédaignions d'y puiser, mais par deux raisons que nous dirons naïvement : la première, c'est que les idées qu'ils nous suggéreraient gêneraient la liberté de notre esprit, qui aime à se conduire à sa façon, et dépouilleraient pour lui cette recherche de son plus grand charme, qui est dans la recherche même plutôt que dans le résultat qu'elle peut donner à la science ; la seconde, c'est que nous ne comprenons bien que ce que nous avons trouvé, et que les idées d'autrui, quand nous n'avons pas d'abord exploré nous-même la matière à laquelle elles se rapportent, n'ont pour nous qu'un sens vague, nous troublent plutôt qu'elles ne nous éclairent. C'est notre habitude, quand nous avons cherché tout seul et fixé nos idées ou nos doutes sur une question, d'aller voir ce qu'ont vu, pensé les autres. Nous les comprenons alors et souvent leurs vues rectifient ou étendent les nôtres. Elles ont, *après*, de la lumière pour nous; elles n'en auraient point *avant*.

Tout cela posé et bien entendu, nous commencerons.

I.

Tout signe suppose une chose signifiée, et, puisqu'il indique et révèle cette chose à l'esprit, tout signe suppose aussi une intelligence qui la saisisse et la comprenne. On voit par là, du premier coup, que le signe est un intermédiaire entre deux termes : l'un toujours le même, l'intelligence, l'autre multiple et variable à l'infini, la chose signifiée, et que sa fonction est de désigner, de faire concevoir le dernier de ces termes, c'est-à-dire la chose qu'il signifie, au premier, c'est-à-dire à l'esprit, pour lequel il la signifie.

Telle est dans sa plus grande généralité la nature du signe, telle est aussi sa vertu.

Il suit de là qu'entre le signe et la chose signifiée il doit y avoir un rapport : car, pour qu'un signe ait la vertu de révéler à l'esprit telle chose plutôt que telle autre, il faut qu'il existe entre cette chose et lui une relation spéciale qu'il n'a pas avec toute autre chose.

Et comme cette relation spéciale est la seule circonstance qui donne au signe sa vertu, c'est-à-dire qui le fasse signe, il suit de là que ce rapport est nécessairement perçu par l'esprit quand il comprend le signe; autrement l'esprit ne pourrait découvrir que c'est telle chose, et non point toute autre, que le signe désigne.

Il y a donc nécessairement entre tout signe et la chose qu'il signifie un rapport, et l'intelligence du signe ne peut être que la perception claire ou confuse de ce rapport par l'esprit.

Et comme l'esprit ne saisit d'abord que le signe, et que c'est par le signe qu'il arrive à la chose signifiée, il faut de plus que, par des lois propres, l'esprit soit naturellement conduit à passer du signe qu'il perçoit au rapport de ce signe avec autre chose, et de ce rapport à la chose signifiée elle-même.

Avant d'aller plus loin, examinons quelques

faits, et voyons si nous y trouverons la confirmation de ces diverses anticipations.

On prononce devant moi le mot *maison* ; instantanément ce son complexe me fait concevoir la chose qu'il signifie, et à laquelle je ne pensais pas du tout.

Le mot *maison* a donc été un intermédiaire entre mon esprit et la chose réelle dont il est le signe dans la langue française. Il a fait concevoir cette chose à mon intelligence : telle a été sa fonction dans l'opération qui s'est accomplie.

Mais d'où vient à ce mot la vertu de susciter dans mon esprit l'idée d'une habitation plutôt que celle d'un arbre, d'un cheval, de tout autre objet ? évidemment de la relation établie entre ce mot et cette chose spéciale, relation qui n'existe pas entre ce même mot et aucune autre réalité.

Mais si j'eusse ignoré cette relation comme l'ignorent tous les hommes qui ne savent pas le français, vainement le mot aurait frappé mon oreille, vainement la relation établie entre ce mot et la chose qu'il signifie aurait existé; il est évident que je n'aurais pas compris, et que le signe n'en eût pas été un pour mon esprit.

Si j'ai compris, c'est que j'avais connaissance de la relation établie entre le son *maison* et la chose ainsi appelée ; en sorte que, le son perçu par mon oreille, le rapport et l'autre terme ont été immédiatement conçus par mon esprit.

Prenons un autre exemple très peu différent : J'entends un cri jeté non loin de moi par une personne que je ne vois pas ; aussitôt mon esprit conçoit un être humain qui souffre une cruelle douleur, et il y a si peu de doute dans cette interprétation instantanée, que je m'élance pour secourir la personne inconnue dont ce signe m'a révélé la souffrance.

Ici, comme dans le précédent exemple, le cri a été mon intermédiaire entre mon esprit et un certain fait dont il est le signe. Il a révélé ce fait à mon intelligence.

Mais pourquoi ce fait plutôt que tout autre, sinon parce qu'entre ce signe et ce fait il y a un rapport qui les lie et qui s'évanouirait si on changeait l'un des deux termes ?

Mais si j'eusse ignoré le rapport, le signe aurait-il agi sur moi et sa fonction révélatrice se fût-elle accomplie ? évidemment non. Je n'ai pu comprendre et je n'ai compris qu'à une condition, c'est que je savais le rapport spécial établi entre les deux termes. C'est la connaissance de ce rapport qui a donné au signe sa vertu, et qui, le signe perçu, m'a révélé instantanément la chose signifiée.

Ces exemples suffisent pour ne laisser aucun doute sur les points que voici :

1° Le signe est un intermédiaire entre l'esprit et la chose signifiée.

2° Sa fonction est de révéler à l'esprit la chose signifiée.

3° Il ne le fait qu'à une condition : c'est qu'il y ait un rapport entre la chose signifiée et lui.

4° Mais cette première condition ne suffit pas : il en faut une seconde, c'est que l'esprit conçoive ce rapport lorsque le signe paraît, ce qui ne serait pas possible s'il ne le connaissait pas auparavant.

Voilà déjà quelques points établis ; nous allons en démontrer d'autres.

II.

Nous avons dit que le signe n'était signe qu'à la condition qu'il y eût un rapport spécial entre lui et la chose signifiée, et de plus que l'esprit ne pouvait comprendre le signe qu'à la condition que ce rapport fût préalablement connu. La première de ces lois n'a besoin ni de nouvelle preuve ni d'explication. Elle est parfaitement évidente et on ne peut plus claire. Il n'en est pas de même de la seconde.

On conçoit bien que, si le signe n'est signe que

par une circonstance, l'esprit ne le saisira comme tel, c'est-à-dire ne le comprendra, que s'il saisit cette circonstance. On conçoit bien encore que, cette circonstance étant un rapport du signe avec la chose signifiée, rapport qui n'est pas visible non plus que la chose signifiée, l'esprit ne peut le percevoir comme le signe, et que, s'il doit le connaître, il faut qu'il le conçoive. On comprend enfin qu'il ne peut le concevoir à propos du signe que s'il le connaissait déjà, et si bien qu'il suffise que le signe se montre pour lui en suggérer aussitôt l'idée et celle de la chose signifiée. Tout cela paraît évident, nécessaire, et par conséquent incontestable. Et cependant, tandis que beaucoup de faits confirment pleinement ces inductions, d'autres en très grand nombre semblent les démentir, ou tout au moins exiger qu'on les modifie sur un point.

Parmi les faits qui sont en harmonie parfaite avec ces inductions, on peut citer tous ces systèmes de signes qui composent les langues. Prenez un quelconque de ces signes, vous verrez qu'il est lié par un rapport spécial avec la chose qu'il désigne, vous verrez que ce rapport est un simple rapport d'association, vous verrez que votre esprit a été instruit de l'existence de ce rapport le jour où on lui a appris le sens de ce signe; que c'est en cela même qu'a consisté pour lui la connaissance de la valeur de ce signe, et que maintenant, s'il comprend incontestablement ce signe toutes les fois qu'il lui apparaît, c'est qu'aussitôt il lui rapporte et le rapport qui le lie à une certaine chose, et cette chose elle-même.

Ce qui fait qu'on sait une langue, c'est qu'on a appris à quelle chose, à quel fait réel est associé, par un rapport convenu et constant, chaque mot, chaque forme de cette langue.

Ce qui fait qu'il faut apprendre une langue, c'est qu'on ne peut deviner ces rapports, et qu'il faut en acquérir la connaissance, et les fixer un à un dans sa mémoire.

Quand on apprend une langue en l'entendant parler, c'est le rapport établi entre chaque mot et la réalité signifiée qu'on apprend directement.

Quand on apprend une langue avec un dictionnaire, c'est le rapport entre chaque mot de cette langue et le mot correspondant d'une autre que l'on sait déjà que l'on apprend directement. Ce n'est que par l'intermédiaire de ce mot de la langue que l'on sait qu'on arrive à connaître la réalité signifiée par le mot de la langue que l'on ne sait pas.

Aussi tandis que, pour les langues directement apprises, l'esprit passe immédiatement du mot à la réalité qu'il représente, pour les langues indirectement apprises, on sait qu'il va d'abord au mot correspondant de cette langue qui a servi d'intermédiaire, et que ce n'est que par le moyen de ce mot qu'il arrive à la réalité signifiée.

Le travail de l'esprit dans l'intelligence du signe paraît donc avec la plus grande évidence dans l'intelligence de ces systèmes de signes qu'on appelle les langues. Il est clair qu'il commence par apprendre les rapports établis entre chaque signe et la chose signifiée, et que comprendre un quelconque de ces signes, c'est tout uniment pour lui se rappeler, quand ce signe paraît, le rapport qui l'associe à la chose qu'il désigne dans la langue. L'esprit apprend d'abord le rapport, ce qui lui fait connaître ce signe comme tel. Il se souvient ensuite de ce rapport quand le signe paraît, ce qui fait qu'il le comprend.

C'est absolument de la même manière que nous passons des figures de l'écriture aux sons du langage. Celles-là deviennent signes de ceux-ci aux mêmes conditions. Nous les apprenons et les comprenons de la même manière.

Tous ces faits confirment donc pleinement la loi selon laquelle il nous a paru *a priori* que l'intelligence devait comprendre le signe. Mais il en est d'autres non moins nombreux qui semblent résister à cette loi et en indiquer une autre. Nous allons en remarquer quelques uns.

Et d'abord je reprendrai celui que j'ai déjà cité dans les pages précédentes. Une personne jette un certain cri. Sans voir personne, je conçois aussitôt qu'elle éprouve une vive douleur, et je vole à son secours. Le cri remplit ici toutes les fonctions du mot dans les exemples précédemment cités. Il est pour moi signe d'un fait que je ne perçois pas, mais qu'il me révèle immédiatement. Il est lié à ce fait par un rapport tellement spécial, qu'il n'est signe que de ce seul fait, et non point d'aucun autre, et que réciproquement la moindre modification dans la nature de ce cri en changerait la valeur comme signe, et ferait qu'au lieu de me révéler le phénomène de la douleur dans la personne qui l'a poussé, il m'en indiquerait un autre, l'étonnement, l'admiration, la colère, par exemple. Enfin je le comprends instantanément, ce qui semble ne pouvoir se faire si je n'ai pas précédemment appris la valeur de ce signe, c'est-à-dire le rapport spécial qui l'unit au phénomène de la douleur. Et cependant, en examinant la chose de près, il ne paraît pas qu'on puisse admettre cette dernière conclusion ; tout semble prouver au contraire que la valeur de ce signe je ne l'ai jamais apprise, et que je la savais antérieurement à toute expérience qui aurait pu me la révéler.

En comparant en effet la nature de ce signe

avec celle des mots qui composent une langue, on y trouve des différences notables qui indiquent que ces phénomènes ne sont point identiques, bien qu'ils remplissent également les fonctions de signes pour notre intelligence.

Et d'abord, les signes qui composent une langue n'ont un sens que pour ceux qui la savent; ils n'en ont aucun pour ceux qui ne la savent pas. Pour tout homme qui ignore le français, le mot *maison* non seulement ne représente pas la chose particulière qu'il me désigne à moi qui le sais, mais il ne représente rien du tout, il n'est pas signe; c'est un vain son qui n'a aucun sens, aucune valeur. En est-il de même du cri qui indique la douleur? Non : poussez ce cri parmi les Hottentots, les Esquimaux, les Chinois, les Indous; qu'il frappe l'oreille d'une créature humaine quelconque, il sera immédiatement interprété de la même manière, il sera uniformément et universellement compris comme le signe de la douleur.

Il y a plus: de même qu'il est universellement compris, ce signe est universellement employé pour exprimer, pour traduire sans détours le phénomène d'une douleur vive et subite. Réunissez les représentants des divers peuples de la terre, et, leur montrant une *maison*, obtenez d'eux qu'ils désignent cet objet par un signe, chacun d'eux prononcera un mot différent, et un mot qui n'aura ce sens que pour lui et ceux de sa langue, et qui n'en aura aucun pour tous les autres. Faites au contraire que tous éprouvent en même temps une vive et subite douleur, tous pousseront le même cri, qui sera compris par tous.

Non seulement donc le cri qui exprime la douleur vive ou subite l'exprime universellement pour toute créature humaine, mais toute créature humaine exprime universellement ce phénomène quand elle l'éprouve par le même signe.

Le cri est donc un signe universellement employé par tous pour exprimer un certain phénomène et universellement interprété et compris par tous comme exprimant ce phénomène.

Mais ce n'est pas tout. Un enfant n'emploie les mots de la langue que quand il les a appris comme *sons* d'abord et comme *signes* d'une certaine réalité ensuite. Il y a un temps où l'enfant ne sait aucun de ces sons, et en ignore absolument la valeur, et il est facile de suivre le progrès lent par lequel il acquiert peu à peu cette double science qu'il ne possédait pas. Mais que dans les langes du berceau, et le jour même de sa naissance, un enfant éprouve une vive douleur, aussitôt il pousse un cri qui pour tous les hommes est le signe de ce phénomène. Qui lui a appris ce signe ? ce n'est pas l'expérience assurément. Il s'en sert évidemment sans l'avoir appris.

Il est plus difficile de constater qu'il le comprend également avant d'en avoir appris la valeur par l'expérience, et cela tient à ce qu'on pourrait supposer que, se servant instinctivement de ce signe pour exprimer sa douleur, il apprend ainsi l'interprétation qu'il doit lui donner chez les autres. En effet, il s'écoule un certain temps avant que les sens de l'enfant nouveau né aient des perceptions distinctes des phénomènes extérieurs, avant que ses yeux discernent, que ses oreilles entendent distinctement. Ce temps paraît suffisant pour qu'il fasse l'expérience dont il s'agit, ou qu'on puisse supposer que c'est de cette expérience qu'il part pour interpréter chez les autres les signes dont il s'est servi lui-même, quand ses sens sont assez développés pour percevoir ces signes.

Mais cette explication ne résiste pas quand on la rapproche des faits et qu'on l'approfondit.

L'enfant en effet peut bien entendre le cri qu'il pousse quand il souffre, et par conséquent associer instinctivement ce cri avec le phénomène de la souffrance; mais il ne peut voir l'expression que prend sa propre figure quand il éprouve du plaisir ou de la douleur, et par conséquent il ne peut associer cette expression avec le phénomène intérieur correspondant. Et cependant il est parfaitement établi que, du moment où ses sens perçoivent, la figure riante de sa nourrice le calme et le fait sourire, tandis qu'une expression triste produit l'effet contraire. Il y a plus : l'enfant est incapable de montrer et par conséquent de donner à sa figure l'expression de la menace, et cependant il comprend cette expression sur le visage des autres, et elle l'effraie et le fait pleurer. Plus tard il comprend des gestes qu'il n'a jamais fait ni pu faire lui-même, et dont l'expérience ne lui a pas appris le sens. Tous ces faits sont parfaitement constants et ne peuvent échapper à qui a suivi les développements de la nature humaine dans un enfant. Il en résulte qu'il comprend certains signes sans en avoir appris la valeur ni en soi ni chez les autres. Or, s'il les comprend ainsi, il s'ensuit que c'est de la même manière, et non par expérience, qu'il comprend le cri de la douleur chez les autres : car ce signe a tous les autres caractères de ceux que l'enfant comprend instinctivement; il est connu et employé par l'enfant avant qu'il ait pu lui être enseigné; il est comme eux universellement employé et compris dans le même sens par tous les peuples de la terre, par toute créature humaine sans exception.

Si on veut réfléchir à cette universalité de certains signes, on trouvera qu'elle serait inexplicable si ces signes étaient, comme ceux des langues, le résultat d'une explication arbitraire, et qu'il faut absolument, puisqu'ils sont universellement employés et compris dans le même sens, que l'enfant s'en serve et les entende sans les avoir appris.

En effet, si l'enfant n'exprimait une douleur vive par un certain cri que par imitation, et après avoir appris que ce cri est le signe de ce phénomène, son père et sa mère l'auraient également appris de leurs parents, ceux-ci des leurs, et ainsi de suite ; mais à cette série d'imitations il faut un commencement, et ce commencement, dans l'hypothèse, ne saurait être qu'une association arbitraire entre le signe et la chose signifiée. Or, en admettant le cas le plus favorable, c'est-à-dire celui de l'unité de la famille humaine et de la procréation de cette famille par un seul couple, comment se pourrait-il que cette convention n'eût subi aucune de ces modifications infinies qu'ont subies dans la même hypothèse les signes de la langue primitive, modifications si diverses et si profondes, que ces signes chez un peuple sont absolument inconnus et dénués de sens pour tout autre peuple ? Par quel miracle, issus également d'une convention arbitraire, ces deux ordres de signes auraient-ils rencontré des destinées si différentes ? Comment les uns fussent-ils restés universels et communs à toute l'espèce, tandis que les autres se sont altérés ou modifiés de mille manières ? Evidemment ce serait là un phénomène inexplicable, et le raisonnement seul démontrerait que ces signes n'ont ni la même origine ni la même nature, quand bien même les faits n'établiraient pas que les uns ne sont employés et compris qu'après avoir été appris, tandis que les autres le sont antérieurement à tout enseignement, et indépendamment de toute expérience et de toute imitation.

C'est là un fait extrêmement curieux, une distinction très importante entre les signes. Et quand bien même nous n'arriverions pas à la solution de la question qui nous l'a fait découvrir, elle serait à elle seule un résultat considérable de cette recherche. Arrêtons-nous donc un moment à constater ce résultat. Nous reviendrons après à la question qui nous y a conduit.

Il y a évidemment deux ordres de signes, parfaitement distincts, et qu'il n'est pas possible de confondre, bien que les uns et les autres soient également des signes, et en remplissent uniformément les fonctions.

Le rapport qui associe les uns à la chose signifiée est arbitraire et de pure convention ; et, parce qu'il en est ainsi, on n'en sait la valeur que quand on l'a apprise, et par conséquent on ne peut s'en servir et les comprendre qu'au moyen de cette instruction préalable. De plus, cette association des signes à la chose signifiée étant arbitraire, elle n'a rien d'universel. Les différents peuples ont associé à une même réalité un signe différent; de là des systèmes de signes infiniment différents pour exprimer l'immense variété des choses et des faits. Ces systèmes sont les langues. Chaque peuple a la sienne, et ne peut comprendre celle des autres qu'après l'avoir apprise. Les signes de cette nature et de cette origine ont été appelés *signes artificiels*. Ce nom leur convient, et nous le conserverons.

Mais à côté de ces signes il en est d'autres dont tous les hommes se servent, et que tous comprennent uniformément. Ces signes, l'enfant les trouve et les comprend sans les avoir appris, antérieurement à toute expérience, indépendamment de toute imitation ; d'où il suit que le rapport qui unit ces signes aux choses qu'ils signifient n'est point arbitraire et de convention : il est naturel et primitif. On a donné à ces signes le nom de *signes naturels*. Il leur convient, et nous le leur conserverons.

Cette grande distinction posée et bien établie, revenons à notre question, et cherchons à nous expliquer comment l'esprit peut concevoir le sens d'un signe sans avoir appris le rapport qui lie ce signe à telle chose à l'exclusion de toutes les autres.

Quand il a appris ce rapport, comme il arrive pour les signes naturels, rien n'est plus clair et plus aisé à s'expliquer d'une manière satisfaisante que l'opération par laquelle l'esprit comprend le signe : c'est un pur fait d'association d'idées, c'est-à-dire de mémoire. Tel son représente telle chose, voilà la donnée de l'enseignement et de l'expérience. La mémoire retient cette donnée, le son et l'idée de la chose s'associent. Quand je veux exprimer la chose, cette association m'indique le signe que je dois employer, et je le produis. Quand ce signe m'est montré, cette même association me rappelle la chose signifiée, et je la comprends. Cette double opération psychologique est parfaitement nette. On la perçoit dans ses moindres détails. Elle rend parfaitement compte du double phénomène, du double résultat. Il n'y a là aucun mystère, aucune obscurité.

Mais l'invention et l'intelligence du signe naturel sont loin d'être des phénomènes psychologiques aussi clairs. Comment l'enfant surpris par une vive douleur trouve-t-il le cri qui fera comprendre à sa mère qu'il souffre ? Comment, quand il entend ce cri, trouve-t-il le sens de ce signe, et le témoigne-t-il en s'attristant et en pleurant ? Y a-t-il moyen de rendre compte de cette double opération, ou bien est-elle une loi primitive de la nature humaine, et, comme telle, est-ce un fait irréductible et par conséquent inexplicable?

Admettons donc ce fait, et ne cherchons pas à l'ex-pliquer.

Et d'abord constatons un fait qui donnera une première explication à laquelle on pourrait être tenté de s'arrêter : c'est qu'entre le signe naturel et la chose qu'il signifie il n'y a pas plus de ressemblance, pas plus d'analogie appréciable qu'entre un signe artificiel, un mot par exemple, et la réalité qu'il désigne.

La douleur et le cri sont deux phénomènes absolument dissemblables : l'un est psychologique, l'autre physique; l'un est une sensation dans l'âme, l'autre une vibration de l'air extérieur produite par un mouvement mécanique du larynx. On ne trouve aucune analogie qui associe naturellement ces deux faits, pas plus qu'il n'en existe entre le son *maison* et la chose qu'il représente. Le phénomène de la douleur aurait eu pour signe tout autre son ou autre chose qu'un son, un mouvement des pieds par exemple, que nous trouverions cette association tout autant ou tout aussi peu explicable par l'analogie entre le signe et la chose signifiée. Cette analogie est absolument nulle, et par conséquent n'explique en rien l'association dont il s'agit.

La même absence de toute ressemblance et de toute analogie se peut constater entre tout signe naturel et la chose qu'il signifie, et par conséquent l'explication du rapport primitif qui associe ces sortes de signes avec ce qu'ils expriment ne peut être puisée dans la ressemblance. D'ailleurs, cette ressemblance existât-elle, l'enfant ne pourrait la connaître, même dans le cas du cri, qu'après avoir employé ce signe une première fois, et l'usage uniforme de ce signe par tous les enfants cette première fois resterait toujours sans explication.

Dira-t-on que tel est le rapport établi par Dieu entre la constitution de l'âme et celle du corps que, lorsqu'un certain phénomène se produit dans l'âme, il cause dans le corps mécaniquement et tacitement un autre phénomène, et qu'ainsi le cri est tout simplement l'effet physique de la douleur, le sourire celui du plaisir, et ainsi de suite? Nous y consentons. Mais ce n'est pas là une explication, c'est tout simplement le mystère à expliquer exprimé sous une autre forme.

Qu'il y ait une relation établie par la nature entre chaque signe naturel et le phénomène qu'il exprime; que cette relation soit telle que, le phénomène psychologique se produisant, le phénomène physique ou ce signe s'ensuive naturellement, c'est ce qui est incontestable, car c'est le fait même dont nous nous occupons. Reste maintenant à expliquer ce fait, c'est-à-dire à découvrir pourquoi tel phénomène physique correspond à tel phénomène physiologique plutôt que tel autre. Or c'est ce qu'on ne peut pas, et on en est réduit à déclarer que le perfectionnement donné par le créateur à tel signe pour exprimer tel fait est sans raison pour notre intelligence, et que, si cela est ainsi, nous n'en pouvons voir d'autre motif que la volonté de Dieu.

Non seulement cette prétendue explication du fait n'en est que la traduction, mais elle n'en est pas même la traduction exacte et complète.

Elle n'en est pas la traduction exacte : car, si le signe naturel est dans l'enfance la conséquence à peu près fatale et nécessaire du phénomène intérieur, plus tard il n'en est rien. Nous parvenons par la volonté à supprimer le signe quand le phénomène se produit, et même à lui en substituer un autre. Nous faisons plus, nous acquérons le pouvoir de produire le signe sans qu'il y ait trace au moins du phénomène intérieur. Ainsi la corrélation du signe à la chose signifiée peut bien être naturelle; mais elle n'est ni fatale ni nécessaire, puisqu'elle peut être suspendue, supprimée, transformée en une corrélation contraire. Cette relation n'est donc pas une véritable relation de cause à effet : car, quand une véritable cause agit, son véritable effet s'ensuit toujours nécessairement, cet effet n'étant que l'acte même de la cause, qui ne peut pas à la fois être et n'être pas produit. Il est donc inexact de dire que le phénomène intérieur est la cause du signe, et que celui-ci est l'effet de ce phénomène. Tout au plus l'un est-il la cause occasionnelle de l'autre; et, pour être vrai, il est infiniment plus sûr de dire qu'il y a une relation entre le phénomène et le signe, qui fait que, quand l'un se produit, l'autre tend naturellement à se produire aussi, et se produit en effet si la volonté ou d'autres circonstances ne viennent pas déranger l'ordre naturel des choses.

Cette traduction, qui n'est pas exacte, n'est pas non plus complète, car elle ne correspond qu'à la moitié du phénomène. Fût-elle exacte, elle nous apprendrait seulement que le signe est en nous l'effet du phénomène signifié; mais elle ne nous dirait pas comment nous comprenons naturellement ce même signe, quand il se montre à nous chez les autres. Ici la causalité ne peut servir à rien et ne traduit rien. Un cri est jeté par ma nourrice. Moi, enfant au berceau, je comprends ce signe. Comment? J'ai démontré que ce n'était pas par induction de la corrélation observée en moi entre ce signe et ce qu'il signifie. Comment donc le comprends-je? Evidemment il n'y a aucune explication possible de ce fait, et nous sommes condamnés à dire, comme pour l'autre, que, si les choses se passent ainsi, c'est que Dieu nous a faits de telle sorte, que nous comprenons naturellement, et indépendamment de tout enseignement et de toute expérience, la valeur et le sens des signes naturels ; ce qui revient à confesser que les deux phénomènes, celui de l'invention et celui de la compréhension du signe naturel, sont deux faits irréductibles, deux lois primitives de notre nature par lesquels une foule de phénomènes peuvent être expliqués, mais qui eux-mêmes ne sauraient l'être, parce qu'ils ne dérivent d'aucun autre dans lequel on puisse les faire remonter et entrer.

Si ce double fait est inexplicable, il est loin d'être sans analogie dans la nature humaine. Il est tout une moitié de la réalité qui nous est invisible : nous voyons des phénomènes, des effets, des étendues, des successions; les êtres, les causes, l'espace, le temps, nous échappent. Il fallait cependant que nous en eussions connaissance : car ce que nous voyons est inintelligible sans ce que nous ne voyons pas, et nous n'aurions rien compris si nous n'avions pas tout compris. Il fallait donc que nous connussions ce qui nous est invisible. Par quel moyen Dieu a-t-il résolu le problème ? En constituant de telle sorte notre intelligence, qu'à la vue de la partie perceptible de la réalité, elle conçoive immédiatement la partie invisible et le rapport nécessaire qui l'unit à la partie visible. C'est ainsi que tout fait qui se produit nous fait concevoir une cause, tout attribut une substance, toute série de phénomènes une durée dans laquelle elle s'écoule, tout corps étendu un espace qui le contient, etc. Or entre ces faits et celui qui nous fait concevoir à la vue du signe naturel la chose qu'il signifie il y a une analogie parfaite. Il fallait aussi que nous connussions ce qui se passe dans l'âme de nos semblables, quoiqu'elle nous soit invisible, et qu'à leur tour nos semblables pussent lire dans la nôtre; en un mot, qu'il y eût intelligence communicative entre les hommes; autrement toute société eût été impossible, et cependant nous avons été faits sociables. Il fallait aussi que nous comprissions la nature, c'est-à-dire la vie cachée qui l'anime et les attributs intimes de cette vie, sans quoi la nature eût été pour nous une énigme, quelque chose qui n'eût excité en nous ni intérêt, ni sympathie, ni admiration, ni crainte, ni aucun sentiment quelconque. En un mot, il fallait que l'invisible dans l'homme et dans la nature nous fût révélé. Or comment Dieu a-t-il résolu ce problème ? exactement comme l'autre. Des rapports existent entre ce que nous voyons de l'homme et de la nature, et la partie beaucoup plus importante qui nous est invisible. Dieu nous a faits de telle sorte, qu'à la vue des phénomènes visibles nous conçussions les faits invisibles, et les rapports qui les unissent aux premiers. C'est une révélation, dans ce cas comme dans l'autre, qui s'opère par les lois de notre nature à l'occasion du visible. Un terme du rapport étant perçu, l'autre terme et le rapport lui-même sont conçus immédiatement par notre intelligence; et de même que, dans le premier cas, la révélation est un fait primitif et inexplicable, elle l'est également et au même titre dans le second.

Mais, s'il y a analogie entre les divers ordres de faits, il n'y a pas identité, et la révélation de la chose signifiée à l'occasion du signe ne saurait se résoudre dans celle de la cause à propos du phénomène, ni dans aucune autre des conceptions *a priori* de notre raison. Cette vérité est trop importante pour ne pas l'établir solidement.

Il y a cette première différence entre l'induction immédiate du signe à la chose signifiée et les conceptions *a priori* de la raison, que, quoique également *a priori*, naturelle, irrésistible, elle n'apparaît pas à la réflexion nécessaire comme ces conceptions. Un certain cri poussé, je conçois une douleur vive et subite, mais le rapport qui associe ces deux faits ne me paraît pas nécessaire; je conçois que tout autre signe eût pu représenter le même fait et réciproquement. L'expérience même m'apprend plus tard que le signe peut existe sans la chose signifiée et la chose signifiée sans le signe; au lieu que le rapport qui lie ces deux faits des conceptions *a priori* est toujours nécessaire aux yeux de la raison. Non seulement je conçois, à la vue d'un fait qui commence, qu'il a une cause; mais je juge qu'il est impossible qu'il n'en ait pas une, que cela est nécessaire toujours dans tous les cas possibles.

De plus, le rapport du signe naturel à la chose signifiée ne s'identifie avec aucun des rapports impliqués dans les conceptions *a priori* de la raison; cela est évident de soi-même pour les rapports de la succession et de l'étendue à la durée et à l'espace, pour celui de l'attribut à la substance; nous ne nous y arrêterons donc pas, non plus qu'à ceux que nous n'avons pas indiqués et pour lesquels la chose n'est pas moins visible. Nous considérerons uniquement celui de cause à effet, le seul qui puisse prêter à une confusion.

Un fait se produit, nous concevons qu'il a une cause. Ce fait n'est-il point par rapport à la cause un signe, et ne nous révèle-t-il pas cette cause comme le signe nous révèle la chose signifiée? Réciproquement, le signe naturel n'est-il pas ou ne peut-il pas être considéré comme un effet de la chose signifiée? Concevoir la chose signifiée à propos du signe, n'est-ce point sous une autre forme concevoir la cause à propos de l'effet ? Voilà le doute qui peut s'élever. En voici la solution :

L'effet me révèle qu'il a une cause, mais ne me dit pas quelle est cette cause. Le signe va beaucoup plus loin ; il ne me révèle pas seulement qu'il correspond à une chose signifiée ; mais il me désigne cette chose, il me dit quelle est telle. Le cri, comme phénomène qui commence d'exister, me révèle qu'il a une cause. Voilà ce que produit le principe de causalité appliqué à ce phénomène, rien de plus. Mais non-seulement le cri se montre à moi comme un fait qui commence ; il est de plus signe, et comme tel il me révèle le phénomène de la douleur vive dans celui qui l'a poussé. Le rapport de signe à chose signifiée n'est donc nullement identique à celui de fait qui commence à cause. Chacun de ces rapports est spécial, et l'un ne peut rentrer dans l'autre ; concevoir l'un, ce n'est pas concevoir l'autre. La révélation produite par l'une de ces conceptions est toute différente de celle qui résulte de l'autre. En un mot, le caractère du signe n'est pas celui du fait qui se produit, et la chose invisible que je conçois à propos de l'autre. Je ne comprendrais mes semblables et la nature que comme des choses inconnues si j'en étais réduit au principe de causalité. Je comprends l'âme de mes semblables et la vie de la nature ; j'assiste à ce qui s'y passe, je suis mis en communication, en intelligence, avec ces deux réalités intimes par la vertu du signe naturel. La fonction du signe est donc toute spéciale, et on ne pourrait la résoudre dans celle de la causalité sans mutiler la nature humaine.

Il y a plus, et à y regarder de près, l'idée de causalité n'entre pas dans le rapport de signe à chose signifiée. Le cri a, comme fait qui tourmente, sa cause, comme signe une chose signifiée correspondante ; mais la cause n'est pas la chose signifiée : la cause c'est la force locomotive, la chose signifiée c'est la douleur. Loin de la comprendre, ce dernier rapport l'exclut en quelque sorte. Le cri peut bien être l'effet de la douleur, mais non comme signe. Comme signe il exprime la douleur, et rien de plus. Et la preuve, c'est que le signe peut exister sans la douleur, sans en conserver moins toute sa vertu expressive. Ce qui prouve en fait que la douleur n'est pas sa cause, comme nous l'avons déjà dit, et en droit que la vertu du signe ou sa fonction expressive est absolument indépendante de tout rapport de causalité entre lui et la chose exprimée.

Le saule pleureur exprime l'abattement et la tristesse comme certaines modifications de la figure humaine. Nous croyons cependant qu'il n'y a rien de triste et d'abattu dans le principe qui fait vivre cet arbre. Le signe garde donc pour nous son expression, sa vertu de signe, alors même que dans notre conviction il n'y a rien dans la cause qui ressemble le moins du monde à la chose signifiée.

C'est donc un fait acquis à la science, et qu'il faut soigneusement constater, que le rapport du signe à la chose signifiée ou le rapport d'expression est un rapport spécial, *sui generis*, qui ne peut se ramener à aucun autre, quoique la manière dont nous passons du terme visible de ce rapport au terme invisible soit une révélation parfaitement analogue à celle des conceptions *a priori* de la raison. Cette révélation est aussi une conception *a priori* de la raison. Mais elle est contingente dans la forme, et *sui generis* dans son point de départ, dans son résultat et dans ses fonctions; elle nous dévoile aussi l'invisible, mais quelque chose de l'invisible qu'aucune autre révélation analogue ne nous donne. Les conceptions néanmoins de la raison donnent l'invisible, comme cause, comme être, comme espace, comme durée, comme fin. La conception de la chose signifiée nous fait pénétrer dans les phénomènes, dans la vie intime de certains êtres, de certaines causes invisibles, dont autrement et sans elle nous ne saurions rien que l'existence.

La conception de la chose signifiée à l'occasion

du signe naturel a donc des analogies dans la nature humaine, mais reste un fait spécial et irréductible. Il en est de même de la production spontanée du signe à l'occasion du phénomène intérieur qu'il doit naturellement exprimer. Ce phénomène a aussi ses analogues dans notre nature, mais il reste distinct de tous les faits semblables et demeure irréductible et primitif.

Quand un enfant vient de naître, le sein de sa mère lui est présenté. Sa bouche s'en saisit, et alors commence une opération mécanique très compliquée, celle de la succion, au moyen de laquelle le sein de la mère est attiré dans la bouche de l'enfant, comme l'eau du puits dans le corps d'une pompe aspirante. Qui a appris à l'enfant cette opération? évidemment il la fait sans l'avoir apprise, et avec une perfection que toute la connaissance des lois de la physique ne donnerait pas à cette même opération si elle était le produit d'une volonté intelligente dans un agent raisonnable. Et de quoi cette opération est-elle la conséquence dans l'enfant? de deux sensations, celle du besoin, et celle du contact du sein sur ses lèvres. Or entre ces deux sensations et l'opération il n'y a aucun rapport d'analogie qui explique comment à la suite des actes l'union est produite. Dieu a voulu qu'il en fût ainsi, afin que l'enfant prît sa nourriture, et il l'a fait de telle sorte que ce miracle s'accomplit naturellement : voilà tout ce que l'on peut dire. Ce miracle se reproduit sous vingt formes dans l'enfant et dans l'homme; une foule d'actes indispensables à notre conservation ou à l'accomplissement de notre destination se produisent ainsi spontanément à la suite de faits intérieurs qui n'ont avec ces actes aucune analogie imaginable, et qui cependant, par une loi de la nature, les déterminent. La volonté, le calcul, n'entrent pour rien dans la production de ces actes, ou ne parviendraient jamais à les accomplir avec la même rapidité et la même précision. Jamais nous n'avons appris à les faire : l'expérience, la réflexion, l'intelligence des lois mécaniques et physiques selon lesquelles ils sont accomplis, loin de nous rendre plus habiles à les produire, en ralentiraient ou troubleraient la production si la nature ne prévenait pas toute intervention de ces moyens. Tous ces mouvements spontanés par lesquels nous rétablissons l'équilibre de notre corps quand quelque choc extérieur ou quelque mouvement volontaire mal calculé l'a dérangé arriveraient trop tard et se feraient bien plus mal si nous parvenions à les délibérer et à les calculer.

Tous ces actes que l'on rapporte à l'intérêt ont évidemment la plus grande analogie avec la production des signes naturels. Les signes naturels sont aussi des actes physiques ou mécaniques; ils suivent aussi naturellement et spontanément certains faits psychologiques auxquels ils sont liés sans avoir entre eux la moindre analogie imaginable; nous les produisons sans avoir appris à les produire, et sans conscience de la fonction qu'ils remplissent, du but qu'ils atteignent. Plus tard nous comprenons ce but, et nous pouvons produire ces actes volontairement et avec intention; mais nous ne les faisons pas alors avec plus de perfection. Tout au contraire, alors la volonté semble affaiblir et altérer la perfection du signe naturel comme de tous les autres actes de l'instinct; jamais il n'est plus expressif que quand il est tout à fait spontané, et la plus grande actrice ne donnera jamais au cri d'effroi de l'amour maternel la puissance d'accent qu'il reçoit de la véritable mère quand le lion de Florence a saisi son enfant. Enfin la volonté peut affaiblir et même suspendre dans certains cas la connexion naturelle qui lie la production des signes comme des autres actes de l'instinct, et celle des phénomènes intimes qui les excitent: Mais cette suspension exige toujours un grand effort, ne devient un peu facile que par une longue habitude et n'est que rarement tout à fait complète; et, pour peu que notre volonté soit surprise ou distraite, la loi primitive reprend son cours et fait succéder spontanément au phénomène intérieur l'acte extérieur qui en est la conséquence naturelle.

On le voit donc, il y a analogie parfaite entre la production du signe naturel à la suite du phénomène qu'il doit exprimer, et celle de tous les actes qu'on appelle instinctifs. Mais elle ne se confond avec aucun de ces actes, et n'est réductible dans aucun. Chacun de ces actes a sa fin et sa cause occasionnelle spéciales. Il en est de même de la production du signe. Sa force c'est l'expression, sa cause occasionnelle c'est un phénomène intérieur à manifester. Ces deux circonstances n'appartiennent qu'à la production du signe. Comme aucun acte distinctif n'a la même destination ni la même cause occasionnelle, on doit donc classer l'invention et la production du signe naturel parmi les actes physiques qu'on appelle instinctifs, et qui suivent spontanément, et sans que l'agent ait appris à les faire, certains phénomènes psychologiques. Mais il a, comme chacun de ses actes, sa nature propre, et ne peut rentrer dans aucun.

Il semble, en nous résumant, qu'on peut poser comme suffisamment établis, dans la recherche qui nous occupe, les points suivants :

1° Quoique la fonction et la nature du signe soient toujours les mêmes et que tout signe soit uniformément un fait visible au moyen duquel un fait invisible est manifesté par une nature intelligente ou non à une autre nature nécessairement intelligente, cependant il y a deux sortes de signes : les signes *artificiels* et les signes *naturels*.

2° Le signe artificiel a cela de spécial, que le rapport qui l'unit à la chose signifiée n'a point été établi par la nature, mais par l'homme, qui a arbitrairement choisi ce signe pour signifier cette chose; tandis que le rapport qui lie le signe naturel à la chose signifiée n'est point d'invention humaine, mais a été établi par Dieu, soit arbitrairement, soit en vertu d'une correspondance entre la nature visible et la nature invisible, dont il a gardé le secret et qui reste un mystère pour nous.

3° Nous saisissons parfaitement la double opération par laquelle notre intelligence comprend le signe artificiel et s'en sert ; cette double opération lui serait à jamais impossible si elle ignorait le rapport arbitrairement établi entre le signe et la chose signifiée. Mais une fois qu'elle le connaît et que l'association des deux faits est fixée dans sa mémoire, le signe lui rappelle immédiatement la chose signifiée, et la chose signifiée le signe convenu qui l'exprime ; elle comprend donc la chose quand le signe lui est montré, et elle trouve et produit le signe quand elle veut exprimer la chose. Cette double opération n'offre rien de spécial ni de nouveau. C'est un simple effet, une pure application de la mémoire et de ses lois.

4° L'expérience prouve que l'intelligence et l'invention du signe naturel s'opèrent tout naturellement. Nous comprenons le signe naturel sans avoir appris ni pu apprendre le rapport naturel qui le lie à la chose signifiée, et nous trouvons et employons ce signe pour exprimer le fait intérieur auquel il est naturellement lié, par cela seul que ce fait se produit en nous, et sans avoir la moindre notion préalable ni du signe, ni du rapport qui l'unit à ce fait.

5° En cherchant dans la nature du rapport qui associe le signe naturel à la chose signifiée l'explication de ces mystérieuses opérations, on ne la trouve pas. Il n'y a entre le signe naturel et la chose signifiée aucune analogie qui puisse logiquement conduire l'esprit de l'une à l'autre. Ce rapport est pour notre intelligence entièrement arbitraire.

6° Ces deux opérations ont dans notre nature des analogues. Celle qui fait passer l'esprit par une induction immédiate contraire à toute expérience du signe à la chose signifiée est évidemment de même nature que les conceptions *a priori* de la raison. Celle qui lui fait produire spontanément le signe naturel à la suite du fait intérieur qu'il est destiné à exprimer est donc un fait semblable aux actes et aux opérations de l'instinct. On peut donc considérer la première de ces opérations comme une conception *a priori* de la raison, et la seconde comme un phénomène de l'instinct. Mais en se rangeant chacune dans une catégorie d'actes intellectuels déjà connus, elles ne se confondent avec aucun des actes antérieurement compris dans ces catégories. La conception *a priori* qui nous fait passer immédiatement du signe naturel à la chose signifiée ne rentre dans aucune des autres conceptions *a priori* de la raison contingentes ou nécessaires. Elle est, en particulier, profondément distincte de celle de la cause à propos du fait qui commence d'exister, la seule qui pourrait prêter à une confusion. Et d'un autre côté, l'acte instinctif qui nous fait produire spontanément le signe naturel du phénomène que nous éprouvons ne se confond avec aucun autre acte instinctif de notre nature. Il s'en distingue essentiellement par sa fin et par sa cause occasionnelle, lesquelles lui sont propres et n'appartiennent à aucun autre.

7° On peut donc déterminer la nature de ces deux opérations et leur trouver une place dans la classification des phénomènes psychologiques; mais on ne saurait les expliquer, c'est-à-dire les ramener à des opérations déjà connues comme s'y ramènent les deux opérations analogues de l'intelligence et de l'usage du signe artificiel. Elles ressortent l'une et l'autre des faits primitifs, et, selon toute apparence, irréductibles, de la nature humaine, qui n'ont d'autre explication que notre constitution même, et d'autre raison assignable que la volonté de Dieu, qui l'a organisée.

8° Ces différences radicales entre les signes naturels et les signes artificiels expliquent l'universalité de ceux-là et la particularité de ceux-ci. Les premiers, étant spontanément compris et employés en vertu des lois de la nature humaine, doivent être compris et employés dans le même sens par tous les hommes si la nature humaine est *une*. Et c'est aussi ce que l'expérience nous apprend. Les seconds, étant l'œuvre arbitraire des hommes et de pure convention, peuvent varier de peuple à peuple, et, s'il en est ainsi, présenter pour chaque peuple un système spécial inintelligible à tous les autres. C'est aussi ce qui existe en fait : les signes naturels sont communs à tous les hommes ; les signes artificiels diffèrent chez les différents peuples. Ceux-ci, n'ayant qu'un fondement conventionnel, varient et se modifient tous les jours et peuvent même être tout à fait abolis. Ceux-là, étant inhérents à la constitution de l'homme, dureront autant que l'espèce humaine.

Tels sont les résultats auxquels nous a conduit jusqu'à présent notre recherche. Acceptons-les provisoirement. Nous verrons en la poursuivant si nous serons obligé de la modifier.

III.

Nous avons constaté l'existence de deux espèces de signes, et montré qu'ils n'étaient ni acquis ni compris de la même manière. Mais tous les signes sont-ils enfermés dans ces deux catégories, et ne pourrait-il se faire qu'il y en eût de plusieurs autres espèces? C'est là une question qu'il importe de résoudre : car, si nous pouvions nous convaincre que nous avons déterminé les types de tous les signes possibles, la circonscription de notre sujet serait par là même tracée, nous en connaîtrions les limites, et il ne nous resterait, pour en prendre une connaissance complète, qu'à explorer avec soin le champ qu'elles embrassent.

Or il suffit de la plus légère attention pour s'assurer qu'il en est ainsi et que tout signe se rapporte nécessairement à l'un des deux types que nous avons distingués et caractérisés.

On comprend en effet qu'un phénomène visible ait naturellement la propriété de révéler à mon intelligence une chose invisible, ou que, n'ayant pas naturellement cette propriété, il la tienne d'une association arbitraire fortuite ou conventionnelle consacrée et rendue constante par l'usage ; mais il est impossible de concevoir qu'il la possède d'une autre manière et à un autre titre : car, si la vertu de signifier n'est pas naturelle, elle est nécessairement acquise, et si elle n'est pas acquise, elle est nécessairement naturelle. Il n'y a pas de milieu entre ces deux origines, et aucun signe ne peut échapper à l'alternative de cette classification.

Si nous cherchons maintenant comment, un signe étant perçu, l'intelligence peut le comprendre, c'est-à-dire passer du signe à la chose invisible qu'il exprime, nous trouverons également que ce passage ne peut s'opérer que de deux manières : ou en vertu de la connaissance préalablement acquise de la valeur du signe, c'est-à-dire *a posteriori*, ou indépendamment de toute connaissance préalablement acquise de la valeur du signe, c'est-à-dire *a priori*. Comme le passage du signe à la chose signifiée est celui d'une chose que nous percevons à une chose que nous ne percevons pas, ce passage est une induction, et comme il n'y a que deux inductions possibles pour l'intelligence, l'induction immédiate ou *a priori*, et l'induction médiate ou *a posteriori*, il ne peut se faire que ce passage, qui est l'opération même par laquelle le signe est compris, s'accomplisse d'une troisième manière. De même donc qu'il n'y a que deux sortes de signes possibles, le conventionnel et le naturel, il n'y a non plus que deux manières possibles de comprendre le signe, l'induction médiate et l'induction immédiate, et ces deux manières correspondent aux deux espèces de signes ; le signe conventionnel ne pouvant être compris qu'*a posteriori*, et le signe naturel devant l'être *a priori*, autrement il ne serait pas naturel.

Enfin si on cherche de combien de manières un être doué du privilége d'exprimer ce qui se passe en lui peut exercer ce privilége, on trouvera qu'il ne le peut que des deux seules façons que nous avons décrites, ou en trouvant d'instinct et produisant spontanément le signe naturel du phénomène à exprimer, ou en se souvenant du signe conventionnel établi pour désigner ce phénomène, et en le produisant après s'en être souvenu. S'il n'y avait que des signes conventionnels, l'expression s'accomplirait toujours de cette dernière façon ; s'il n'y avait que des signes naturels, toujours de la première ; et comme il n'y a que ces deux espèces de signes possibles, elle s'accomplit toujours nécessairement de l'une ou de l'autre ; une troisième est absolument impossible.

Soit donc que l'on considère le signe même ou la manière dont peut s'opérer le double passage du signe à la chose signifiée et de la chose signifiée au signe, on trouve que les distinctions que nous avons rencontrées embrassent tout ; et que de même qu'il ne peut exister que deux espèces de signes, celles que nous avons constatées, il ne peut y avoir que deux façons de comprendre la langue des signes et de la parler, celles que nous avons décrites.

Sans doute on peut envisager les signes sous d'autres points de vue, et de ces points de vue les classer autrement; mais de celui que nous avons choisi, et qui est assurément le moins extérieur et le moins arbitraire, puisqu'il envisage le signe dans son essence même et dans la manière dont il est employé et compris, la classification est complète, et il est démontré qu'elle embrasse l'universalité des faits.

C'est là, comme nous l'avons fait observer d'avance, un résultat considérable et qui donne aux distinctions que nous avons rencontrées une valeur scientifique qu'autrement elles n'auraient pas. Si nous avons les types de tous les signes possibles et ceux de toutes les manières possibles de les employer et de les comprendre, les limites de notre sujet sont désormais posées, et il ne nous reste plus qu'à explorer le champ qu'elles circonscrivent. Tout signe est naturel ou conventionnel; voilà ce que nous savons maintenant de science certaine; mais jusqu'à présent nous ne connaissons que quelques échantillons de ces deux sortes de signes, et c'est sur ces échantillons que nous avons expérimenté et raisonné. L'étendue des deux familles de signes, le nombre et la variété des aspects qu'elles peuvent renfermer, nous sont absolument inconnus. Nous ne saurions rester plus long-temps dans cette ignorance, et le moment est venu de diriger notre recherche de ce côté et de faire une revue de tous les phénomènes qui peuvent être considérés comme signes et appelés de ce nom. Nous allons donc procéder à cette revue, et parcourir le vaste champ des signes pour en reconnaître les divers groupes et fixer les termes qui les séparent. Quant à celle des deux grandes familles auxquelles chacun de ces groupes doit nécessairement se rattacher, il nous sera toujours facile de la déterminer, puisque nous connaissons parfaitement les caractères de ces familles, et que les attributs de l'un sont exclusifs de ceux de l'autre.

IV.

Comme le signe naturel précède le signe artificiel, et que peut-être aussi celui-ci n'aurait jamais existé si l'autre n'avait conduit l'homme à l'inventer et ne lui en avait donné les moyens, il nous semble rationnel de commencer, avant tout, par les signes naturels. Nous allons donc rechercher ce que comprend cette grande famille de signes, et décrire, à mesure que nous les découvrirons, les différentes espèces qu'elle présente. Nous ne nous flattons pas d'épuiser la matière et d'être complet; on ne l'est jamais quand on décrit les œuvres de Dieu, et des groupes de signes naturels pourront nous échapper ; mais cette incomplète énumération mettra la science sur la voie d'une des études les plus intéressantes que nous connaissions. On s'apercevra aussi qu'elle est une des plus fécondes, et qu'elle ouvre dans plusieurs directions les perspectives les plus riches et les plus étendues. Nous les indiquerons sans y pénétrer, car elles nous conduiraient bien loin de notre sujet. Il en sera autrement des problèmes qui lui appartiennent, et que nous rassemblerons chemin faisant. Nous les dégagerons et les poserons avec soin, pour y revenir plus tard quand notre énumération sera finie, à moins qu'il ne nous paraisse plus expédient de les discuter et de les résoudre en passant. Car, encore une fois, cette recherche est un voyage de découvertes dans un pays nouveau, et où on ne peut nous imposer une conduite bien méthodique.

Nous avons déjà dit qu'il existe un langage naturel, au moyen duquel les hommes peuvent se comprendre, alors même qu'ils parlent des idiomes et appartiennent à des races et à des civilisations différentes. Ce langage, l'enfant le parle et l'entend sans l'avoir appris. Toute créature humaine le sait; il ne varie ni d'individu à individu, ni de peuple à peuple. On le retrouve le même, à toutes les latitudes et dans tous les temps. Il ne s'enrichit pas, il ne s'appauvrit pas; il est invariable comme il est universel. Les signes qui le composent sont les premiers qui se présentent à la pensée quand elle aborde le sujet qui nous occcupe. Beaucoup de personnes même ne connaissent de signes naturels que ceux-là, et ne soupçonnent pas qu'il y en ait d'autres. C'est une raison, pour en faire d'abord le sujet de notre étude.

Il suffit d'un peu d'attention pour reconnaitre que trois choses concourent dans l'homme à la composition de ce langage naturel que tous parlent et entendent sans l'avoir appris : le visage, la voix, et les mouvements du corps. De là, trois classes de signes, ou trois langues élémentaires, dont la combinaison harmonieuse portera le langage naturel à son plus haut point d'étendue, d'énergie et de clarté ; mais dont chacune, prise à part, se suffit, c'est-à-dire peut exprimer un certain nombre de phénomènes intérieurs, et être parfaitement entendue.

De ces trois langues élémentaires, la plus riche et la plus familière est celle que parle le visage humain. On l'a dit poétiquement, et cette métaphore est devenue une vérité triviale : la figure humaine est un miroir où viennent se peindre non seulement tous les mouvements mais encore toutes les dispositions de l'âme, c'est-à-dire ce qu'il y a de plus variable à la fois et de plus fixe dans les phénomènes qui s'y produisent ; nous réduirons à sa juste mesure cette puissance d'expression que l'opinion commune attribue au visage humain ; mais on comprend déjà qu'elle doit être grande pour prêter à une pareille exagération.

Quand on considère la figure humaine sous le point de vue de l'expression, il faut y distinguer trois éléments : en première ligne, l'ensemble des traits qui la constituent et qui la distingueraient encore de toute autre quand même la vie ne l'animerait pas ; en second lieu, la disposition habituelle et dominante que ces traits ont acquise, et qu'on appelle la physionomie ; en troisième lieu, le jeu même de ces traits ou la série de changements qu'ils subissent, et qui viennent en modifier et en varier incessamment la disposition fondamentale. Ce qu'il y a de commun entre ces trois éléments, c'est qu'ils sont également expressifs ; ce qui les distingue, c'est qu'ils expriment des choses toutes différentes.

Les traits de notre visage sont l'œuvre de la

nature ; nous les avons reçus , nous ne pouvons rien y changer. Il n'y a donc rien qui vienne de nous dans ce premier élément. Dieu a-t-il établi une harmonie entre les traits du visage et l'âme qui devait les animer ? Il y a plusieurs raisons de le penser : la première de toutes, c'est qu'ils ont un sens pour nous ; une expérience que tout le monde a faite le prouve. Il y a quelquefois contradiction entre les traits et la physionomie d'un visage : les traits annoncent une certaine âme, et la physionomie une autre. Cette contradiction nous étonne toujours ; nous ne pouvons nous expliquer comment une figure naturellement noble...... (1)

(1) *Note de l'éditeur.* — Comme on le voit, le reste manque, et on se l'explique malheureusement trop bien ; en effet, la dernière page de ce morceau est écrite sur un revers de lettre qui porte la date du 9 octobre 1841 ; or déjà vers ce temps la maladie rendait M. Jouffroy peu capable de travail.

FACULTÉ DES LETTRES.

LEÇON DU 7 FÉVRIER 1834,

SUR LA SYMPATHIE *.

Messieurs,

Les principes de notre constitution dont je vous ai entretenus jusqu'à présent sont parfaitement saillants. Il est très facile de les reconnaître, ainsi que les conséquences morales qui en sont la suite. La nature de ces principes, les obstacles évidents qu'ils rencontrent dans leur développement, les phénomènes qui résultent en nous de cette espèce de choc entre notre nature et ces obstacles, enfin les modifications que ces phénomènes entraînent et doivent entraîner dans la conduite de l'homme ici-bas, tout cela est extrê-

---

* *Note de l'éditeur.* — J'avais d'abord voulu ne rien donner dans ce volume qui ne fût de la main de M. Jouffroy; mais la nécessité de le compléter m'a engagé à faire une exception à la règle que je m'étais prescrite en faveur d'une leçon qui, bien que sténographiée, approche cependant beaucoup d'un morceau écrit par l'auteur lui-même.

mement facile à constater, tout cela est extrêmement évident. Il n'en est pas de même du troisième principe de notre constitution, dont il me reste à vous entretenir, du principe sympathique. Quoique ce principe joue un rôle aussi considérable et dans l'âme humaine et dans la morale que les deux autres, ce principe est si intime, si confus, si je puis parler ainsi, que l'analyse la plus obstinée, la plus pénétrante, a peine à démêler et ce qu'il est, et ce qu'il veut; et par conséquent cette partie de la destinée humaine qui dérive de ce principe, qui est enfantée par lui, est infiniment plus difficile à caractériser, à déterminer.

Messieurs, quoique je souffre de vous retenir si long-temps dans l'analyse des faits de la nature humaine d'où doivent sortir et notre morale, et notre politique, et notre religion, enfin la solution de toutes les grandes questions que j'ai posées et qui sont enfermées dans le problème total de la destinée de l'homme, je vous demanderai pourtant grâce encore pour une ou deux leçons sur le principe de la sympathie. Une fois que ce principe aura été éclairci, bien caractérisé et bien posé, nous entrerons à pleines voiles, si je puis parler ainsi, dans les conséquences morales qui doivent résulter de cette longue analyse, et alors les questions que nous traiterons seront plus intéressantes pour vous.

Je me propose, dans cette leçon et dans la suivante, de rechercher la véritable nature et les véritables effets du principe de la sympathie en nous, de ce principe en vertu duquel nous nous sentons entraîner vers tout ce qui est semblable à nous dans la nature qui nous environne, par lequel nous nous sentons poussés à une union intime et malheureusement impossible avec toutes ces natures semblables au milieu desquelles nous nous développons. Je consacrerai, dis-je, cette leçon et la suivante à l'analyse de ce principe, je chercherai à le bien séparer de tous les autres, et surtout à bien séparer ses effets de ceux des principes que nous avons déjà analysés. Mais ce principe de la sympathie a été contesté. En effet, vous n'ignorez pas que de grands systèmes de philosophie, de grands systèmes de morale, ont voulu réduire l'homme au pur égoïsme. Il faut donc non seulement déterminer nettement ce principe, mais démontrer pour ainsi dire et avant tout son existence. C'est à cette démonstration que je vais consacrer la première partie de cette leçon.

Supposons pour un moment que l'homme soit tout entier dans les deux principes et de l'intelligence et de l'activité que nous avons déjà décrits ; supposons que ces deux principes constituent à eux seuls la nature humaine tout entière, il est bien évident qu'alors notre bien tout entier consisterait dans le développement le plus grand possible et de l'intelligence et de l'activité ; ce que nous aimerions uniquement, exclusivement, ce serait ce plus grand développement possible et de l'intelligence et de l'activité ; et comme l'intelligence et l'activité formeraient notre nature, le développement et de l'intelligence et de l'activité ne seraient que notre nature, et par conséquent cet amour que nous aurions pour le plus grand développement de l'intelligence et de l'activité ne serait en dernière analyse que l'amour de nous-mêmes. Dans ce développement des principes qui nous constituent, c'est notre développement même que nous aimons, c'est-à-dire nous-mêmes. Ainsi, tout amour en nous serait égoïste; tous les objets extérieurs que nous aimerions et nous haïrions, nous ne les aimerions et nous les haïrions que comme moyen ou obstacle. En effet, la nature tout entière, considérée par l'homme dans ses rapports avec son activité et son intelligence, ne se présente et ne peut se présenter à lui que comme moyen ou comme obstacle. Prenez un objet quelconque et cherchez dans cette hypothèse à quel titre vous pouvez l'aimer, à quel titre vous pouvez le haïr, vous trouverez que vous ne pouvez l'aimer et que vous ne pouvez le haïr qu'en tant qu'il contribue au développement de votre activité ou de votre intelligence, ou en tant qu'il met obstacle à l'un de ces deux développements. Ainsi vous n'aimez les objets, vous ne les haïssez que comme moyen ou comme obstacle ; ce que vous aimez réellement c'est le plus grand développement de votre nature ; ce que vous haïssez réellement, c'est la limite à ce plus grand développement ; et comme ce plus grand développement de votre nature c'est votre nature elle-même, car elle est essentiellement active et intelligente, ce que vous aimez dans ce plus grand développement, c'est vous-mêmes.

Voyez de combien de manières la vérité de cette assertion est démontrée, toujours dans l'hypothèse dans laquelle nous nous plaçons. Pour que nous aimions un certain objet, dans l'hypothèse que nous sommes exclusivement intelligents et actifs, il faut d'abord que nous ayons conçu en quoi cet objet peut nous être utile, c'est-à-dire de quelle manière il peut contribuer à notre plus grand développement intellectuel ou actif. Ainsi, tant que cette conception n'est pas arrivée, ne s'est pas produite en nous, l'objet ne nous plaît pas, et par conséquent nous n'avons pour lui aucun amour. De même, pour qu'un objet puisse être haï par nous, il faut que nous ayons conçu en quoi cet objet peut mettre obstacle à ce même développement; tant que cette conception n'est pas arrivée, cet objet nous est indifférent ; il ne nous répugne pas, nous n'avons pas pour lui d'aversion. Ainsi, le point de départ de tout amour et de toute haine ou de toute répugnance dans les limites assignées à la nature humaine, c'est la conception que l'objet qui va être le sujet de notre amour ou de notre haine est un moyen ou un obstacle. Si en second lieu un objet déterminé qui nous était utile cesse de nous être utile, l'amour que nous avions pour lui s'évanouit. Si un objet qui nous était nuisible cesse de nous être nuisible, l'aversion que nous éprouvions pour lui s'évanouit. Si l'objet qui nous était utile nous devient nuisible, au lieu d'avoir de l'amour pour lui, nous sentons pour lui de l'aversion. Si l'objet qui nous était nuisible nous devient utile, l'aversion que nous avions pour lui cesse, et nous sentons pour lui de l'amour. Ce n'est jamais l'objet lui-même que nous aimons, c'est notre propre bien, notre propre développement; de même ce que nous haïssons, c'est l'obstacle. Ce n'est qu'en tant qu'un objet est utile ou nuisible à ce développement que l'amour que nous avons pour notre développement, et que l'aversion que nous avons pour toute borne, se transporte un moment sur l'objet sans changer de nature : car, encore une fois, elle quitte l'objet, elle s'en sépare toutes les fois que l'objet change de caractère. Aussi est-ce le propre de tout objet ainsi aimé que nous puissions toujours connaître à quoi il nous est bon, c'est-à-dire de quelle manière il peut contribuer à la satisfaction de notre nature. Toujours, étant donné un objet utile, nous pouvons dire en quoi il nous est utile, à quoi il nous est bon ; et toujours, étant donné un objet nuisible, nous pouvons dire en quoi il nous est nuisible; nous pouvons assigner précisément ce que fait pour nous l'un de ces objets, et contre nous l'autre; et il le faut bien, puisqu'ils ne deviennent utiles et nuisibles qu'autant que nous avons préalablement cette conception; puisque nous ne les aimons et ne les haïssons qu'en vertu même de cette conception.

Telle est donc la nature de notre amour pour les objets utiles, et de notre aversion pour les objets nuisibles. Le phénomène se passe de la manière suivante : conception qu'un objet nous est utile ou nuisible, plaisir ou sensation désagréable, résultat de cette conception; plus, amour pour l'objet utile, à cause de cette conception, ou aversion de cet objet nuisible, à cause de cette conception. Tous les objets que nous aimons ou que nous haïssons à ce titre, nous les aimons, nous les haïssons d'une manière égoïste; notre amour et notre haine sont également égoïstes; ce ne sont pas les objets que nous aimons ou que nous haïssons, c'est l'utilité dont les premiers peuvent être au développement de notre nature, c'est le mal que les autres peuvent apporter à son développement.

Voilà les effets de cette sorte d'amour, de cette sorte de haine et d'aversion. Il en est de même non seulement des objets qui sont immédiatement utiles ou nuisibles au développement de notre puissance, ou au développement de notre intelligence; il en est de même encore de tous les objets qui sont utiles ou qui sont nuisibles aux besoins de notre corps. En effet, je vous ai montré que nous n'aimions notre corps lui-même, nous ne pouvions aimer notre corps lui-même, que comme moyen; c'est à ce titre seul que nous avons de l'amour pour lui, que nous prenons souci de lui. La preuve en est évidente : car le jour où ce corps pour les besoins duquel nous faisons tant devient un instrument incapable, devient un instrument impuissant, nous le prenons en aversion, il nous fatigue, il nous déplaît. Ainsi, nous ne l'aimons qu'en tant qu'il est instrument commode et utile : à quoi ? au développement de notre véritable nature. Par conséquent, tous les objets que nous aimons comme propres à satisfaire aux besoins de notre corps, tous les objets que nous haïssons en tant qu'ils peuvent nuire à notre corps, tous ces objets, nous ne les aimons, nous ne les haïssons que d'une manière égoïste: car le corps n'est aimé ou haï qu'en tant qu'il est un instrument utile ou un obstacle au développement de notre propre nature! Il est bien évident que si nous n'aimions les objets extérieurs et ne pouvions les aimer qu'à ce seul titre, il est évident, dis-je, que l'homme serait parfaitement égoïste ; tout amour en lui serait un amour égoïste, ou en d'autres termes serait en définitive l'amour de lui-même. En effet, pour me répéter, si l'on renferme l'homme dans l'activité et dans l'intelligence, le seul bien pour lui c'est le développement de cette activité et de cette intelligence, c'est-à-dire le développement de lui-même ; la seule chose aimable à ses yeux, c'est lui ; toutes les autres choses, il ne les aime que dans leurs rapports à lui, c'est-à-dire à son véritable bien ; toutes les autres choses, il ne les aime que comme moyen, et non pour autre chose ; c'est lui qu'il aime en elles ; c'est son mal qu'il déteste, pour lequel il a de l'aversion en elles ; ce n'est jamais elles-mêmes pour lesquelles il a de l'aversion. Tous les besoins du corps, tous les objets qui peuvent être utiles ou nuisibles au développement de l'intelligence et de l'activité, tous ces objets là ne sont bons à nos yeux que comme moyens ; tous ces objets ne peuvent être haïs que comme obstacles ; et nous ne pourrions pas envisager les objets sous un autre aspect, encore une fois, si nous n'avions que la simple intelligence et la simple activité. De même, il est évident que, dans cette hypothèse, nous ne pourrions aimer nos semblables qu'au même titre : car, si nous mettons notre bien tout entier dans le développement personnel de notre intelligence et de notre puissance, que nous importe les autres hommes ? A quel titre pouvons-nous aimer les autres hommes ? au seul titre que nous pouvons aimer les autres objets qui nous entourent, à ce titre qu'ils pourront être utiles au développement de notre puissance ou de notre intelligence. Il pourra donc y avoir des associations entre hommes fondées sur l'utilité; il sera impossible qu'il y ait des associations fondées sur un autre principe. Ainsi, en réduisant l'homme à l'activité et à l'intelligence, on le condamne par cela même à ne pouvoir former aucune association entre ses semblables qui ait d'autre base, d'autre raison que son utilité personnelle à lui ; et, comme il en sera des autres hommes à son égard comme de lui à leur égard, il s'ensuivra que toute association politique, toute association de famille, toute association quelconque entre les hommes, aura pour principe seul l'égoïsme ou le plus grand intérêt de chacun des individus composant l'association.

Je suis bien loin de dire que les associations politiques ne reposent pas en partie sur ce principe ; mais je soutiens que les associations politiques reposent sur un autre principe encore, parce que je prétends que l'homme n'est pas tout entier dans l'activité, dans l'intelligence, et qu'il y a un autre principe, un principe de désintéressement. Toute la question de savoir s'il y a dans l'homme un principe désintéressé se ramène à cette autre question, qui est plus aisée à résoudre : N'aimons-nous aucun objet extérieur qu'à ce seul titre que cet objet extérieur nous est utile, qu'à ce seul titre que cet objet extérieur est un moyen pour nous ? En d'autres termes, tout amour en nous commence-t-il à l'égard de l'objet par la conception de l'utilité de cet objet, conception qui nous fait plaisir, plaisir qui engendre l'amour pour cet objet ?

Voilà la question : aimons-nous les choses à ce seul titre, qu'elles peuvent nous être utiles et que nous l'avons compris ? S'il y a des choses aimées par nous à d'autres titres, il y a un autre principe que l'intelligence et l'activité : il s'agira de trouver ce principe. Il y a autre chose que l'égoïsme, il s'agira de le découvrir. Voilà une question de fait que je propose : les choses extérieures ne nous agréent-elles qu'à ce seul titre qu'elles nous sont utiles ? Ne nous répugnent-elles qu'à ce seul titre qu'elles nous sont nuisibles ? Ne nous intéressent-elles qu'à ce seul titre qu'elles nous sont utiles et nuisibles ? Voilà toute la question !

Or cette question n'est pas difficile à résoudre, et les faits sont nombreux qui démontrent que nous haïssons et que nous aimons les choses extérieures à d'autres titres qu'en vertu de leur utilité ou de leur propriété de nuire conçue par l'intelligence.

Je vais prendre des faits, les analyser ; il ressortira de l'analyse de ces faits que nous aimons, que nous haïssons à d'autres titres qu'à celui de l'utilité ou de l'hostilité des choses.

Prenons, Messieurs, deux plantes ; prenons d'une part cette plante élégante et riche en couleur, d'une odeur suave, qu'on appelle la rose, et à côté de cette rose mettons une autre plante, l'*aconit*, que vous connaissez tous, l'aconit, plante de couleur terne, plante sombre, plante qui cache sa fleur ; placez une créature humaine en présence de ces deux plantes, et demandez à cette créature humaine quelle impression elle reçoit. Cette créature humaine vous répondra que l'une de ces plantes lui plaît, et que l'autre lui inspire une sorte de répugnance. Cette créature humaine sentira en elle se développer un certain amour pour la rose et une certaine répugnance pour l'*aconit*. A quoi sert la rose à cette créature humaine, lui est-elle utile ? Non. Elle ne peut pas voir à quoi cette rose lui est bonne, à quoi elle lui est utile, de quelle manière elle pourrait s'en servir. Cette même créature humaine ne pourrait pas dire non plus en quoi, ni pourquoi, ni comment cette autre plante lui serait nuisible; et, quand bien même on pourrait assigner quelque mauvaise vertu à l'une de ces plantes et quelque bonne propriété à l'autre, la répugnance et l'attrait seraient nés bien avant que cette conception se fût élevée dans l'esprit. En effet, au premier coup d'œil, l'une de ces plantes agrée et l'autre répugne.

Prenez deux animaux quelconques, prenez d'un côté la fauvette, cet oiseau si vif, si léger, si élégant, dont le ramage est si harmonieux, si je puis parler ainsi, et mettez en face de cet animal une chouette ou une chauve-souris, voyez quelle impression vous recevez. Assurément vous êtes attirés vers l'un de ces animaux, et vous sentez de l'éloignement pour l'autre ; l'un vous plaît, l'autre vous déplaît ; vous avez un attrait pour l'un, vous avez une aversion pour l'autre. Assurément ni l'un ni l'autre de ces animaux ne vous paraissent ni utiles ni nuisibles ; ce n'est pas, en d'autres termes, parce que l'un vous paraît utile ou pouvoir vous servir à quelque chose, que l'autre vous inspire quelque crainte, que vous éprouvez cet attrait ou cette répugnance. L'attrait ou la répugnance naissent immédiatement, sans aucune conception préalable ou de l'utilité ou de la non-utilité de ces deux objets.

Il en est de même quand on compare le léger papillon qui court avec tant de grâce dans les airs, et le limaçon qui se traîne si péniblement sur la surface du sol en laissant après lui des traces qui nous répugnent. Ces deux animaux nous sont également indifférents sous le rapport de l'utilité ou du danger; ils sont aussi inoffensifs l'un que l'autre, et aussi peu utiles l'un que l'autre; avant toute conception l'un vous plaît, l'autre vous répugne.

Le peuplier qui s'élève avec élégance et facilité dans le sein de la vallée, mettez-le en regard d'un arbre fatigué par le mauvais sol dans lequel il est, par les orages qui l'ont tourmenté, contourné, défiguré; eh bien! entre ces deux objets votre sensibilité n'hésite pas, elle se sent attirée vers l'un, elle éprouve une certaine répugnance à la vue de l'autre.

Prenez deux figures humaines, l'une aimable, ouverte, franche.; l'autre sombre, rusée, hypocrite. L'une de ces deux figures vous agrée, et vous êtes très disposés à aimer la personne qui la porte; l'autre vous repousse. Ici on pourrait dire que l'expression de certaines qualités qui sont fâcheuses à la société, et de certaines qualités qui sont bonnes à la société, a déterminé le plaisir ou la peine, l'amour ou la répugnance que vous avez ressentis. Mais mettez ces deux mêmes figures en présence de l'enfant, non pas au berceau, mais de l'enfant qui a déjà acquis la faculté de connaître, de l'enfant d'un an, qui ne sait ce que c'est que l'hypocrisie, la ruse ; eh bien ! l'enfant se sentira attiré vers l'une de ces figures, et se sentira repoussé par l'autre. L'enfant n'aura pas déduit son sentiment de ces deux conceptions, qu'un homme franc est utile à la société, qu'un homme rusé lui est nuisible. Assurément ces conceptions n'entrent pas dans la tête d'un enfant ; évidemment ces deux personnes sont aimées et haïes immédiatement. Le phénomène commence par le plaisir ou la sensation désagréable, et de ce plaisir et de cette sensation désagréable dérive immédiatement ou l'amour ou l'aversion.

Voici donc des objets extérieurs qui ne sont ni utiles ni nuisibles; qui, en supposant qu'ils puissent devenir ou utiles ou nuisibles, ne sont pas conçus par nous comme tels, et qui, par cela seul qu'ils sont mis en présence de notre nature, lui inspirent ou un certain attrait ou une certaine répugnance, développent en elle en un mot de l'amour ou de l'aversion.

Si ce fait est vrai, et il est incontestable, il y a

des objets, des choses, qui sont aimés, qui sont haïs par nous à d'autres titres qu'à ce titre qu'ils nous sont utiles ou nuisibles. Non seulement des objets qui en eux-mêmes ne sont ni utiles ni nuisibles peuvent nous agréer ou nous déplaire; mais encore nous voyons dans des objets qui réunissent, à certains degrés et à des degrés différents, les deux caractères d'utilité et de beauté, puisqu'il faut prononcer le mot, nous voyons les deux espèces d'amour que provoquent ces deux caractères suivre chacune les progès de la qualité qui les excite.

Pour démontrer ce fait, il suffit de prendre des objets qui offrent le mélange dont il s'agit. Voici un objet très utile d'un côté, et de l'autre un objet tout à fait inutile: une chaise par exemple, qui est un objet très utile; un papillon, qui est un objet parfaitement inutile, et qui même devient nuisible; eh bien! le jugement d'utilité se prononce en faveur de l'objet qu'on appelle chaise, et le jugement d'inutilité se prononce en faveur de l'autre de ces deux objets. De là en nous un goût pour la chose utile, et une parfaite indifférence pour la chose inutile. Mais à côté de ces deux sentiments qui naissent des deux jugements que nous avons portés s'élèvent d'autres sentiments qui n'en dérivent pas, et qui sont précisément en sens inverse des premiers ; c'est-à-dire que nous éprouvons de l'attrait pour le papillon, et rien du tout pour la chaise. Nous appelons l'un de ces objets joli, beau, nous disons qu'il nous fait éprouver une sorte d'amour, et pour l'autre, nous ne lui donnons pas de nom, parce qu'il n'est ni beau ni laid ; il n'a pas de caractère pour nous sous ce rapport. Prenez d'autres objets qui sont en même temps utiles et beaux, eh bien ! vous sentirez se développer en vous, selon que vous les envisagerez sous le rapport de leur beauté ou de leur utilité, les deux ordres de sentiments que vous cherchez à distinguer, et il y aura cela de remarquable que, quand vous considérerez ces objets sous l'un de ces rapports, il vous sera impossible d'éprouver le sentiment qui vous agrée quand vous le considérez sous l'autre rapport. Ainsi, si vous avez bien soif, qu'on vous présente une pêche : votre intelligence la jugeant propre à satisfaire le besoin que vous éprouvez, vous ressentez à la vue de cette pêche l'attrait qui naît à la vue de l'utilité, et qui ne serait pas né si vous n'aviez pas conçu que cet objet est propre à satisfaire le besoin de la soif. Tant que vous ne considérez cette pêche que sous ce rapport, elle ne vous fait pas éprouver du tout le sentiment du beau, c'est impossible. Faites que cette pêche vous devienne inutile, bannissez la conception de l'utilité, aussitôt, par d'autres qualités que celle de l'utilité, vous trouverez que la pêche est belle, elle vous plaira, vous éprouverez pour elle un certain attrait tout différent du premier.

Une route bien unie qui parcourt avec grâce les escarpements d'une haute montagne produit une toute autre impression sur le voyageur fatigué, qui songe que cette route lui permettra de gravir la montagne avec moins de peine, que sur celui qui, non fatigué, contemple avec ravissement ce long ruban blanc qui sillonne la hauteur de la montagne. Pour l'un de ces deux spectateurs désintéressés, la route paraît belle; pour l'autre, elle paraît utile. Aussi les deux sentiments éprouvés sont parfaitement distincts : l'un est le sentiment esthétique, l'autre le sentiment de l'utilité.

Une belle forêt, pour le propriétaire qui songe à en tirer un certain nombre de voies de bois pour les vendre, ne peut pas paraître belle, elle ne l'est pas ; il faut que cette forêt n'apparaisse pas sous la vue de l'utilité pour que le sentiment esthétique s'éveille en nous.

Ainsi cette forêt, vue dans le lointain et sous un certain jour par l'artiste, réveillera un certain sentiment esthétique, et pour le propriétaire qui calcule l'argent que vaudra cette forêt lorsqu'il la mettra en coupe réglée, elle produit le sentiment de l'utile.

Je pourrais multiplier les exemples, mais ceux-là sont plus que suffisants pour vous faire sentir qu'il y a des objets dans la nature extérieure qui vous plaisent à d'autres titres qu'à ce titre qu'ils sont utiles, qui vous répugnent à un autre titre qu'à ce titre qu'ils sont nuisibles.

Par conséquent, vous éprouvez pour les choses extérieures, et non seulement pour vos semblables, mais pour les animaux, pour les plantes même, pour les objets insensibles, vous éprouvez des attraits, des aversions, qui sont entièrement désintéressés : car ces aversions, ces attraits, ne dérivent pas du tout de la conception que ces objets peuvent vous être utiles ou nuisibles.

Prenez un objet inutile qui vous inspire cette sorte d'attrait; prenez la rose, par exemple, et cherchez à quoi elle peut vous être bonne : vous vous êtes sentis entraîner vers elle, vous l'avez aimée, parce qu'elle vous a agréé; vous avez une certaine envie de vous en mettre en possession. Une fois que vous l'avez, vous vous demandez à quoi elle est bonne, vous ne pouvez pas le trouver; si vous le trouviez, dès ce moment là, la rose ne produirait pas sur vous le sentiment esthétique, elle produirait sur vous le sentiment de l'utilité, et le sentiment de l'utilité détruirait le sentiment esthétique.

Un peintre qui a une belle galerie de tableaux

qu'il considère comme objets beaux éprouve un vif plaisir, un vif amour pour ces objets. Je vous demande si ces objets sont les mêmes pour un marchand de tableaux qui considère cette galerie comme chose de commerce. Non, du tout. D'un côté le sentiment esthétique, de l'autre le sentiment de l'utilité : ces deux sentiments sont parfaitement distincts, et pour que le sentiment esthétique soit produit, il faut que le sentiment de l'utilité soit écarté.

Nous éprouvons donc pour les objets extérieurs des aversions et des amours qui ne sont pas intéressés, parce que, si par hasard ces objets sont utiles, il suffit que nous concevions qu'ils nous sont utiles pour que le sentiment qu'ils nous inspirent d'abord soit changé et détruit, et pour qu'un autre sentiment naisse en nous. Le caractère de ces objets est donc sous ce rapport d'être inutile; le caractère de l'amour qu'ils nous inspirent est précisément que toute conception de leur utilité soit bannie de notre esprit. Plus un objet beau vous paraît utile, moins il vous paraît beau. Que si un objet est à la fois utile et beau, vous pouvez éprouver d'un côté de l'attrait pour cet objet en tant qu'utile, sans que cet attrait empêche que de l'autre vous éprouviez pour sa beauté de l'amour. Ainsi, l'aversion même qu'inspire un objet nuisible n'empêche pas que nous n'en ressentions la beauté, que nous n'éprouvions de l'attrait pour lui. Prenez deux personnes parmi vos connaissances, l'une belle, l'autre laide; faites qu la belle soit votre ennemie, que la laide soit votre amie. L'une vous est utile, l'autre vous est nuisible. C'est celle qui est laide qui vous est utile, c'est celle qui est belle qui vous est nuisible. Cela n'empêche pas que vous ne sentiez la beauté de l'une, et que, comme belle, elle ne vous plaise, et que vous ne sentiez la laideur de l'autre, et que, comme laide, elle ne vous déplaise.

Ainsi donc la beauté et l'utilité se rencontrent en hostilité, et, malgré cette hostilité, vous n'en éprouvez pas moins pour l'utilité l'amour de l'utile, pour la beauté l'amour du beau.

Il n'y a rien au monde de si démontré que l'existence de ces amours et de ces aversions désintéressés que produisent en nous les objets. Si les objets extérieurs peuvent nous plaire et nous déplaire, peuvent nous inspirer de l'amour et de l'aversion à un autre titre qu'à ce titre qu'ils sont utiles et nuisibles pour nous, à quel titre donc nous inspirent-ils cet amour et cette aversion? Quelle est la source, la cause, le secret de ce sentiment qu'ils nous inspirent, et qui ne naît nullement de la considération de l'utilité et du danger de ces objets? Toute la question est là. Si cette question était résolue; si, en pénétrant et en fouillant dans la nature de ces objets singuliers, et des sentiments qu'ils nous font éprouver, nous arrivions au mot de cette énigme, nous serions arrivés au principe de notre nature que nous appelons sympathie, à ce principe désintéressé qui n'a pour objet rien de déterminé. Toute la question est là; mais cette question n'est pas facile à résoudre.

Commençons par le commencement. Assurément, puisque certains objets nous inspirent certains sentiments, il y a quelque chose dans ces objets qui est la cause de ces effets; d'un autre côté, puisque nous éprouvons ces sentiments, il y a quelque chose en nous qui fait que nous les éprouvons. Il faut que notre nature soit constituée de telle sorte que certains caractères dans ces objets y développent certains sentiments, et d'un autre côté il faut que ces certains caractères dans les objets existent, afin que l'effet puisse être produit. Il y aura donc nécessairement, et on peut l'affirmer *a priori*, quelque chose en nous qui nous prédispose, qui nous rend capables de ces amours et de ces aversions désintéressés; quelque chose dans l'objet qui provoque en nous ces amours et ces aversions désintéressés.

Il y a donc ici une double recherche à faire : Qu'est-ce qui dans l'objet nous attire d'une manière désintéressée? Quel est le caractère précis qui fait qu'un objet, si vous voulez prendre une expression plus courte, est beau et nous attire, quoiqu'il nous soit inutile et quelquefois nuisible? Quel est ce caractère dans l'objet qui développe en nous ces singuliers sentiments? Qu'y a-t-il dans notre nature qui permette qu'un tel caractère étant mis en face d'elle, un tel sentiment se développe en elle?

La solution de cette double question nous donnera deux résultats : le premier, la définition du beau; le second, la définition, le caractère précis du sentiment de sympathie ou du principe sympathique.

Vous remarquerez que de simples lignes tracées sur un tableau nous affectent déjà d'une manière différente, ce qui prouve que chacune d'elles nous affecte. Tracez sur un tableau une ligne serpentine ou une ligne ovale, et, vous mettant en présence de ces deux lignes, voyez si ces deux lignes font sur vous la même impression. Et remarquez que je ne parle pas de cette image ou de cette idée qui vient se peindre dans notre intelligence, et qui n'est que la reproduction de l'image extérieure. Non. Je sais bien que ces deux idées sont différentes comme les deux faits; mais, outre ces idées qui sont dans votre intelligence, ne sentez-vous pas au fond de votre nature deux impressions différentes; en d'autres termes la ligne ovale fait-elle sur vous la même impression esthétique que la ligne serpentine? Il est fort difficile de dire en quoi diffèrent ces impressions; mais il est très facile à un homme susceptible des impressions esthétiques d'affirmer que ces deux lignes sont distinctes.

A côté de ces lignes régulières, tracez une ligne brisée, confuse, marchant irrégulièrement; assurément les deux impressions seront encore distinctes.

A côté d'un cercle parfait, tirez une ligne droite; le cercle et la ligne droite produisent sur vous deux impressions esthétiques différentes. Il faut donc que chacune ait déjà un sens pour vous.

Il en est de même de deux sons : je prends les choses les plus simples. Un son grave et un son aigu non seulement produisent une sensation différente pour votre oreille, mais disent des choses différentes à votre âme. Vous ne pouvez savoir ce qu'ils disent; mais ces deux sons, il est sûr, vous mettent dans des dispositions différentes.

Un mouvement lent et doux, et un mouvement rapide, impétueux, produisent également sur vous deux émotions esthétiques différentes.

Une grande étendue et une petite étendue, une forme anguleuse et une forme arrondie, produisent également sur vous des impressions différentes. Ainsi, jusque dans ces éléments du caractère des objets extérieurs, vous retrouvez toujours cette puissance qu'ont ces objets d'agir sur vous indépendamment de toute considération de ce qui est utile et de ce qui est nuisible.

La ligne serpentine et la ligne ovale vous sont absolument égales sous le rapport de l'intérêt. Voilà une remarque qu'on a faite ; j'en ajoute une autre ; c'est qu'il n'y a dans les objets extérieurs que trois choses, ni plus ni moins : il y a la matière qui les compose, il y a la force qui agrége d'une certaine manière cette matière, et puis il y a les qualités qui résultent de cette combinaison de la force et de la matière, les qualités extérieures qui résultent de la combinaison de ces deux éléments. La matière, je ne la connais pas; la force, je ne la vois pas ; je ne vois que les propriétés extérieures ; ces propriétés extérieures sont donc les seules choses qui puissent agir sur moi. Maintenant je remarque que deux qualités tout à fait différentes, un mouvement par exemple et un son, et il y a loin d'un mouvement à un son, deux qualités différentes produisent sur moi, peuvent produire sur moi la même sensation, les mêmes émotions esthétiques, les mêmes impressions esthétiques. Il y a tel son qui a le même effet esthétique sur moi que tel mouvement ; et pourtant le mouvement et le son sont deux choses parfaitement distinctes, parfaitement différentes. Tel geste me dit la même chose esthétiquement que tel cri ; il y a tel cri poussé par un de mes semblables qui fait la même émotion esthétique sur moi que tel geste. Ainsi, il y a tel cri qui m'émeut comme un geste de désespoir, et il y a tel geste qui m'émeut comme un cri de désespoir. Les deux idées sont parfaitement différentes des deux phénomènes qui les ont produites ; l'émotion esthétique est la même.

Il suit de là, Messieurs, que ce n'est pas la matière qui produit en moi l'émotion esthétique dans les objets ; que ce n'est pas la force que je ne vois pas. Ce sont les propriétés par lesquelles l'objet se manifeste à moi. Mais pourtant ces propriétés n'agissent sur moi qu'en tant qu'elles me disent quelque chose, qu'elles m'annoncent quelque chose ; en d'autres termes, qu'autant qu'elles sont le symbole de quelque chose. En effet, une ligne tracée d'une certaine manière me dit autre chose qu'une ligne tracée d'une autre façon ; il m'est impossible de trouver dans ce qu'il y a de matériel dans ces deux lignes la source de mes impressions ; ce n'est pas là ce qui m'émeut, c'est dans ce que me signifient ces deux signes extérieurs. En un mot, ces deux signes extérieurs n'agissent sur moi que parce qu'ils sont des symboles ; c'est pourquoi deux signes tout à fait différents, produisent la même émotion esthétique, ces deux signes pouvant représenter chacun à leur manière une seule et même chose.

Messieurs, je prétends que l'expression est dans les objets extérieurs, ce qui fait que les objets extérieurs m'émeuvent esthétiquement, c'est-à-dire me donnent des émotions désintéressées. Or qu'est-ce que représentent ces signes extérieurs, de quoi sont-ils le symbole? Ils sont le symbole de la force qui est au fond de tout objet extérieur; et c'est cette force dont les propriétés, dont les qualités, dont les attributs divers, représentés d'une manière diverse aussi par les différents attributs des corps; c'est cette force, dis-je, ce sont les qualités, les propriétés de cette force, qui, manifestées ainsi sous le symbole extérieur, produisent en moi telle ou telle émotion esthétique. Dans les simples éléments des propriétés des corps, dans les simples lignes, dans les simples sons, dans les simples formes, il y a déjà quelque chose de moral, quelque chose d'intellectuel de signifié; il y a, par exemple, dans une circonférence parfaite quelque chose qui me rappelle l'ordre, qui me rappelle une puissance régulière; il y a dans la ligne brisée quelque chose qui me rappelle, qui m'indique, qui me signifie une puissance qui agit irrégulièrement et d'une manière bizarre et inconséquente. Il y a un signe de douceur et d'élégance dans la ligne serpentine, signe qui est plus distinct encore, parce qu'il est uni avec l'idée d'ordre, dans la ligne ovale.

Si ces différentes lignes me sont différentes esthétiquement, si elles commencent à me parler, quelque obscurs symboles qu'elles soient, c'est parce que déjà elles m'indiquent ainsi, elles me désignent, elles me représentent certaines manières d'être, d'agir, certains caractères de la force, c'est-à-dire de la nature active et intelligente.

Il y a dans le son aigu, par rapport au son grave, le rapport qu'il y a entre les actions vives et impétueuses de ma force et des actions modérées, mais fortes, de cette même force; et c'est pourquoi ces deux symboles font sur moi les mêmes impressions qu'un mouvement rapide, qu'un mouvement lent, quoique le mouvement soit différent matériellement du son.

Ainsi, si nous voulions parcourir toutes les différentes propriétés, toutes les différentes qualités par lesquelles les objets se manifestent à nous, nous verrions chacune de ces qualités élémentaires signifier quelque chose, et toujours quelque chose d'intellectuel et de moral, quelques unes des propriétés, des modifications, des qualités de la nature active et intellectuelle, d'une nature, en d'autres termes, semblable à nous. Eh bien!

Messieurs, montez l'échelle des êtres, et vous verrez qu'en passant du règne minéral au règne végétal, du règne végétal au règne animal, du règne animal à l'espèce humaine elle-même; vous verrez que tous ces signes qui, isolés, ont déjà un sens, en se combinant entre eux forment des sens de plus en plus clairs. On pourrait regarder ces signes, pris isolément, comme une espèce d'alphabet dont chaque lettre a un sens, dont les éléments, se trouvant combinés d'une certaine manière dans le corps minéral, commencent à former un mot qui est plus significatif que la lettre simple; qui, se combinant en plus grand nombre dans le végétal, forment des phrases qui ont un sens plus significatif que les simples mots; qui enfin, multipliés, devenus plus énergiques dans les animaux et dans l'homme, finissent par former des discours tout entiers.

Voyez, en effet, la nature humaine dans ces moments où, sans parler, elle est pourtant animée de certaines impressions. Tous ces signes, qui ne sont que des lignes, des teintes, des mouvements, se combinant entre eux rapidement, vous racontent ce qui se passe dans l'âme de cet objet. C'est son âme elle-même que vous voyez à travers cet ensemble de symboles.

Descendez à l'animal : voyez la figure du lion; il y a certains traits, certaines formes, il y a certaines étendues, qui, combinés de certaine manière, vous parlent de l'âme de ce lion.

Si vous descendez à la plante, vous trouverez ces signes moins nombreux, mais expressifs, qui vous diront que le chêne est fort, que le peuplier se développe facilement, que l'arbre maltraité par le vent et par le sol souffre ; vous retrouvez partout, sous ces signes différemment combinés, votre âme, votre nature, dans certaines dispositions, éprouvant certaines souffrances, certains plaisirs, ayant plus ou moins d'intelligence; en un mot, votre âme avec ses différentes qualités, à différents degrés.

Ceci explique l'émotion esthétique; c'est très certainement cela qui dans les différents objets qui vous émeuvent sans vous paraître utiles, c'est évidemment cela qui vous touche, qui fait que ces objets ne vous sont pas indifférents. Ce n'est pas cela qui fait qu'ils sont beaux, mais c'est ce qui fait qu'ils vous touchent, qu'ils ne vous sont pas indifférents.

Etablissons cette distinction. Il faut bien distinguer le simple plaisir de l'expression dont je viens de vous indiquer la source, du plaisir du beau ; c'est tout autre chose, ou, pour mieux dire, le beau est un cas de l'expression. Il suffit que, par des signes quelconques, il vous soit évident qu'une force réside dans un certain objet extérieur, pour que cet objet extérieur ne vous soit pas indifférent, pour que cet objet extérieur vous intéresse.

Le limaçon qui se traîne sur la terre vous déplaît, mais il ne vous est pas indifférent ; mais vous ne pouvez pas le contempler sans que votre sympathie ne s'émeuve en voyant cet animal gagner sa vie si péniblement, se traîner si lentement et avec tant d'efforts sur la surface de la terre. Vous sentez en vous la force qui vous constitue suivre, pour ainsi dire, les efforts de cet animal, se traîner avec lui. Si vous vous laissez aller à votre simple nature, si vous obéissez aux mouvements qui s'élèvent naturellement en vous à la vue de cet objet, vous sentirez comme une imitation en vous de l'être dans lequel cette force vous apparaît à travers ces différents symboles matériels : c'est là ce qui fait que vous êtes intéressés.

Mettez à côté de cet objet qui vous présente des caractères clairs, c'est-à-dire qui est un symbole clair qui vous indique clairement une certaine situation de la force, mettez un caillou sans forme. Ce caillou, vous le regardez, vous l'interrogez, vous sentez bien qu'il veut dire quelque chose ; c'est un mot mal écrit ; il n'a pas un sens clair, parce qu'il n'a aucun des attributs principaux des corps. Il n'a aucun caractère bien déterminé. Sa couleur, c'est une couleur grisâtre qui n'a rien de tranché. Sa forme, il n'en a point : ce n'est ni un cercle ni un ovale ; c'est quelque chose d'irrégulier. Son étendue n'est ni grande ni petite ; ce n'est ni une montagne ni un petit objet. C'est quelque chose de médiocre en tout ; en un mot, aucun des symboles élémentaires qui composent l'alphabet symbolique par lequel la nature nous parle n'a aucun caractère déterminé dans ce caillou. C'est pourquoi, à sa vue, vous sentez bien qu'il dit quelque chose, mais vous ne pouvez sentir ce qu'il dit ; c'est pourquoi il ne vous cause aucune émotion esthétique. Dans ce limaçon vous voyez une force, une force qui fait péniblement ce qu'elle fait, qui a l'air de souffrir, paresseuse et inerte. Cela vous déplaît, nous verrons plus tard pourquoi. Mais en vous déplaisant cela vous intéresse ; il y a en vous quelque chose qui s'éveille, qui comprend l'état de cette force ; mais vous êtes sans sympathie pour cette force en imitant, en suivant les allures, l'état dans lequel cette force se trouve.

Mettez un serpent devant vous, voyez courir ce serpent ; qu'il y ait un bon barreau entre vous et lui, pour ne pas craindre qu'il vous pique, car il n'y a rien qui trouble plus l'esthétique que la crainte. En voyant au soleil cet animal courir en se repliant avec tant de légèreté et de vivacité, je ne sais, mais pour moi quelque chose se passe en moi qui imite ces mouvements-là, qui court avec le serpent, qui se déroule et qui va avec lui; je sens un commencement de mouvement en moi, qui tâche d'imiter le mouvement qui est représenté, qui est sous les yeux.

De même, dans un ordre de choses plus élevé, à la vue d'un homme qui indique certaines émotions, certaines dispositions de l'esprit, ma nature imite ces dispositions de l'esprit, même malgré elle, alors même que ces dispositions lui répugnent. Ainsi, quand vous voyez une figure souffrante, votre nature commence à souffrir, et votre figure, sans que vous y songiez, commence à prendre l'expression de la souffrance. Quand vous voyez une figure aimable et ouverte, alors même que vous seriez dans une disposition pénible, vous sentez votre âme s'épanouir, devenir ouverte avec l'âme devant laquelle vous êtes, et votre figure prend l'expression de celle qui est devant vous.

C'est ce qui fait que l'aspect d'une mère souriant fait sourire l'enfant, et que l'aspect d'une figure sévère le fait pleurer; c'est ce qui force notre nature à se mettre à l'unisson avec les objets mêmes qu'elle ne voit pas, mais qui lui sont révélés par les symboles qui les enveloppent.

De même, quand nous sommes en présence d'une figure humaine qui annonce une haute dignité morale, nous sentons notre intelligence s'élever, se développer pour ainsi dire; nous sentons notre âme prendre ces dispositions dignes que nous voyons paraître sur la figure de notre semblable; nous nous unissons aux qualités que nous voyons briller sur cette figure, et qui ne sont que le symbole des qualités qui brillent dans son âme.

La figure qui nous répugne le plus entraîne cette imitation qui est le vrai mouvement de la sympathie. Vous ne pouvez contempler longtemps, pourvu que votre raison ne se mette pas à la traverse, une figure qui indique la ruse, l'hypocrisie, sans qu'une disposition à la ruse et à l'hypocrisie, si faible que vous vouliez la supposer, ne commence en vous, et que dans la contemplation de cette figure la vôtre ne prenne l'expression qu'elle a sous les yeux. Tous ces effets sont des effets de la sympathie.

C'est parce que nous ne pouvons rien voir d'animé dans une certaine disposition sans que ces mouvements à l'unisson ne commencent dans notre propre nature; c'est pourquoi les objets qui nous répugnent le plus, mais qui vivent à un degré quelconque, ne peuvent pas nous être indifférents.

Telle est la force de l'expression, son véritable caractère. Aussi les artistes ne se bornent pas à nous représenter des objets beaux, ils nous représentent des objets laids. Ils ne le feraient pas si ces objets devaient nous laisser sans intérêt ; ils le font parce qu'ils savent que partout où il y a vie nous sommes intéressés. Dans les romans, au théâtre, on vous représente des caractères très laids ; mais ils vous émeuvent, vous touchent, parce qu'ils vous représentent une âme dans certaines situations, et que vous avez une âme humaine qui s'intéresse à un homme dans quelque situation qu'il soit.

Je vous ai fait voir que la sympathie se déclarait entre l'homme et l'homme, se déclare aussi entre l'homme et l'animal, entre l'homme et la plante, entre l'homme et le minéral. Ce qui fait que dans le dernier échelon des êtres vous n'éprouvez pas la même impression en voyant un caillou informe et un cristal régulier, c'est parce qu'il y a de l'ordre, de l'intelligence dans ce cristal ; en effet, cette force qui a organisé les différentes molécules qui composent ce cristal les a organisées d'une manière régulière. C'est cette régularité qui annonce une fatalité ordonnée ; c'est cet ordre qui fait que vous trouvez un de ces objets plus significatif que l'autre ; que l'un a de l'expression, que l'autre n'en a pas ; que l'expression vous plaît, parce que l'ordre vous plaît ; qu'un objet naturel, à quelque degré de l'échelle des êtres qu'on le prenne, n'est pas au fond indifférent pour nous, car il n'y en a pas un qui ne nous dise clairement ou confusément quelque chose de la force qui est en nous.

Les artistes, les poëtes, tous ceux qui sont chargés ou qui prennent la mission de nous émouvoir esthétiquement, connaissent et entendent infiniment mieux le langage des symboles que le reste des hommes, par la simple bonne raison qu'ils l'ont plus étudié, et par cette autre raison qu'ils ont une nature plus sensible à cette expression que le commun des hommes. En effet, il y a des âmes qui ont plus l'intelligence des symboles naturels que d'autres; il y a des âmes chez qui la sympathie pour tout ce qui a vie se développe à beaucoup moins de frais, beaucoup plus vite que chez d'autres ; et puis l'habitude de ce développement sympathique fait que peu à peu on connaît mieux le sens des symboles qui l'excitent; qu'on sait mieux ce langage mystérieux par lequel la matière parle à l'esprit dans tout ce qui existe dans la création tout entière, dans toutes les parties par lesquelles elle nous apparaît. L'ensemble de cette création, ses plus grandes, ses plus petites parties, tout cela a un sens pour nous, nous parle, de quoi? de notre propre nature, qui est partout à différents degrés. C'est à ce titre que toutes choses nous intéressent par cela qu'elles expriment.

Maintenant si vous voulez savoir quelle différence il y a entre l'expression et le beau, il vous sera très facile de le découvrir. Il y a des choses qui sont laides et qui vous intéressent; tout ce qui est laid vous intéresse, tout ce qui est beau vous intéresse pareillement. Ce qui est laid, ce qui est beau, vous intéresse au même titre, à ce titre que cela exprime; mais tout en vous sentant intéressés par ce qui est laid, ce qui est laid vous répugne, tandis que ce qui est beau vous attire. Donc ce qu'il y a d'exprimé dans les deux objets n'est pas la même chose. De là vient qu'à l'émotion que vous cause l'expression s'ajoute une tout autre sensation agréable quand c'est l'expression d'une chose belle, ou une sensation désagréable quand c'est l'expression d'une chose laide, et que de ces deux sensations résultent d'une part un certain attrait pour l'objet beau, et de l'autre une certaine répugnance pour l'objet laid. Qu'est-ce qui distingue les choses exprimées dans le beau et les choses exprimées dans le laid? Vous n'avez qu'à voir ce qu'expriment les choses que vous appelez belles, qui vous agréent, et ce qu'expriment les choses que vous appelez laides, qui vous déplaisent, vous trouverez ce grand résultat, que toutes les fois qu'une nature extérieure vous semble douée à un haut degré, à un degré suffisant du moins, des qualités que vous estimez en vous et qui sont les attributs essentiels de la force, toutes les fois que non seulement cet objet vous en semble doué, mais qu'il vous semble que ces qualités se développent avec facilité ou énergie en lui, dans tous ces cas, l'objet vous paraît beau. Toutes les fois au contraire que dans un objet extérieur vous voyez l'absence des qualités essentielles de la force, ou que vous voyez les qualités essentielles de la force se développant difficilement, péniblement, mal, dans ces objets, ces objets vous répugnent, ces objets vous paraissent laids.

Ainsi ce qui est perfection en nous est beauté hors de nous; ce qui est imperfection en nous est laideur hors de nous. Nous n'exigeons pas dans les différentes espèces d'êtres toutes les qualités qu'a notre force pour les trouver beaux, mais nous exigeons que quelques unes s'y développent avec énergie ou avec facilité. Ainsi, dans l'arbre, nous n'exigeons pas l'intelligence, parce qu'elle n'y est pas; n'y étant pas, nous n'y pensons pas.

Mais qu'y a-t-il dans l'arbre ? Il y a de la puissance. Eh bien ! cette puissance peut se développer avec une grande énergie, ou bien elle peut se développer paresseusement, lourdement ; elle peut se développer en outre avec facilité, c'est-à-dire sans être empêchée par les obstacles extérieurs, ou elle peut se développer avec lutte, comme il nous arrive très souvent de nous développer nous-mêmes. Dans ces différents cas, voici ce qui arrive : il arrive que, là où nous voyons un grand développement de la force végétale, nous en concluons instinctivement que cette force est pleine d'énergie : eh bien ! comme l'énergie en nous, l'activité en nous, nous plaisent, elles nous plaisent dans cet être étranger. Que si, au contraire, nous voyons à des signes extérieurs que la force qui anime la plante qui est sous nos yeux est faible, qu'elle est languissante, qu'elle est molle dans son développement, et c'est ce qui nous frappe dans toutes les plantes grasses, traînantes, rampantes, ou dans les plantes extrêmement grêles, alors cette infirmité de la force, cette faiblesse du mouvement, qui sont en elles, nous déplaisent comme en nous.

Maintenant, lorsqu'une force non seulement se développe avec activité, mais encore se développe facilement, nous trouvons cela beau, et c'est ce qui arrive dans un magnifique platane très haut, très large, et qui déploie autour de lui de nombreuses branches également longues. A son aspect, comme cet aspect nous révèle non seulement la force énergique, mais la force dont le développement est facile, nous éprouvons ce sentiment spécial qu'on appelle le sentiment du beau.

Mais, sur le sommet d'une haute montagne en butte aux orages, vous voyez un chêne vigoureux ébranlé par les tempêtes : vous n'éprouvez pas le même sentiment que vous fait éprouver le peuplier. C'est pourtant un sentiment très agréable, c'est celui de la lutte contre la force extérieure. Ce chêne a été pris pour emblème de l'homme vertueux. Entre ces deux sentiments, l'un causé par le chêne battu de l'orage et qui n'en est pas moins fort, et l'autre causé par le peuplier qui se développe avec la plus grande facilité et sans lutte, il y a la différence du sentiment du beau et du sentiment du sublime. Le peuplier produit en nous le sentiment du beau, et le chêne celui du sublime. Ainsi, vous voyez pourquoi toute espèce de vie rendue dans les objets naturels par les symboles matériels nous intéresse ; et c'est là le plaisir du beau d'une part, et le plaisir de l'expression d'une autre.

Vous voyez, en d'autres termes, que la force, qui est notre nature même, transportée dans les choses extérieures, est traduite dans la situation dans laquelle elle se trouve, et avec les propriétés qu'elle a, par la matière qui l'enveloppe et qu'elle anime ; que cette force excite en nous une émotion, une émotion sympathique, et que cette émotion sympathique varie en devenant tantôt agréable, tantôt désagréable, tantôt agréable à différents titres, selon que l'état même dans lequel cette force nous apparaît varie ; et que ce qui fait la différence du sentiment du laid du sentiment du beau, c'est dans l'objet extérieur la même chose qu'en nous, c'est-à-dire une force dans laquelle se développent librement et énergiquement les qualités que nous aimons en nous ou que nous éprouvons en nous ; ou une force dans laquelle ne se développent que faiblement, qu'avec mollesse, que d'une manière imparfaite, ces mêmes propriétés et ces mêmes qualités que nous éprouvons en nous. En d'autres termes, la nature extérieure n'est qu'un reflet de nous-mêmes ; ce reflet nous revient à travers les formes matérielles qui en sont les symboles. C'est pourquoi la nature extérieure nous parle, nous émeut de différentes façons : c'est ce qui établit cette profonde sympathie que j'analyserai dans une autre leçon.

Voilà le commencement de ces amours et de ces aversions désintéressés qui s'élèvent en nous à la vue des objets extérieurs, abstraction faite des considérations de leur utilité et de leur danger.

Il est très difficile, à moins d'entrer dans beaucoup de détails, de donner de ces phénomènes-là une analyse assez précise, assez nette, pour qu'elle paraisse une démonstration. Si je faisais un cours d'esthétique, ce que je viens de dire en une leçon, j'aurais passé deux ou trois mois à vous l'exposer, et j'espère qu'à l'aide de ces longues analyses, tout ce qui vous paraît peu démontré, vague, dans ce que je viens de dire, vous paraîtrait clair et évident ; mais je suis obligé d'arriver aux conséquences, de passer un peu légèrement sur l'analyse des principes constitutifs de la nature humaine, qui seront la base de ces analyses.

FIN.

TABLE.

Préface de l'éditeur. i

De l'organisation des sciences philosophiques.
    Introduction 1
    Première partie. 3
    Deuxième partie. 111
    Troisième partie, Revue des sciences philosophiques. 191
        I. Psychologie. 191
        II. Logique. 214
        III. Morale. 221

De la légitimité de la distinction de la psychologie et de la physiologie. 223

Rapport sur le concours relatif aux écoles normales. 279

Discours prononcé à la distribution des prix du collége Charlemagne (1840). 339

TABLE.

Ouverture du cours d'histoire de la philosophie ancienne à la Faculté des lettres en 1828, première leçon. 349
Faits et pensées sur les signes. 363
Leçon du 7 février 1834, sur la sympathie. 411

www.ingramcontent.com/pod-product-compliance
Lightning Source LLC
Chambersburg PA
CBHW051125230426
43670CB00007B/681